RECUEIL D'EDITS

ET LETTRES

CONCERNANT

LES PRIVILEGES, EXEMPTIONS,
& Droits dont joüissent les Officiers de la
Chambre des Comptes de Paris.

A PARIS,

De l'Imprimerie de PIERRE-JEAN MARIETTE.

MDCCXXVIII.

TABLE
CHRONOLOGIQUE
DES PIECES CONTENUES EN CE VOLUME.

Lettres portant exemption des Décimes en faveur des Officiers de la Chambre des Comptes de Paris, du 21. Février 1331.

Lettres portant exemption du droit de Peages & Paſſages en faveur des Officiers de la Chambre des Comptes de Paris, du 12. Mars 1333.

Lettre de M. de Saint Juſt à M. le Chancelier, concernant l'exemption du Sceau, du 27. Novembre 1339.

JEAN PREMIER.

Lettres portant exemption du droit de Peages & Paſſages en faveur des Officiers de la Chambre des Comptes de Paris, du 12. Janvier 1352.

CHARLES VI.

Lettres portant exemption du Guet en faveur des Officiers de la Chambre des Comptes de Paris, du 6. May 1383.

Lettres portant exemption du Ban & arriere - Ban en faveur des Officiers de la Chambre des Comptes de Paris, du 19. Juillet 1383.

Lettres portant exemption de Tailles, Subventions & Aydes en faveur des Officiers de la Chambre des Comptes de Paris. du 5. Mars 1383.

Lettres portant exemption du droit de Peages & Paſſages en faveur des Officiers de la Chambre des Comptes de Paris, du 19. Octobre 1398.

Lettres portant exemption de Tailles, Subventions & Aydes en faveur des Officiers de la Chambre des Comptes de Paris, du 26. May 1404.

Lettres portant exemption du droit de Gabelles en faveur des Officiers de la Chambre des Comptes de Paris, du 18. Decembre 1405.

Lettres portant exemption de Tailles, Subventions & Aydes en faveur des Officiers de la Chambre des Comptes de Paris, du 30. Septembre 1406.

Lettres portant exemption du Ban & arriere-Ban en faveur des Officiers de la Chambre des Comptes de Paris, du 4. Septembre 1410.

Lettres portant exemption du Guet en faveur des Officiers de la Chambre des Comptes de Paris, du 20. Avril 1411.

Lettres pour les Bourses des Maistres des Comptes sur l'émolument du Sceau, du 20. Janvier 1411.

Lettres portant exemption de Tailles, Subventions & Aydes en faveur des Officiers de la Chambre des Comptes de Paris du 24. Mars 1415.

HENRY VI. Roy de France & d'Angleterre.

Lettres portant exemption du droit de Peages & Passages en faveur des Officiers de la Chambre des Comptes de Paris, du premier Février 1425.

CHARLES VII.

Lettres portant exemption de Tailles, Subventions & Aydes en faveur des Officiers de la Chambre des Comptes de Paris, du deux Mars 1425.

LOUIS XI.

Lettres portant confirmation des Officiers de la Chambre des Comptes de Paris dans leurs Offices, lors du joyeux avenement, du 7. Septembre 1461.

Lettres portant exemption du Ban & arriere-Ban en faveur des Officiers de la Chambre des Comptes de Paris, du 19. May 1479.

CHARLES VIII.

Lettres portant exemptiou du Ban & arriere-Ban en faveur des Officiers de la Chambre des Comptes de Paris, du 14. Février 1484.

LOUIS XII.

Lettres portant confirmation des Officiers de la Chambre des Comptes de Paris dans leurs Offices, lors du joyeux avenement du 24. Juin 1498.

Edit portant exemptiou du Ban & arriere-Ban en faveur des Officiers de la Chambre des Comptes de Paris, du mois de Juin 1499.

FRANÇOIS PREMIER.

Lettres portant confirmation des Officiers de la Chambre des Comptes de Paris dans leurs Offices, lors du joyeux avenement, du 2. Janvier 1514.

Lettres portant confirmation des Officiers de la Chambre des Comptes de Paris dans leurs Offices lors du joyeux avenement du 31. Octobre 1515.

Lettres portant attribution des droits de Robbe, de Buche & de Touſſaint aux Conſeillers-Correcteurs de la Chambre des Comptes de Paris, du 17. May 1517.

Lettres portant exemption du droit de Gabelles en faveur des Officiers de la Chambre des Comptes de Paris, du 29. Janvier 1517.

Lettres concernant les droits de Robbe, de Buche & de Touſſaint, attribuez aux Conſeillers-Correcteurs de la Chambre des Comptes de Paris, du 24. Janvier 1518.

Edit portant confirmation des Privileges attribuez aux Officiers de la Chambre des Comptes de Paris du mois d'Avril 1519.

Lettres concernant les droits de Robbe, de Buche & de Touſſaint, attribuez aux Conſeillers-Correcteurs de la Chambre des Comptes de Paris, du 6. May 1519.

Lettres en forme d'Edit, portant exemption du droit de Gabelles en faveur des Officiers de la Chambre des Comptes de Paris, du mois de Mars 1519.

Lettres pour faire joüir M. Simon Teſte, Conſeiller-Correcteur en la Chambre des Comptes de Paris, des droits de Robbe, de Buche & de Touſſaint, du 30. Octobre 1520.

Lettres pour faire jouir M. Jean Foucault, Conſeiller-Correcteur de la Chambre des Comptes de Paris, des droits de Robbe, de Buche & de Touſſaint, du 16 Février 1521.

Lettres concernant les droits de Robbe, de Buche & de Touſſaint, attribuez aux Conſeillers-Correcteurs de la Chambre des Comptes de Paris, du 24. Juin 1527.

Lettres portant exemption du Ban & arriere-Ban en faveur des Officiers de la Chambre des Comptes de Paris , du 13. Mars 1533.

Lettres portant confirmation des droits de Robbe, de Buche & de Toussaint aux Conseillers - Correcteurs de la Chambre des Comptes de Paris , du 7. Octobre 1534.

Lettres concernant le chauffage des Officiers de la Chambre des Comptes de Paris , du 24. Octobre 1539.

Lettres concernant les droits de Robbe , de Buche & de Toussaint , attribuez aux Conseillers-Correcteurs de la Chambre des Comptes de Paris , du 18. May 1543.

Lettres portant exemption en faveur des Secretaires du Roy, & leurs Veuves de tous droits & devoirs seigneuriaux generalement quelconques pour leurs terres nobles & roturieres , tenuës du Domaines du Roy, engagées ou alienées , soit qu'ils les retirent par retrait lignager sur un premier acquereur , ou autrement , vendeurs ou acheteurs , du 14. Avril 1545.

HENRY II.

Lettres portant confirmation des Officiers de la Chambre des Comptes de Paris dans leurs Offices lors du joyeux avenement, du 27. Septembre 1547.

Lettres concernant les droits de Buche & de chauffage, attribuez aux Conseillers-Correcteurs de la Chambre des Comptes de Paris , du 23. Juillet 1548.

Déclaration portant exemption & décharge de Tutelle & Curatelle en faveur des Conseillers-Auditeurs de la Chambre des Comptes de Paris, du 11. Octobre 1556.

Lettres portant confirmation d'exemption des logis en faveur des Officiers de la Chambre des Comptes de Paris, du 6. Mars 1556.

Autres Lettres portant confirmation d'exemption des logis en faveur des Officiers de la Chambre des Comptes de Paris , du 27. Novembre 1557.

FRANCOIS II.

Lettres portant confirmation des Officiers de la Chambre des Comptes de Paris dans leurs Offices, lors du joyeux avenement du 28. May 1560.

Lettres portant confirmation d'exemption des logis en faveur des Officiers de la Chambre des Comptes de Paris, du 24. Septembre 1560.

CHARLES IX.

Lettres portant confirmation d'exemption des Logis en faveur des Officiers de la Chambre des Comptes de Paris, du 20. Avril 1561.

Brevet portant confirmation d'exemption des Logis en faveur des Officiers de la Chambre des Comptes de Paris, du 5. Octobre 1561.

Lettres d'Edit portant confirmation des Privileges des Officiers de la Chambre des Comptes de Paris, & exemption de payer aucuns droits seigneuriaux & feodaux pour les terres qui relevent du Roy, du mois de Septembre 1570.

HENRY III.

Lettres portant confirmation des Officiers de la Chambre des Comptes de Paris dans leurs Offices, lors du joyeux avenement, du premier Septembre 1574.

Arrest de la Chambre des Comptes de Paris, portant que les Officiers de l'Ordre du Saint Esprit jouiront de l'exemption des droits seigneuriaux, ainsi que les Officiers de ladite Chambre, & les Secretaires du Roy, du 17. May 1582.

HENRY IV.

Lettres portant exemption de Tutelle & Curatelle en faveur des Secretaires du Roy, du 23. Decembre 1594.

Arrest du Grand Conseil portant décharge de Tutelle & Curatelle en faveur de Jerome Baudouin, Conseiller-Auditeur en la Chambre des Comptes de Rouen, du 23. Novembre 1607.

LOUIS XIII.

Lettres portant confirmation des Officiers de la Chambre des Comptes

de

de Paris dans leurs Offices lors du joyeux avenement, du 12. *Juillet* 1611.

Arreſt du Parlement de Paris qui maintient M. le Prevoſt, Conſeiller - Maiſtre des Comptes , dans l'exemption de tous droits ſeigneuriaux , du 9. *May* 1617.

Lettres portant confirmation des Privileges des Gardes des Livres de la Chambre des Comptes de Paris , du mois de Mars 1621.

Exemption du droit d'Immatricule & Enregiſtrement de Saiſie en faveur des Officiers de la Chambre des Comptes de Paris , du 20. *Novembre* 1637.

LOUIS XIV.

Lettre de Cachet , pour continuer par les Officiers de la Chambre des Comptes de Paris leurs fonctions , du 14. *May* 1643.

Lettres d'Edit portant exemption en faveur des Secretaires du Roy , des droits d'Immatricules & Greffes de l'Hoſtel de Ville de Paris , du mois de Septembre 1643.

Lettres de confirmation des Offices de Judicature , Police & autres , du 24. *Octobre* 1643.

Edit portant conceſſion de Privileges en faveur des Auditeurs de la Chambre des Comptes de Roüen , du mois de May 1644.

Lettres portant exemption du droit de Gabelles en faveur des Officiers de la Chambre des Comptes de Paris , du 28. *Septembre* 1644.

Edit portant conceſſion du Privilege de Nobleſſe aux Officiers de la Chambre des Comptes de Paris , leurs Veuves & deſcendans , & confirmation de l'exemption des droits de Lods & Ventes , &c. du mois de Janvier 1645.

Déliberation des Conſeillers - Correcteurs de la Chambre des Comptes de Paris , pour le partage des Epices de Correction , du 2. *Janvier* 1655.

Arreſt de la Chambre des Comptes de Paris , qui décharge le Sieur de Loines , Conſeiller-Correcteur , d'une Aſſignation à lui do...ée

pardevant les Commiſſaires de la Cour des Aydes, pour juſtifier
de ſon titre d'Ecuyer, à la requeſte des Commis au recouvrement
des deniers provenans de la recherche des Titres de Nobleſſe,
du 26. Juillet 1658.

Sentence des Requeſtes du Palais, obtenuë par M. Pichon, Conſeiller-
Correcteur en la Chambre des Comptes à Paris, contre M. de Riberolles, Conſeiller au Chaſtelet, prétendant la préſeance à cauſe de
ſa qualité, & d'un Fief ſcis au Village de Courtry en France, du
2. Janvier 1659.

Arreſt de la Chambre des Comptes de Paris, qui ordonne que les
Officiers du Grenier à Sel de Chartres ſeront contraints de rendre
au Sieur Feydeau, Conſeiller-Correcteur en ladite Chambre des
Comptes, les droits qu'ils en avoient exigez, du 20. Janvier 1659.

Lettres Patentes en forme d'Edit, qui accordent au premier Huiſſier
de la Chambre des Comptes de Paris, les mêmes Privileges dont
jouiſſent les Preſidens, Maiſtres & autres Officiers de ladite Chambre, du mois de May 1659.

Mandement portant que les Officiers du Grenier à Sel de Paris, feront
diſtribuer aux Veterans & Veuves des Officiers de la Chambre des
Comptes, la quantité de Sel ordonné par la Déclaration du vingt-
huit Septembre mil ſix cens quarante-quatre, du 11. Juillet 1661.

Sauve-garde accordée à M. Renouart, Conſeiller-Correcteur en la
Chambre des Comptes de Paris, du 4. Février 1664.

Arreſt du Conſeil d'Eſtat portant deffenſes à tous Officiers & Gens de
Guerre, de loger en la maiſon de M. Gobelin, Conſeiller-Auditeur
en la Chambre des Comptes de Paris, ſiſe au Village du Grand-
Tremblay, du 28. Janvier 1666.

Edit portant Reglement general pour les Offices de Judicature du
Royaume, du mois d'Avril 1669.

Arreſt du Conſeil d'Eſtat, qui ordonne que les Comptables qui doivent donner des Bourſes de Jettons au jugement de leurs Comptes,
rapporteront des eſtats de diſtribution; & que chacune Bourſe ſera
du poids de trois marcs, du 18. Septembre 1671.

Sentence des Requestes du Palais , portant que M. Galand, Conseiller-Maistre des Comptes , aura l'Eau Benite après le Seigneur Haut-Justicier , en l'Eglise de Saint Germain du Val , du 10. Septembre 1675.

Arrest du Conseil d'estat , & Lettres sur icelui , portant exemption des droits & émolumens du Sceau , en faveur des Officiers de la Chambre des Comptes de Paris du 27. Février 1677.

Extrait de l'Arrest du Conseil , qui décharge M. de Poussemothe , Conseiller-Maistre des Comptes, de la demande à lui faite par Dubuisson & autres, des droits seigneuriaux, du 28. Juillet 1685.

Arrest du Conseil d'Estat & Lettres sur icelui , en interpretation de l'Arrest du Conseil du 27. Février 1677 , portant exemption des droits & émolumens du Sceau, en faveur des Officiers de la Chambre des Comptes de Paris , du 4. May 1690.

Arrest de la Chambre des Comptes de Paris, qui maintient les Conseillers-Auditeurs Rapporteurs des Comptes de l'Extraordinaire des Guerres, dans le droit d'avoir des Bourses de Jettons, du 16. Mars 1696.

Arrest du Conseil d'Estat qui exempte les maisons des Officiers du Parlement, Chambre des Comptes, Cour des Aydes, &c. du logement des Officiers & Cent-Suisses de la Garde du Roy , du 18. Février 1697.

Arrest du Conseil d'Estat qui décharge le Sieur Brodard , Conseiller-Maistre en la Chambre des Comptes de Paris , de la somme à laquelle il a été taxé pour les droits de Franc-Fief & Franc-Alleu, du 30. Avril 1697.

Arrest du Conseil d'Estat qui exempte du payement des droits d'enregistrement & verification des titres du Franc-Salé, ordonnez par Edit du mois de Février 1706. les Particuliers ou Communautez qui jouissent dudit Franc-Salé à titre onereux , ou d'indemnité de Peage en Sel , droits de proprieté dans les Salins , ou autres droits de pareille qualité ; Et décharge aussi du premier droit d'Enregistrement les Officiers du Parlement , Chambre des Comptes , Grand-Conseil , & Cour des Aydes de Paris , les Officiers Veterans desdites Compagnies, & les Veuves desdits Officiers, du 9. Novembre 1706.

Fin de la Table.

DROITS

Attribuez aux Officiers de la Chambre des Comptes de Paris.

Quilibet Magister tam Clericus quam Laicus, percipit vadia quater centum libras Parisienses per annum, & parvi Clerici quilibet, sex solidos Parisienses per diem, & triginta libras Parisienses per annum.

Item. Quilibet Magister percipit duodecim quarterones de mousle lignorum ad ardendum, & parvi Clerici quilibet, sex quarterones.

Item. Quilibet eorumdem Magistrorum percipit per manum Argentorum quasdam Mitanas de panno,& quasdam (a) Chirothecas de cervo, unum (b) Cailler, unum Capellum de feltro in estate, & unum in hyeme per annum.

Item. Quilibet eorumdem Magistrorum percipit unum Cutellum cum guineto, & omnes Clerici quilibet unum Scriptorium & unum Cutellum.

Item. Quilibet Magistrorum habet restaurum trium equorum, scilicet trigintes duas libras Parisienses pro palefredo, sex decem libras Parisienses pro (c) salmerio, & duodecim libras Parisienses pro roncino, & quilibet parvus Clericus habet restaurum unius equi, & in scutiferia percipiunt coperturas dictorum equorum, lineas pro estate, & laneas pro hyeme, una cum (d) cingulis, capistris, sponcetis,& parvi Clerici habent restaurum unius equi sine precio, & unam libratam coperturarum.

Item. Clerici & Milites Magistri habent & percipiunt quilibet decem libras pro Mantellis per annum, & parvi Clerici similiter.

Item. . . . percipiunt stilum consuetum in Campania, prout scribitur in libro veteri Memorialium, videlicet de emptoribus Prepositurarum, Portagiorum & consuetudinum, si summam ascenderit ad mille libras, debent solvere pro stilo quatuor decem libras Turonenses, de quibus Magistri Compotorum

(a) Gants de peau de cerf.

(b) Sorte de vase propre à boire.

(c) Cheval de somme.

(d) Ustenciles d'écurie.

A

debent habere tres decem libras quolibet anno , & Clerici Compotorum viginti folidos Turonenfes , & de plus , plus.

Item. De emptoribus rerum nundinarum, quantumcumque fuerint vendite, five plus, five minus, debent fimiliter reddere quatuor decem libras diftribuendas, ut fupra.

Item. Omnes Prepofiture Campanie , quantumcumque vendite fuerint , vel admodiate , debent quatuor libras Turonenfes pro Clericis Compotorum.

Item. Omnes emptores quarumcumque confuetudinum , feu rerum cadencium in compotis Campanie , fi forum afcendit ufque ad quatuor libras , debent folvere viginti folidos Turonenfes pro Clericis Compotorum , exceptis venditionibus de quibus Gruerii recipiunt , prout eft confuetum.

Omnia vero jura feu feoda que debentur tam Magiftris quam Clericis Compotis, pro Prepofituris , Portagiis & aliis confuetudinibus venditis, debent recipi inter Feftum omnium Sanctorum & (e) Brandonum quolibet anno,exceptis illis que debentur de rebus & vendicionibus nundinarum , que femper recipiuntur in exitu utrarumque fucceffive venientium per ordinem, temporibus confuetis.

Item. Jura recepta per Receptores Campanie pro Prepofituris, aut aliis venditionibus attingentibus fummam mille librarum per annum , funt hec primo pro feodis quatuor decem libras , & pro ftilo Clericorum , fexaginta fex folidos octo denarios.

Item. In Francia pro ftilo percipiunt Magiftri quindecem folidos Turonenfes.

Item. In Senefcalia Pictavienfi , pro ftilo Prepofiture Pictavienfi quolibet anno , quindecem folidos Turonenfes.

Pro ftilo de Monfterolio , quindecem folidos Turonenfes.

Pro ftilo de Morto, quindecem folidos Turonenfes.

Pro ftilo de Fontenay, quindecem folidos Turonenfes.

Pro ftilo de Montemorillon , quindecem folidos Turonenfes.

Pro ftilo de Lemonit, quindecem folidos Turonenfes.

Pro ftilo de Lefignan , quindecem folidos Turonenfes.

Item. In Senefcalia Xintomittenfi , percipiunt fimilia jura, & in Alvernia fimiliter.

Item Gentes Compotorum fimul percipiunt jura Thefaurarii Guerrarum , quando ipfi recipiunt compotos gentium armo-

rum in casu in quo non est Thesaurarius Guerre, qui possit re-
cipere vel ordinare compotos, & reddere Curie; & talia jura
non capiuntur super Regem, sed supra stipendiarios, & talis
casus raro contingit.

Item. Dicte Gentes Compotorum, majores & minores, sunt
quitte, libere & immunes à prestacione decime beneficiorum
suorum.

Item. Dicte Gentes Compotorum & aliarum Camerarum
Regis, & omnes Consiliarii Regis, sunt quitti, liberi & immunes ab omni prestacione pedagii, seu transversi quorumcumque
victualium, seu provisionum pro necessitatibus suis.

Registre † fol. 116. verso.

DROITS

Appellez de Champagne, *deubs aux Officiers de la Chambre des Comptes dans le Bailliage de Troyes, & à Provins.*

LA Foire faint Jean de Troyes, la Foire faint Andry, la Foire faint Ayoul, & la Foire de May à Provins,chacune combien qu'elles foient venduës, quatorze livres.

La Prevofté de Troyes, fe elle eft venduë mil livres, doit pour les Meftres treize livres.

Et pour les Clercs, tant comme pour la Prevofté comme pour les rentes amoifonnées avec, cent fols.

Et pour le Meftre Efcrivain de Champagne, douze fols.

Le Portaige de Troyes, pour les Meftres & pour les Clercs, quatorze livres.

Les Chauciées de Troyes, vingt fols.

La mefon de la Pierre, vingt fols.

La mefon aux Alemanz ès Foire faint Jehan & faint Remy, pour chafcune Foire, fe elle eft amoifonnée, vingt fols.

La Garenne de Troyes, vingt fols.

L'Ourmel de Troyes, vingt fols.

La Prevofté de Provins, s'elle eft venduë, quarante fols.

Et pour le Meftre Efcrivain, douze fols.

Le Portaige de Provins, & la grant Couftume, quatorze livres.

Les Moulins aux Foulons, & les poids de la Laine de Provins, quarante fols.

La Tour de Provins, vingt fols.

Le commun des Moulins de Provins, vingt fols.

Le Foraige de Provins, vingt fols.

Le Toulin du charbon, vingt fols.

Les Chauciées de Provins, vingt fols.

Les Moulins de Courtacon de lès Provins, vingt fols.

A

Les Moulins de Bruille & de Bernart, vingt fols.

La mefon des Hoches de Provins, vingt fols.

La vente des Bleds de Provins vingt fols, ou plus, fe ils font vendus à plufieurs perfonnes.

La Prevofté de Joy le Chaftel, vingt fols.

La Prevofté de Coulour, quarante fols.

Pour le Meftre Efcrivain, quinze fols.

La Prevofté de Moftereul, vingt fols.

La Prevofté de Bray fus Saine, quarante fols.

Le Four de Bray, vingt fols.

Les Chauciées de Bray, vingt fols.

La Prevofté de Meaux, quant elle eft venduë, quarante fols.

Pour le Meftre Efcrivain, douze fols.

La Prevofté de Courfam, vingt fols.

La Prevofté de Mery fus Saine, quarante fols.

La Prevofté de Saint Florentin, vingt fols.

La Prevofté de Villemor, vingt fols.

La Prevofté de Vachartus, vingt fols.

La Prevofté de Saint Marc, vingt fols.

La Prevofté d'Ervy, fe elle eft venduë mil livres, pour les Meftres treize livres, & pour les Clercs, foixante fols.

La Prevofté de Villeneuve au chemin, quarante fols.

La Prevofté de Chaourfe, & d'Eftourny, quarante fols.

Les Tyerces de Chaourfe, vingt fols.

La Prevofté d'Ylles, quarante fols.

La Prevofté de Chablies, vingt fols.

La Prevofté de Rumilly, vingt fols.

Toutes les Prevoftez deffufdites doivent fix fols pour le Meftre Ecrivain de Champagne, fors que aucunes qui li doivent plus, fi comme dit eft.

Les droits des Marchiez faiz en Champagne, qui paffent ou attiegnent mil livres, que le Receveur prend.

Premierement, pour les Fiez, quatorze livres.

Pour le droit du Receveur, treize livres.

Pour le Greffe aux Clercs, foixante-fix fols huit deniers.

Somme des droits du marchié de mille livres, xxx. liv. vj. f. viij. d.

Chaque Prevofté qui eft vmu duë mil livres, doit treize livres, fans plus, combien qu'elle foit venduë.

Chafcune Foire, combien qù'elle foit venduë, doit treize livres pour les hanaps.

Et pour les Aumofniers, cinquante fols, fans plus & fans moins.

Le Portaige de Troyes, vingt-fix livres.

Le Portaige de Provins, vingt-fix livres.

Et ne peuvent plus devoir, combien que vendus foient.

Extrait des Regiftres de la Chambre des Comptes de Paris, Memorial *Nofter*. fol. 174. verfo.

DROITS

Appellez de Champagne , *attribuez aux Officiers de la Chambre des Comptes de Paris.*

HEc funt jura feu feoda pertinencia ad Magiftros & Clericos Compotorum in Campania , fcripta anno extra in quadam cedula, manu Magiftri Sancti de Charmaya.

Omnes emptores Prepofiturarum , Portagiorum & aliarum confuetudinum, fi forum eorum ufque ad millium librarum, & de plus plus , afcenderit , debent folvere quatuordecim libras Turonenfes, de quibus Magiftri Compotorum debent habere tredecim libras quolibet anno, & Clerici Compotorum viginti folidos Turonenfes.

Item. Omnes emptores rerum nundinarum regiarum , quantumcumque vendite fuerint, five magis, five minus, fimiliter reddere debent quatuordecim libras Turonenfes , diftribuendis tam Magiftris quam Clericis, ut prius dictum eft.

Item. Omnes Prepofiture Campanie, quantumcumque vendite fuerint, vel admodiate, vel qualitercumque , debent folvere pro Clericis Compotorum viginti folidos Turonenfes.

Item. Omnes emptores quarumcumque confuetudinum, feu rerum cadencium in compotis Campanie, fi forum ufque ad octoginta libras Turonenfes afcenderit , debent folvere Clericis viginti folidos Turonenfes, exceptis venditionibus de quibus Gruerii recipiunt, prout eft confuetum.

Omnia vero jura feu feoda que debentur tam Magiftris quam Clericis pro Prepofituris, Portagiis, & aliis confuetudinibus venditis , debent recipi inter feftum omnium Sanctorum & Brandonum quolibet anno, exceptis illis que debentur de venditionibus nundinarum, que femper recipiuntur in exitu utrarumque nundinarum fuccelfive venientium per ordinem temporibus confuetis.

Item. Jura recepta per Receptores Campanie, pro Prepofituris aut aliis venditis attingentibus fummam de mille libris per annum, funt hec primo pro feodis quatuordecim lib.

Et pro ftillo Clericorum fexaginta & fex folidos octo denarios.

Item. In Senefca Pictavienfi pro ftillo Prepofiture Pictavienfis quolibet anno quindecim folidos Turonenfes ; de Monfterelio, quindecim folidos ; de Nyorto, quindecim folidos ; de S. Maxenfi, quindecim folidos ; de Fontenay, quindecim folidos ; de Montemorillon, quindecim folidos ; de Lemovio, quindecim folidos ; de Lefignan, quindecim folidos.

Summa   vj. lib.

Extrait des Regiftres de la Chambre des Comptes de Paris, Memorial A. fol. 61. & *Nofter.* fol. 175. verfo.

C'eft la maniere de la valuë du Scel des Foires de Champagne.

Premierement, pour chacun mandement fcellé dudit Scel à une Juftice à deux ou à trois, douze deniers tournois.

Item. Pour un mandement à toutes Juftices, fix fols tournois.

Item. Pour une recongnoiffance de vingt-quatre livres & de deffous, douze deniers, & ne doit moins payer ; & quand elle eft de plus groffe fomme, elle doit pour chacune livre une maille, & avec les chofes deffufdites, doit chacun Sceau trois deniers pour la cire, laquelle cire eft louée à un poure Clerc, qui en rend pour les fix Foires de l'an fix vingt livres tournois, & livre la cire ; defquelles fix vingt livres Meftre Pierre d'Orgement a chacun an à vie foixante livres du don le Roy Philippe, fi comme il dit, & Meftre Robert Senefchal, & Myles de Verdelot Clercs, Lieutenans aux Gardes des Foires, ont les autres foixante livres du don le Roy Philippe devant dit, fi comme ils dient.

Item. Se aucun prend mandement des Foires pour deffaut de paye, cil qui deffaut de la paye doit d'amende au Roy pour chafcune livre, douze deniers de vingt livres & de deffous.

Item. S'aucun demande à un autre une fomme d'argent, & cil à qui en demande maintient qu'il ait bien payé, & que à tort li demande on, & il puift montrer fa paye, li demandeur doit autant d'amande au Roy comme fa demande monte, que il face tant foit grant par la couftume des Foires, & fe li demandeur

eſtoit couſtumier de faire telles demandes , l'amande feroit volontaire.

Toutes ſi faites amandes & autres recouvremens , li Lieutenans des Gardes des Foires en comptent au Roy , ou là où il li
plaiſt.

Extrait des Regiſtres de la Chambre des Comptes de Paris , Memorial
Pater , fol. 1 9 3 .

DROITS

Appellez de Champagne, *attribuez aux Officiers de la*
Chambre des Comptes de Paris.

LEs Fiefs des Clercs des Comptes en Champagne pour l'an
feny à la Madeleine trois cens vingt. Premierement :

En la Baillie de Troyes.

La Prevosté de Troyes, six livres.
Le Portaige illec, quarante sols.
L'Escripture du Tabellionnaige, vingt sols.
Le Scel, vingt sols.
Les mesons de Lormel de Troyes, vingt sols.
Les mesons de la Pierre de Troyes, vingt sols.
Le quart du Courretaige, quarante sols.
La Prevosté d'Illes, quarante sols.
La Prevosté de Vauchertis, vingt sols.
La Prevosté de Maraye, vingt sols.
La Prevosté de Chaourse, quarante sols.
Le Tabellionnaige illec, vingt sols.
La Prevosté de Saint Florentin en Garde, soixante sols.
Le Minaige illec, vingt sols.
La Prevosté de Villemor, quarante sols.
Le Minerez illec, quarante sols.
La Terre de Chablies, vingt sols.
La Prevosté d'Ervy, quatre livres.
La Prevosté de Rumilly, vingt sols.
Le Paage de Nogent sur Saine, vingt sols.
La Foire Froide, vingt sols, *alias* la Foire saint Remy.
La Foire Chaude, vingt sols, & la Foire saint Jean.
Le Toraige de la Tour de Troyes, vingt sols.
Le Portaige des Vins de Troyes, vingt sols.
Le Tabellionnaige de Saint Florentin, vingt sols.
L'Escripture d'Ervy, vingt sols.

A

Le Scel de la Prevofté illec, vingt fols.
La Prevofté de Mery fur Saine, quarante fols.

Baillie de Meaux.

La Prevofté de Provins, foixante fols.
Le Portaige illec, quarante fols.
L'Efcripture illec, vingt fols.
Le Scel, vingt fols.
Le Touraige, vingt fols.
La Prevofté de faint Loup, vingt fols.
La Prevofté de Sezanne, foixante fols.
La Halle illec, vingt fols.
Le Moulin illec, vingt fols.
L'Efcripture illec, vingt fols.
La Prevofté de Meaux, quatre livres.
Le Scel illec, vingt fols.
La Prevofté de Joy, quarante fols.
La Prevofté de Treffoy, vingt fols.
La Prevofté de Chantemerle, quarante fols.
Le Paage Baudemont, vingt fols.
La Foire de May, vingt fols.
La Foire de faint Aoul, vingt fols.
Le poids de la Laine, & les Moulins aux Foulons de Pro-
vins, vingt fols.
Le Tonny du Charbon de Provins, vingt fols.
Le Foraige des Vins de Provins, vingt fols.
La valuë de la Pefcherie des Eftangs de Provins, vingt fols,
Le Clergié de la Prevofté de Provins, vingt fols.
L'Efcripture de Meaux, vingt fols.
La Prevofté de Moftereul, foixante fols.
Le Tabellionnaige illec, vingt fols.

Baillie de Vitry.

La Prevofté de Chaftiau Thierry, foixante fols.
L'Efcripture illec, vingt fols.
Le Scel illec, vingt fols.
Les Moulins illec, deux livres, quar ils font en garde.
La Prevofté d'Ouchie, quarante fols.

La Prevofté de Vitry , foixante fols.
L'Efcripture illec , vingt fols.
Le Scel illec , vingt fols.
La Prevofté de Fymes , vingt fols.
La Prevofté de Chaftellon , foixante fols.
L'Efcripture illec, vingt fols.
Le Scel , vingt fols ,
La Prevofté d'Epernay , foixante fols.
L'Efcripture d'Epernay , vingt fols.
Le Scel, vingt fols.
La Prevofté de Sainte Meneheut , foixante fols.
L'Efcripture , vingt fols.
Le Scel, vingt fols.
La Prevofté de Pafleavant , quarante fols.
La Prevofté de Vertuz, foixante fols.
L'Efcripture de Vertuz , vingt fols.
Le Scel de la Prevofté illec , vingt fols.
L'Efcripture d'Auchie, vingt fols.
Le Scel de la Prevofté illec , vingt fols.
Le Clergié de la Prevofté de Vitry , vingt fols.

Baillie de Chaumont.

La Prevofté de Bar fur Aube , quatre livres.
Le Scel , vingt fols.
La Foire illec , vingt fols.
La Prevofté de la Ferté , quarante , ou foixante fols.
La Prevofté de Chaumont , foixante fols.
La Prevofté de Nogent , foixante fols.
La Prevofté de Montigny , foixante fols.
La Prevofté de Coiffy , foixante fols.
La Prevofté de Paffavant en Lorrimie , vingt fols.
La Prevofté de Grans en Ornais , vingt fols.
La Prevofté de Montefclair , quarante fols.
La Halle d'Endelot , vingt fols,
La Prevofté de Vaifly , quarante fols.
Les Moulins de Vaifly , vingt fols.
Les Fours des Bourdons , vingt fols.
La Prevofté de Rounay , quarante fols , ou foixante fols.

La Prevosté de Bar fur Saine, quatre livres.

Le Tabellionaige illec, vingt fols.

L'Efcripture illec, vingt fols.

La Prevosté de Varennes, vingt fols.

Le Tabellionnaige de la Prevosté de la Compaignie d'Efoye, vingt fols.

La Prevosté de la Compaignie de Borbonne, quarante fols.

La Terre d'Aubepierre, vingt fols.

Extrait des Regiftres de la Chambre des Comptes de Paris, Memorial *Nofter*. fol. 176. verfo.

DROITS

Attribuez aux Officiers de la Chambre des Comptes de Paris.

J Ura Clericorum pro scriptis Francie solent sic percipi ; vide- PHILIPPES
delicet, ad Ascensionem pro eodem termino, & pro termino VI. dit de
Candellose ante racionem scriptorum Francie, octo libras.   Valois.

Ad terminum racione computi Pictaviensis, quatuor libras.

Ad terminum pro scatario paf. quadraginta solidos.

Et pro scella, triginta solidos.

    Summa   xv. $^{lib.}$ x. $^{sol.}$

Ad omnium Sanctorum racione computi Francie, quatuor libras.

Pro scatario sancti Michaelis, quadraginta solidos.

    Summa   vj. $^{lib.}$

Item. Ad dictum terminum sex sextarios bladi, capiendos in granario Parisiensi.

Pro predictis autem juris est consuetum à modo quod quilibet Clericus Compotorum capiet in Thesauro ad Ascensionem & omnium Sanctorum equaliter quolibet anno, triginta libras Parisienses.

Item. De dictis Clericis pro quolibet computo Baillivie Crecciaci, quadraginta solidos Parisienses.

Item. Constabellarius Francie debet communitati Clericorum Compotorum, quantum valent vadia que capiunt omnes Gentes armorum, qui sunt cum ipso in guerra, pro uno die.

Et eodem modo omnes qui computant in Camera de vadiis Gentium armorum.

Item. Clerici pro quolibet compoto Terre Pontini, viginti solidos.

Item. Rex consuevit dare quolibet anno Magistris Compotorum & Thesaurarii, unum arpentum bosci, Clericis autem Compotorum & Thesaurarii, equaliter cuilibet dimidium arpenti bosci.

                           A

Super hoc facta fuit Lictera Regis Kalendis menfis Martii, anno millefimo tercentefimo vigefimo quinto , de dono Regis, ad valorem que regiftrate fuerunt in uno Jornalium Camere, per quos concedit Rex pro Magiftris Compotorum , Cancellario & Thefaurario duodecim quarterones lignorum, & Clericis Compotorum & Thefaurarii fex quarterones capiendos Parifiis ad Portum ibi ; & fuerunt dicte Lictere renovate & confirmate per Regem Philippum , quondam Comitem Valefii, menfe Aprilis millefimo tercentefimo vigefimo octavo.

Extrait des Regiftres de la Chambre des Comptes de Paris , Regiftre *Nofter* , fol. 178. verfo. & 179.

ESTAT

Des Droits qui se payent par rolle aux Officiers de la Chambre des Comptes, évaluez en argent.

DROITS de Robbes, Manteaux, Chauffage, Ecurie, Harangs, Bougies, Verres, Roses, Rois, Dragées, Etuis & Ciseaux, Etuis & Lunettes.

Droits qui se payent en nature.

Cierges de la Chandeleur, & menuës necessitez ; sçavoir, Papier, Canif, Racloir, Poinçon, Lacets, Cire rouge, & Bourse de Jettons de cuivre.

A la mort des Rois, Reines, Princes & Princesses, Meres des Rois & Reines, lesdits Officiers ont des Robbes de deüil, ainsi qu'il se justifie par les comptes anciens de l'Argenterie.

LETTRES

*Au Chancelier de France, pour faire délivrer aux Maîtres
de la Chambre des Comptes de Paris, les Bourses
à eux deuës sur la grande Chancellerie.*

Emoire que en une Lettre cloze, que le Roy envoya au Chancelier, donnée huit jours en Février l'an trois cens vingt-huit, estoit contenuë une clause dont la teneur s'ensuit.
Item. Vous mandons que en la grosse Chancellerie de cire vert, vous faites faire & délivrer dores en avant une Bourse pour chacun des cinq Clercs Mestres de nostre Chambre des Comptes, combien que ou temps passé elle n'ait esté faite que pour trois qui y estoient d'ancienneté.

Extrait des Regiftres de la Chambre des Comptes de Paris, Memorial A. fol. 158. verso.

PHILIPPES VI. dit de Valois.

LETTRES

*Pour le droit de Chauffage des Officiers de la Chambre
des Comptes de Paris.*

Du deux Mars 1330.

PHILIPPES par la grace de Dieu Roy de France, à nos Philippes
amez & feaux Gens de nos Comptes & Tréforiers à Paris, VI. dit de
Salut et dilection. Comme du temps de noſtre très-cher Valois.
Seigneur & Couſin le Roy Charles, que Dieu abſoille, & de
ſon don preiſſiés vous & ſon Chancelier chacun an à ſa volonté
en certaines Foreſts chacun de vous un arpent de bois, & chacun de nos petits Clercs & Notaires de la Chambre de nos Comptes & de noſtre Tréſor de Paris, demi arpent de bois pour ardoir en vos hoſtels, & ès hoſtels de noſdits petits Clercs & Notaires; & pour ce qu'il fut regardé par vous & les Tréſoriers qui
pour le temps eſtoient que les Foreſts deſſuſdites en eſtoient par
aucune maniere laidies & empirées, noſtredit Seigneur &
Couſin, en lieu de ce, vous ordena & commanda à prendre au
Port de Paris chacun an, tant comme il ly plairoit, douze quarterons de moles de buſche pour ardoir en l'hoſtel dudit Chancelier & de chacun de vous, & ſix quarterons de moles de buſche audit Port pour chacun de nos petits Clercs & Notaires de
ladite Chambre des Comptes & du Tréſor; & après le trépaſſe-
ment de noſtredit Seigneur & Couſin, Nous ayant agreable
iceluy don, mandaſmes à nos Tréſoriers qui pour le temps
eſtoient, que chacun an, tant comme il Nous plairoit, feiſſent
délivrance à vous, à eux, à noſdits petits Clercs & Notaires, de
ladite Buſche audit Port, ſelon ce que deſſus eſt dit & eſpecifié;
& depuis Nous conſiderant les grandes charges qui ſur Nous
eſtoient de tiex dons de Buſche faits par nous à pluſieurs perſonnes qui pou uſoient de ladite Buſche, Nous tous iceux dons
que l'en prenoit ſur Nous à volenté, rappellaſmes generalement
& deffendiſmes que riens n'en fuſt payé ou délivré; Nous con-
noiſſant les proffitables & agreables ſervices que vous nous avez

A

fait & faites de jour en jour, en demorant continuellement à Paris Hiver & Esté pour nos besoignes, VOULONS & vous mandons de certaine science, & de noſtre eſpeciale grace, que vous preniés ſur Nous pour l'année encommencée à Paſque l'an mil trois cens trente-un, & pour toutes les autres années enſuivans, tant comme il nous plaira, en la maniere accouſtumée, le prix ou la valeur de ladite Buſche à noſtredit Chancelier, & à chacun de vous, aux Clercs & aux Notaires deſſuſdits, pris audit Port de Paris, en la maniere que deſſus eſt dit, & iceluy prix, ou valuë, faites payer & délivrer du noſtre aux Marchands, ou à ceux qui auront acheté ladite Buſche, ſelon ce que ladite Buſche coutera, ſans attente d'autre mandement de Nous, tant comme il nous plaira ſeulement. DONNE' à Saint Germain en Laye le ſecond jour de Mars, l'an de grace mil trois cens trente. Par le Roy à la relation de ſon Conſeil, vous preſent, REGNAULT DE MOLINS.

Collatio hujus tranſcripti facta fuit in Camera Compotorum Pariſienſi, cum originali ſignato ut ſupra, decima tertia die Julii milleſimo trecenteſimo quadrageſimo ſeptimo, per me H. DE ROHAN, *& me* J. DE CHARMOYA.

L'an de grace mil trois cens quarante-ſept le trentiéme jour d'Aouſt, preſens au Burel en la Chambre des Comptes Monſieur Guillaume Flotte Chancelier de France, Noſſieurs les Abbez de Saint Denis & de Mareſmouſtier, Monſieur Jean du Chatelle, Maiſtre Renaut Chauveau, Jean Laigle, Ligier Morient, Jean de Saint Quentin, Jean de Hangeſt, Angerian du Petitcelier, & Bernard Fermaut Treſoriers, ſur la doubte muë de la revocation des droits des Officiers du Roy & de la Buſche donnez aux Gens des Comptes, dont mention eſt faite cy-deſſus. Veuë la Lettre de la revocation deſdits droits, faite l'an mil trois cens trente-trois, eſcrite cy-deſſous au cinquante-ſeptiéme feuillet, & la Lettre du Don de ladite Buſche fait aux Gens des Comptes l'an mil trois cens trente, conſideré que ladite Buſche n'eſt pas deuë pour cauſe de droit d'office, mais pour taxe de don à volenté, ſi comme il appert par la teneur d'icelle, nos Seigneurs Abbez deſſuſdits diſent le contraire ; c'eſt à ſçavoir, que ladite Busche est comprise sous le nom des droits, & par consequent est compris sous ladite generale révocation des droits; finablement par ledit Chancelier, & les autres dessus nommez, contre l'entention desdits Abbez, fut dit & déterminé qu'elle est deuë pour cause de don à volenté, comme dit est, & commanda le Chancelier que l'en la preist sur le Roy, & la rendist si comme l'en a accoustumé. Escrit comme dessus.

Extrait des Registres de la Chambre des Comptes de Paris, Memorial B. fol. premier.

LETTRES

PORTANT exemption de Decimes en faveur des Officiers de la Chambre des Comptes de Paris.

Du vingt-un Février 1331.

PHILIPPES par la grace de Dieu Roy de France, à tous les Archevefques & Evefques de noftre Royaume, & à tous autres à qui ces prefentes Lettres venront, SALUT. Nous avons veu une Lettre fcellée du Scel de noftre très-chier Seigneur & Coufin le Roy Charles, que Diex abfoille, contenant la forme qui s'enfuit.

Carolus Dei gracia Francie & Navarre Rex, omnibus Archiepifcopis & Epifcopis Regni noftri Francie, ad quos prefentes Lictere pervenerint, Salutem. Significamus vobis quod Clerici noftri in Camera Compotorum noftrorum obfequiis Parifiis infiftentes ab omni preftacione Decime pro Beneficiis Ecclefiafticis que obtinent, fint quitti, liberi & immunes; vobis, & veftrum cuilibet tenore prefencium inhibentes, ne ab ipfis, vel eorum altero pro Beneficiis eorum predictis de predicto & futuro tempore Decimam exigatis, nec proceffus aliquos contra ipfos, ob defectum folucionis dicte Decime faciatis, factos vifis prefentibus revocantes & reftituentes eis quicquid hac occafione receperitis ab eifdem. Datum Parifiis decima quarta die Junii anno Domini millefimo trecentefimo vigefimo feptimo.

Lefquelles Lettres Nous voulons demourer en leur force & vertu, & icelles confermant de certaine fcience, vous deffendons & à chacun de vous, par la teneur de ces prefentes Lettres, que vous ne levez difiéme de nofdits Clercs, ne de aucuns de eulx pour les Benefices que il obtiennent & obtendront pour tout le temps que il font & feront en nos fervices de la Chambre de noz dits Comptes; & ainfi voulons Nous & leur octroyons de grace efpecial, que il foit fait pour les arrerages defdits difiémes des Benefices que eulx & chafcun d'eulx obtiennent &

PHILIPPES
VI. dit de
Valois.

A

ont obtenu pour tout le temps paſſé que il ont eſté en noz dits ſervices, juſques à la datte de ces preſentes Lettres, ne ne faciez aucuns procès contre eulx, ou aucun de eulx, pour leurſdits diſiémes ou arrerages non payez; ainçois ſe aucuns procès avez faits contre eulx, ou aucun de eulx, pour ce rappellez les, veuës ces Lettres, & leur rendez, ou faciez rendre tout ce que du leur ſera levé ou receu pour cette cauſe, ſans avoir autre mandement de Nous. DONNE' à Ver-le-Grand, le vingt-uniéme jour de Février, l'an de grace mil trois cens trente & un.

Extrait des Regiſtres de la Chambre des Comptes de Paris, Memorial B. fol. 13. verſo.

LETTRES

*PORTANT Exemption du Droit de Peages & Paf-
fages en faveur des Officiers de la Chambre
des Comptes de Paris.*

Du douze Mars 1333.

PHILIPPUS Dei gratia Francorum Rex, Prepofito Parifien- PHILIPPE
fi, aut ejus locum tenenti, SALUTEM. Conquefti funt nobis VI. dit de
dilectus & fidelis Confiliarius Martinus de Effartis, ac Procura- Valois.
tor nofter, quod licet predictus Procurator in Curia noftra pro-
pofuiffet contra Pedagiarios de Conflancio, de Medunta, ac de
Domibus fupra Secanam, & plures aliofque, Confiliarii noftri
Camerarum noftrarum Parifienfium, ficut & effe debebant immunes ab omni preftatione pedagii feu tranfverfi cujufcumque, pro
vittualibus feu provifionibus, ipfifque partibus auditis dictum fuit
per Arreftum, quod predicti Pedagiarii non reciperentur contra
dictas Gentes noftrarum Camerarum predictorum ad faifinam per
dictos Pedagiarios propofitam, videlicet recipiendi & habendi
pedagium feu tranfverfum de vittualibus que dicte Gentes noftre
Parifiis differri faciunt pro eorum neceffitate, pro ut in dicto Ar-
refto plenius continetur; nihilominus Pedagiarii de Conflantis
& de Domibus certa vadia à dicto Martino Confiliario noftro
feu ejus gentibus, pro fuis garnifionibus & vittualibus quas Parifiis aportari faciebat, occafione pedagii vel coftume cepiffe dicun-
tur, in eorum grande prejudicium & gravamen, & contra dicti tenorem Arrefti, temere veniendo, ficut dicunt. Quare tibi committimus & mandamus quatenus, fi vocatis evocandis, tibi confti-
tit dicta vadia à dicto Confiliario noftro feu ejus gentibus per dictos Pedagiarios occafione predicta capta fuiffe vel detenta, ipfa
eidem vel ejus certo mandato liberari & reddi, & nobis & parti
emendari facias indilate, dictos Pedagiarios viriliter & debite
compellendo. DATUM Parifiis in Parlamento noftro, die duodecima Marcii anno Domini M. C C C. XXXIII. Per Cameram,
HANGEST.

Extrait des Regiftres de la Chambre des Comptes de Paris, Memorial B.
fol. 55. verfo.

LETTRE

De M. de Saint-Juft à Monfieur le Chancelier , concernant l'Exemption du Sceau.

Du vingt-fept Novembre 1339.

Onfieur le Chancelier , comme vous avez commandé à moy Jehan de Saint-Juft, que ce que je vous ai dit de bouche , je vous baillaffe par écrit fur la franchife que dient avoir en la Chancellerie, pour leurs propres perfonnes & pour leurs fingulieres befoignes,les Clercs qui tiennent & corrigent les écrits de la Chambre des Comptes noftre Sire le Roy, fçavoir vous fais que j'ay pieça fçû par les anciens, que ceux de la Chambre des Comptes n'eftoient pas réfidans à Paris , fi comme l'ont efté puis le temps Monfieur Saint Loys , ençois tous les Maiftres & les Clercs, grands & petits fuivoient la Cour du Roy, & recevoient & oyoient à ladite Cour, & corrigeoient tous les comptes tant ordinaires qu'extraordinaires; & quand meftier eftoit lefdits Clercs faifoient & fignoient comme Notaires, Lettres qui meftier avoient à eftre fcellées du grand Sceau du Roy, & prenoient à la groffe & menuë Chancellerie, jufques à tant que Maiftre Guillaume de Crefpy fut Chancelier , qui foufpendit aufdits Clercs leur prefence à ladite Chancellerie, pource qu'ils ne fuivoient plus la Cour , ençois pour la multitude des comptes & des autres befoignes qui furvindrent,tous les Maiftres & Clercs deffufdits fe affiegent & demourent du tout pour oyr, recevoir & corriger lefdits comptes à Paris , & depuis en toujours oy dire que lefdits Clercs doivent eftre francs à ladite Chancellerie pour leurs befoignes, ne ne leur en vy oncques Lettres payer, & je mefme qui fut Clerc des Comptes pour huit ans , y oy grand quantité de Lettres fcellées du grand Scel du Roy pour mes befoignes , je ne payay oncques rien. Ecrit de ma propre main vingt-fept jours en Novembre, l'an de grace mil trois cens trente-neuf.

Collatio facta eft ab originali per me JEAN DE NOET.

Extrait des Regiftres de la Chambre des Comptes de Paris , Mem. B. fol. 144. verfo.

LETTRES

PORTANT Exemption du Droit de Peages & Paf-
fages en faveur des Officiers de la Chambre
des Comptes de Paris.

Du douze Janvier 135 ....

JOANNES Dei gratia Francorum Rex, primo Parlamenti ᴊᴇᴀɴ.
noftri Hoftiario, aut fervienti noftro Equiti Caftelletti noftri
Parifius, ad quem prefentes Littere noftre pervenerint, ꜱᴀʟᴜ-
ᴛᴇᴍ. Cum tam de jure & ratione, quam de ufu & confuetudine
notoriis, à tam diuturnis temporibus retroactis, quod hominum
memoria in contrarium non exiftit, notorie obfervatis, Gentes
noftre quecumque obfequiis noftris infiftentes, prefertim dilecti
& fideles noftri Cancellarius, Gentes Camerarum & Inqueftarum
Parlamenti, Requeftarum Hofpitii & Pallatii, nec non Gentes
Compotorum noftrorum, Thefaurarii, Notarii, Procurator nofter
Generalis, atque Advocati noftri dicti Parlamenti, que pro expeditione totius reipublice ac noftrorum & totius Regni negotio-
rum funt neceffario conftitute ac etiam ordinate, & in his perfo-
nam noftram reprefentant, pro bladis aliifque granis, vinis, ani-
malibus, lignis aut aliis munitionibus five garnitionibus quibuf-
cumque, que pro victu & neceffariis earumdem ipfis in fervitio
noftro exiftentibus, in domibus & hofpitiis per terram five aquam
devehi & deferri faciunt, feu adduci ad Pedagium, theloneum,
coftumam, calceyam, tranverfum, exactionem feu quafcumque
alias redibentias folvere minime teneantur ; fitque hactenus &
nuper pro quibufdam Gentium noftrarum predictarum per plura
Arrefta in dicto Parlamento prolata, & etiam per certas Ordinationes & Declarationes per nos & predeceffores noftros fuper
his factas extiterit, partibus auditis pluries pronuntiatum, de-
claratum, ac etiam ordinatum, dictumque infuper fuerit alias per
Arreftum, quod Pedagiarii aut redibentiarum predictarum Col-
lectores feu Domini ad aliquam faifinam in communi allegandam
vel proponendam minime admitterentur ; hiifque non obftanti-
bus, Pedagiarii de Medunta & de Meulenco à gentibus dilecti &
fidelis noftri Simonis de Buciaco Militis, Confiliarii noftri ac in
Parlamento noftro Prefidentis, negotiifque noftris continue in-

A

fiftentis, pro certis granis, videlicet pifis & avenis,que pro victua-
libus & garnitionibus dicti Confiliarii noftri per ripariam Se-
quane Parifios adduci faciebant, certa pignora aut pecuniarum
fummas occafione pedagii feu transverfi ab anno citra pluries ce-
perunt & habuerunt, prefatis gentibus ipfius Confiliarii noftri
contradicentibus & invitis, in ejus grande prejudicium & gravamen, ac contra Arrefta, Ordinationes & Declarationes predic-
tas temere veniendo atque attemptando, ipfumque Confiliarium
in poffeffione & faifina hujufmodi libertatis & franchifie pertur-
bando & impediendo indebite & de novo, ficut dicit. Quo circa
vobis & veftrum cuilibet tenore prefentium committimus &
mandamus quatenus, fi vocatis dictis Pedagiariis fuper locis Pe-
dagiorum predictorum,per confeffionem ipforum Pedagiariorum
aut aliter legitime vobis fic effe conftiterit, impedimentum &
novitatem hujufmodi amoventes, Pedagiarios memoratos ad red-
dendum & reftituendum fepe dicto Confiliario, aut ejus certo
mandato dicta pignora aut pecuniarum fummas, fic per vos ob
caufam predictam capta, una cum damnis & expenfis propter hoc
factis & habitis, nec non ad ceffandum à predictis celeriter com-
pellatis, prenominatumque Confiliarium noftrum in fuis poffeffione & faifina predictis manuteneatis & confervetis,& eis uti &
gaudere pacifice faciatis. Si vero Pedagiarii predicti, aut aliqui
feu alii quicumque pro iifdem vel ipforum aliquo, in contrarium
fe opponere voluerint, debato & rebus contentiofis ad manum
noftram tamquam fuperiorem pofitis, factaque dicto Confiliario
noftro de pignoribus, feu pecuniarum fummis predictis primitus
recredentia,opponentes adjornetis,& ad certam & competentem
diem in noftro prefenti Parlamento,non obftante quod fedeat &
ex caufa, Procuratore noftro pro nobis & fepe dicto Confiliario
noftro, prout uniufcujufque intererit aut intereffe poterit, tam
fuper attemptatione quam oppofitione predictis, & aliter pro-
ceffuro ut fuerit rationis; dilectas & fideles Gentes noftras dictum Parlamentum tenentes, de adjornamentis & aliis que in
premiffis feceritis, certificando competenter. Ab omnibus autem
Juftitiariis & Subditis noftris, vobis & veftrum cuilibet in hac
parte, pareri volumus efficaciter & intendi. DATUM Parifius in
Parlamento noftro duodecima die Januarii.

Extrait des Regiftres des Ordonnances, cotté A. fol. 23. verfo. *Le R. P,
Dom Lobineau dans fon Hift. de la Ville de Paris, tome V. page 248.*

LETTRES

PORTANT Exemption du Guet en faveur des Officiers de la Chambre des Comptes de Paris.

Du cinq May 1383.

DE PAR LE ROY. Colart de Tanques, premier Ecuyer de noftre Ecurie, Nous voulons & vous mandons que tous les Harnois & Armeures que noz amez & feaulx Gens de noftre Chambre des Comptes, Treforiers à Paris, les Notaires & Changeurs d'icelle Chambre & de noftredit Trefor, & Pierre de Sens noftre Receveur, defquels les noms s'enfuivent ; c'eft affavoir, Maiftre Jean Paftourel, Maiftre Renault de Coulons, Maiftre Pierre du Caftel, Maiftre Arnault Raymondée, Maiftre Guillaume Hamecel, François Chanteprime, Jean de Ruel, Maiftre Yves Darien, Etienne Bracque, feu Jacques de Reins, Philippe de Saint-Pere, Regnault de la Chapelle, Maiftre Jean Maulin, Maiftre Regnault Raoul, Maiftre Jean Faffier Axuft, Jean Mumer, Maiftre Robert Coiffe, Maiftre Hugues de Colombe, Maiftre Dudaire de Toigny, Maiftre Jean le Roy, Maiftre Adam Richeuft, Maiftre Guy Brocher, Maiftre Jacques de Duffy, Maiftre Gracet de Montagu, Maiftre Hugues de Guingant, Maiftre Jean le Breton, Maiftre Robert Dachrées, Maiftre Raoul Lamoureux, Maiftre Pierre le Clerc, Pierre de Soiffons, Pierre de Sens Receveur de Paris deffufdits ; lefquels deffus nommez felon l'Ordenence par Nous ce faite en noftre bonne Ville de Paris, quant Nous y entrafines apiès noftre retour de Flandres, apporterent & firent apporter les Harnois & Armeures deffufdites en noftre Palais ou en noftre Caftel du Louvre à Paris, & defquels Harnois & Armeures vous avons commife la garde, vous à nofdits Gens des Comptes, Clercs & Officiers, rendez & reftituez, & faites rendre & reftituer tantoft, veues ces Prefentes, & par rapportant lefdites Lettres de reconnoiffance deffufdits, d'avoir ainfi receu de vous lefdits Harnois & Armeures, & ces Prefentes, Nous voulons & mandons que d'iceulx Harnois & Armeures

CHARLES VI.

A

foiez tenus quitte & dechargé par tout où il appartiendra , &
vous en quittons du tout & déchargeons par ces Prefentes.
Donne' à Melun le cinquiéme jour de May, l'an de grace mil
trois cent quatre-vingt trois , & le troifiéme de noftre Regne.

Extrait des Regiftres de la Chambre des Comptes de Paris, Memorial F.
fol. 40. verfo.

LETTRES

***PORTANT** Exemption de Ban & Arriere-Ban en faveur des Officiers de la Chambre des Comptes de Paris.*

Du dix-neuf Juillet 1383.

CHARLES par la grace de Dieu Roy de France, à tous **CHARLES VI.** nos Justiciers, ou à leurs Lieutenans, & à tous Commis & Députez ou à députer sur le fait des compositions des tenans fiefs en nostre Royaume, qui ne Nous suivroient en nos presentes guerres, SALUT. Comme Nous ayons n'agueres ordonné & fait crier que tous Nobles, Annoblis & tenans fiefs en nostre Royaume, Nous viennent servir montez & armez en nosdites guerres, sur grandes peines à appliquer à Nous : Nous considerant les services que nos amez & feaux Conseillers les Gens de nos Comptes à Paris, & aussi nos Clercs d'en bas de nostre Chambre de nosdits Comptes Nous font continuellement illeuc, & les dommages & inconveniens qui pourroient venir, s'ils estoient absens, & ne y entendoient & vacquoient sans intermission, les avons de grace speciale exempté & exemptons de nostredite Ordonnance, & ne voulons qu'ils soient tenus de Nous venir suir en nosdites guerres, ne de payer pour leursdits fiefs aucune finance. SI VOUS MANDONS, & à chacun de vous, comme à luy appartiendra, que nosdits Conseillers & Clercs, & chacun d'eux, vous faites & laissiez jouir & user paisiblement de nostre presente grace, sans les molester en quelque maniere au contraire. DONNE' à Paris le dix-neuviéme jour de Juillet, l'an de grace mil trois cens quatre-vingt trois, & de nostre Regne le troisiéme. Par le Roy, à la relation de Messieurs les Ducs de Berry & de Bourgogne, JEAN TABARY.

Collatio dicta copiæ cum originali signato ut supra, & posito cum sigillibus in filo hujus temporis, facta fuit in Camera Compotorum Parisius octava die Augusti anno 1383. per me JOANNEM MUNERY, & me JOANNEM MAULNY.

Extrait des Registres de la Chambre des Comptes de Paris, Memorial E. fol. 43.

LETTRES

PORTANT Exemption de Tailles, Subventions & Aydes en faveur des Officiers de la Chambre des Comptes de Paris.

Du cinq Mars 1383.

CHARLES par la grace de Dieu Roy de France, à tous ceux qui ces Lettres verront, SALUT. Comme nos amez feaux les Gens de nos Comptes & de notre Trefor à Paris, aient efté affis & impofez par les Quartiniers & Cinquanteniers, ou autres de notre Ville de Paris, fi comme entendu avons, à plufieurs Tailles & Affifes, Affietes ou autres Subventions qui ont efté faites & levées en notredite Ville de Paris depuis la mort de notre très-cher Seigneur & Pere, que Dieu abfoille, à groffes & exceffives fommes de deniers en haine de notre fervice, de leur volente & autrement, contre raifon ou grand grief, préjudice & dommage de nofdits Gens : SÇAVOIR FAISONS que Nous confiderant les caufes qui à ce Nous meuvent & doivent mouvoir, voulons & ordonnons de grace fpeciale, qu'ils foient & demeurent quittes à toujours chacun en droit foi, de tout ce en quoi ils font & pourront eftre tenus à Nous à caufe des chofes deffufdites, & qu'ils en foient acquittez par tout où il appartiendra, & nous-même les en quittons & leur donnons, fi meftier eft, par la teneur de ces Prefentes. SI DONNONS EN MANDEMENT par ces mêmes Lettres à tous à qui il appartiendra, que de ce tiengnent, & facent tenir quittes & paifibles, & facent acquitter par tout où il appartiendra, par vertu de cçs prefentes Lettres, à toujours nofdits Officiers & chacun d'eux par cette forme & maniere que aucune chofe ne lui en puift eftre demandée au temps avenir. En témoing de ce Nous avons fait mettre notredit Sçel à ces Prefentes. DONNE' à Paris le cinquiéme jour de Mars l'an de grace mil trois cent quatre-vingt-trois, & de notre Regne le quatre. Ainfi figné, Par le Roy à la relation de Monfieur le Duc de Berry, prefens plufieurs du Confeil. PENANHAC.

CHARLES VI.

A

Collatio hujus copiæ cum Litteris originalibus signatis ut supra, quæ ponuntur in filo hujus temporis, facta fuit in Camera Compotorum die 23 Martii anno 1383. per me REGNALDUM RADULPHE, & *me* JOHANNEM MAULNY.

Extrait des Regiſtres de la Chambre des Comptes de Paris, Memorial E. fol. 52. verſo.

LETTRES

PORTANT Exemption du Droit de Peages & Paf-
fages en faveur des Officiers de la Chambre
des Comptes de Paris.

Du dix-neuf Octobre 1398.

DEcima nona die Octobris millesimo trecentesimo nonage- CHARLES.
simo octavo inhibitum fuit Micheleto Laillet & Baudeto VI.
Noque Firmariis Firme Cinguli seu Corrigie Regine, sub pœna
decem marcharum argenti Regi applicandarum, ne de cetero,
quando Domini Compotorum, aut Clerici facient adduci vina
sua domorum suarum extra Villam existentium Parisius, ipsi Fir-
marii impediant aut impediri faciant dicta vina, vecturas aut
alias res dictorum Magistrorum aut Clericorum, seu ab ipsis vadia retineri, aut à vectuariis eorum, capiendo cedulas certifica-
tas dictorum Magistrorum aut Clericorum de vinis que sic adduci facient Parisius.

Extrait des Registres de la Chambre des Comptes de Paris, Memorial F.
fol. 54.

LETTRES

PORTANT Exemption de Tailles , Subventions & Aydes en faveur des Officiers de la Chambre des Comptes de Paris.

Du vingt-six May 1404.

CHARLES par la grace de Dieu Roy de France , à nos amez Charles & féaux Conseillers les Commissaires par Nous ordonnez & VI. commis à la garde , conservation & gouvernement des deniers de l'ayde nouvellement mis sus en notre Royaume , pour contrester l'entreprise de Henry de Lancastre soy disant Roy d'Angleterre , SALUT ET DILECTION. Comme nagueres Nous par grand & meure déliberation, & par le conseil & avis de nos très chers & très amez Oncles & Freres les Ducs de Berry , de Bourgogne, d'Orliens & de Bourbon , & de plusieurs autres de notre Sang & lignage , & de notre grand Conseil, & pour l'évident profit de toute Chrétienté, avons ordené être mis sus & levé en notredit Royaume certain aide pour resister aux entreprinses dudit Henry & de ses adherens & faiteurs, ou payement & contribution duquel aide avons ordené & voulu que toutes personnes y contribuent , sans ce que aucun en soit exempt, soit nos Officiers ou de nosdits Oncles & Freres ou d'autres de notre Sang , ne d'autres quelconques , excepté les Nobles extraits de noble ligniée non marchands , ne tenans fermes , ne marchiez , mais frequentans les armes , ou qui les ont frequenté ou temps passé , & de present sont en tel estat pour bleçeures , maladie ou grand aage , que plus ne les peuvent exercer , & aussi excepté Gens d'Eglise , Beneficiers qui par autre maniere aiderent à ce fait , & poures personnes mandians , & par ainsi seroient tenus de payer & contribuer audit aide nos amez & feaux les Gens de la Chambre de nos Comptes , & de notre Tresor à Paris , qui de tout temps ont esté tenus quittes de payer & contribuer à quelque aide pour Nous ou nos Prédecesseurs , mis & imposez en notredit Royaume pour quelque cause que ce soit : SÇAVOIR FAISONS que Nous considerant la continuelle occupa-

A

tion & les grands peines & travaux que ont & ſoutiennent chacun jour noſdits Officiers en leurſdits Offices au très-grand bien
& proufit de Nous & de notre Domaine. Et pour pluſieurs autres
conſiderations à ce Nous mouvans, avons ordené & voulu, orden-
nons & voulons, & leur avons octroyé & octroyons de notre grace eſpecial par ces Preſentes, que eux & chacun d'eux ſoient
francs, quittes & exempts dudit aide, & que au payement d'icelui
ils ne contribuent en aucune maniere. Si vous MANDONS & à chacun de vous, ſi comme à lui appartiendra, que de notre preſente
grace les faciez, ſouffrez & laiſſiez joir & uſer paiſiblement, en
les tenant & faiſant tenir quittes & paiſibles dudit aide, ſelon notre preſent octroy, & Nous voulons que par eux rapportans ces
Preſentes, verifiées par vous, ou les trois ou deux de vous, ce à quoi
ils auront eſté impoſez, ſoit déduit de la recette de celui ou de
ceux à qui il appartient, ſans aucune difficulté ou contredit, nonobſtant Ordenances, Mandemens ou Deffenſes au contraire.
DONNE' à Paris le vingt-ſixiéme jour de May l'an de grace mil
quatre cent quatre, & le vingt-quatriéme de notre Regne. Ainſi
ſigné, Par le Roy en ſon Conſeil. FERRON.

*Les Commiſſaires ordonnez ſur le fait de l'Ayde nouvellement
mis ſus pour reſiſter à l'entreprinſe de Henry de Lancaſtre qui ſe
dit Roy d'Angleterre, aux Eſleus ſur le fait des Aydes ordonnez
pour la Guerre, ès Cité & Diocéſe de Paris, & illec commis au
fait dudit nouvel Ayde, Salut. Pour accomplir le contenu ès Lettres Royaux ſous un de nos ſignes faiſans mention des Gens de la
Chambre des Comptes & du Treſor du Roy notre Sire, & de l'octroy à eux fait par ledit Seigneur, qui veut qu'ils ſoient francs,
quittes & exempts dudit Ayde, & que au payement d'iceluy ils
ne contribuent en aucune maniere, Nous vous mandons que les deſſuſdits vous teniez & faites tenir quittes & paiſibles dudit Ayde
ſelon ledit octroy, pour les cauſes & en la maniere que le Roy notredit Seigneur le veut & mande par ſeſdites Lettres. Donné à Paris le
trentiéme jour de May l'an 1404. Signé, R. LUOTE.*

Extrait des Regiſtres de la Chambre des Comptes de Paris, Memorial F.
fol. 175.

LETTRES

PORTANT Exemption du Droit de Gabelles en faveur des Officiers de la Chambre des Comptes de Paris.

Du dix-huit Decembre 1405.

CHARLES par la grace de Dieu Roy de France, à n⟩s amez Charles & féaux les Generaux Conseillers sur le fait des Aydes or- VI. donnez pour la guerre, SALUT ET DILECTION. Comme nos amez & féaux les Gens de nos Comptes à Paris ayent esté de tout temps & encore soient francs, quittes & exempts de tous aydes, subsi-des, gabelles & autres subventions quelconques, & depuis cer-tain temps en çà, ayons fait certaines Ordonnances sur le fait de nos Gabelles, par lesquelles avons voulu & ordonné que aucun ne soit franc ne exempt d'icelles, obstant nosquelles Ordonnan-ces nosdits Gens des Comptes n'ont pû, ne ne peuvent avoir du Sel sans payer le droit de notre Gabelle, si comme ils dient, SÇA-VOIR VOUS FAISONS, que Nous considerant les bons, loyaux, com-mandables & les continuels services que Nous ont de tout temps fait & font nosdits Gens en notre Chambre desdits Comptes, à grands peines & travaux de leurs personnes, lesquels Nous ne voulons ne entendons être aucunement comprins en nosdites Or-donnances quant à ce, voulant iceux joüir & user de leurs privi-leges, ainsi que eux & leurs predecesseurs esdits Offices ont fait ès temps passez, leur avons octroyé & octroyons de grace speciale par ces Presentes, que tant pour cette presente année que pour celles à venir, ils ayent chacun en droit soi, du sel sans Gabelles, pour la dépense de leurs Hostels tant seulement, sans payer aucun droit de Gabelles, en payant le droit du Marchand. SI VOUS MANDONS & enjoignons expressément que de notre presente grace fassiez, souffriez & laissiez nosdits Gens des Comptes & chacun d'eux, joüir & user paisiblement, en leur faisant bailler dudit Sel sans Gabelle par notre Grenetier de notre Grenier à Sel establi à Pa-ris, present & avenir, ainsi & par la maniere qu'ils ont eu au tems

A

paſſé , nonobſtant noſdites Ordonnances, leſquelles , quant à ce,
Nous ne voulons avoir aucun effect , & quelconques autres Ordonnances , Mandemens ou Deffenſes au contraire. Donne'à
Paris le dix-huitiéme jour de Decembre l'an de grace mil quatre
cent cinq , & denotre Regne le vingt-ſix. Signé, Par le Roy, le
Sire de Montenay , Meſſire Regnault Dangems , & pluſieurs
autres Chambellans preſens , Jean de Rouvrez.

De par les Generaux Conſeillers ſur le fait des Aydes ordonnez
pour la Guerre , le Grenetier du Grenier à Sel eſtabli à Paris ac-
compliſſez le contenu ès Lettres du Roy notre Sire , cy-attachées
ſous l'un de nos Signes , en baillant & délivrant aux Gens des
Comptes du Roy notredit Seigneur , & à chacun en droit ſoy , du
Sel ſans Gabelles pour la dépenſe de leurs Hoſtels , en payant le
droit du Marchand tant ſeulement , pour les cauſes , & tant par
la forme & maniere que le Roy notredit Seigneur le mande par ſeſ-
dites Lettres. Donné à Paris le vingt-deuxiéme jour de Decembre
l'an de grace 1405. Droco.

Extrait des Regiſtres de la Chambre des Comptes de Paris, Memorial G.
fol. 35.

LETTRES

PORTANT Exemption de Tailles, Subventions & Aydes en faveur des Officiers de la Chambre des Comptes de Paris.

Du trente Septembre 1406.

CHARLES par la grace de Dieu Roy de France, à nos amez & féaux Conseillers les Commissaires ordonnez sur le fait de l'ayde & mise sus pour la conqueste de Guyenne, & pour le renforcement des frontieres du Royaume, SALUT ET DILECTION. Comme par nos autres Lettres par lesquelles & pour les causes exprimées en icelles, ledit ayde a esté mis sus, Nous eussions voulu & ordonné entre les autres choses, que à icelui ayde contribuassent & en payeroient nos Officiers & toutes autres gens de quelque estat ou condition qu'ils fussent, excepté seulement nobles, extraits de noble lignée, suivans les Armes & vivans noblement sans marchander, & aussi Gens d'Eglise, Beneficiers qui par autres manieres y contribueront, & les pauvres mandians, si comme il est plus à plein contenu en nosdites Lettres, esquelles est aussi contenu par exprès que si par importunité de requerans ou autrement nous en donnions, ne quittions aucune chose, que on n'y obéit aucunement : SÇAVOIR FAISONS que Nous, considerant les très-grands peines & travaux que ont & soutiennent continuellement en notre service nos amez & feaux Conseillers & autres Officiers de notre Parlement, des Requestes de notre Hostel, des Enquestes & Requestes de notre Palais, & aussi de la Chambre de nos Comptes & de notre Trésor, à iceux nos Conseillers & Officiers, & chacun d'eux, & aussi aux femmes veufves des gens de notredit Parlement, de nosdits Comptes, & Trésoriers, avons octroyé & octroyons de notre certaine science & grace speciale par ces Presentes, qu'ils soient & demeurent francs, quittes & exempts dudit ayde, nonobstant le contenu en nosdites Lettres, pour mettre sus ledit ayde, & que par avanture eux ou aucuns d'eux y avoient esté & soient particulierement assis &

CHARLES VI.

A

impofez. Sɪ ᴠoᴜs ᴍᴀɴᴅoɴs & commandons expreſſément, que de notre preſente grace vous faites, ſouffrez & laiſſiez noſdits Conſeillers & Officiers & leſdites Veuves, & chacun d'eux, joïr & uſer pleinement & entierement ſans les moleſter ne empêcher en aucune maniere au contraire ; & ſi aucuns de leurs biens ou d'aucuns d'eux, ſont ou ont eſté pour ce prins, ſaiſis & arreſtez, les leur faites rendre & reſtituer, & mettre ces Lettres veuës à plei-ne délivrance. Voᴜʟoɴs auſſi & Nous plaiſt, que par rapportant une fois ſeulement vidimus de ces Preſentes ſous ſçel autentique, notre amé Adam de Blois Receveur General dudit ayde, & les Re-ceveurs particuliers d'iceux, & chacun d'eux, & tous autres à qui ce peut, ou pourra toucher, ſoient & demeurent de ce quittes & déchargez envers Nous par tout où il appartiendra, nonobſtant quelconques Ordonnances, commandemens & mandemens faits de bouche ou autrement au contraire. Doɴɴᴇ' à Paris le dernier jour de Septembre l'an de grace mil quatre cent ſix, & de notre Regne le vingt-ſeptiéme. Ainſi ſigné, Par le Roy en ſon Conſeil, où Meſſieurs les Ducs de Berry & de Bourbon, le Comte de Mortaing, le Sire de Preaux, de Valois, Daunoy, Maiſtre Guil-laume Chanteprime & autres, eſtoient. P. Fᴇʀʀoɴ.

Extrait des Regiſtres de la Chambre des Comptes de Paris, Memorial G. fol. 56.

LETTRES

PORTANT Exemption de Ban & Arriere-Ban en faveur des Officiers de la Chambre des Comptes de Paris.

Du quatre Septembre 1410.

CHARLES par la grace de Dieu Roy de France, à noftre amé & féal Confeiller & Grand Bouteiller de France, Pierre des Eſſarts, Chevalier Prevoſt de Paris,& ſouverain Gouverneur des Finances venans de nos Aydes ordonnés pour la Guerre, & à tous nos autres Juſticiers & Officiers, ou à leurs Lieutenans, SALUT ET DILECTION. Nos amez & feaux les Maiſtres & Clercs de la Chambre de nos Comptes à Paris, Nous ont expoſé que jaſoit ce que par nos autres Lettres Patentes, & pour les cauſes contenuës en icelles, Nous ayons nagueres fait crier & publier en cette noſtre Ville de Paris, & en pluſieurs autres Villes & lieux de noſtredit Royaume, que tous nos Vaſſaux,Officiers, Nobles & Sujets, tant Gens d'Egliſe comme autres,ſoient preſts, montez & armez ſuffiſamment, & le mieux qu'ils pourront, pardevers Nous, quelque part que Nous ſoyons, dedans le quinziéme jour de ce preſent mois de Septembre, pour Nous ſuir & accompagner où Nous les voudrons employer, & que leſdits Expoſans ſoient nos Officiers, & auſſi que eux, ou les aucuns d'eux, tiennent de Nous ou d'autres nos Vaſſaux, pluſieurs fiefs & arriere-fiefs, ſous ombre ou pour occaſion deſquels on les pouroit ou voudroit contraindre à eux armer ; néantmoins ce qu'ils ſont continuellement occupez en noſtre ſervice, ou fait & exercice de leurs Offices, & pour le bien de Nous & de la choſe publique, & de noſtredit Royaume, & non uſitez en fait d'armes, ils ne pourroient bonnement eux armer, ne délaiſſer le fait & exercice de leurſdits Offices; par quoy ils pourroient encourir les peines par Nous ſur ce introduites, ſi par Nous ne leur eſtoit ſur ce pourveu de noſtre grace & remede convenable, ſicomme ils dient, implor anticeux. Pour ce eſt que Nous ceschoſes conſiderées, & autres cauſes ,conſiderations à ce Nous mouvans, à

iceux Expofans avons octroyé & octroyons de certaine fcience
& grace efpeciale par ces Prefentes, que pour cette fois eux, ne
aucuns d'eux ne foient tenus de eux armer, ne de envoyer pour
eux en noftredit fervice, ne en la compagnie de Nous, ou d'aucuns de nos Vaffaux ou Sujets, quels qu'ils foient, autre perfonne pour eux, ne pour ce payer ou bailler aucune finance ne autre
compofition. Si vous mandons & enjoignons expreflément, &
à chacun de vous, fi comme à luy appartiendra, que de nos prefens grace & octroye vous faites fouftrir & laiffer lefdits Expofans
& chacun d'eux joir & ufer pleinement & paifiblement, fans les
contraindre, travailler, molefter & empefcher, ufer, ne ou temps
avenir aucunement au contraire : laquelle chofe, fi faite eftoit, fi
la mettez ou faites mettre fans délav à pleine délivrance ; Car
ainfi le voulons & Nous plaift eftre fait, nonobftant Lettres &
publications dont deffus eft fait mention, & Ordonnances, Mandemens, Défenfes faites & à faire, & Lettres quelconques à ce
contraires. Donne' à Paris le quatriéme jour de Septembre, l'an
de grace mil quatre cens dix, & de noftre Regne le trentiéme.
Ainfi figné, par le Roy en fon Confeil, où Meffeigneurs les Ducs
de Guyenne & de Bourgogne, les Comtes de Mortaing, de Ne-
vers & de la Marche, le Grand Maiftre d'Hoftel, & autres prefens, P. Feron.

*Collatio facta eft cum originali pofito in ligacia hujus temporis
retro Burellum incipiente in Pafcha 1410. per me* LE BEGUE.

Extrait des Regiftres de la Chambre des Comptes de Paris, Memorial
G. fol. 134.

LETTRES

PORTANT Exemption du Guet en faveur des Officiers de la Chambre des Comptes de Paris.

Du vingt Avril 1411.

CHARLES par la grace de Dieu Roy de France, à tous ceulx qui ces presentes Lettres verront, SALUT. Comme pour la garde & seureté de noftre bonne Ville de Paris, & pour aucunes nouvelles qui Nous eftoient survenuës, Nous par grande & meure déliberation de Conseil, ayons ordonné Guet & Garde eftre faits de jour aux portes de noftredite Ville de Paris, & de nuit par icelle noftredite Ville. Et pour ce plus diligemment & par meilleure Ordonnance faire & accomplir, ayons ordonné Quartiniers & Cinquanteniers pour ordonner ledit Guet comme il appartient, & il soit ainsi que jaçoit ce que nos amez & feaulx Gens de nos Comptes, & les Clercs d'icelle soient continuellement occupez ou fait & exercice de leurs Offices, & tellement que sans pretermiffion d'iceulx ils ne puiffent ou doivent bonnement aller au Guet comme autres qui ne sont pas nos Officiers par special & si notable Office, neantmoins aucuns nos Sergents par l'ordonnance & commandement d'aucuns des Quartiniers ou Cinquanteniers de noftredite Ville ou autres, ont efté faire commandement à aucuns des Gens de nosdits Comptes, qu'ils allaffent ou envoyaffent pour eulx aucunes personnes aufdites portes pour la cause deffusdite, & de fait pour cause de non y aller ou envoyer, ont gaigez és hoftels d'aucuns d'iceulx, laquelle chose eft au grant grief, préjudice & deshonneur & dommage des Gens & Clercs de nosdits Comptes, & pouroit encore plus eftre, si par Nous fur ce pourveu ne leur eftoit, si comme ils Nous ont fait expofer, en Nous humblement requerant noftre gracieuse provifion : SÇAVOIR FAISONS, que Nous les chofes deffufdites diligemment attenduës, & confiderée la continuelle occupation qu'ils ont & leur convient avoir, comme dit eft, en l'exercice de leurdit Office, & mefmement que plufieurs autres nos Officiers font quittes & exempts d'aller audit Guet, & pour certaines autres caufes & confiderations à ce Nous mou- vans, iceulx nos Confeillers en la Chambre de nofdits Comptes, enfemble les Clercs d'icelle, combien que noftre intention n'eût oncques efté, qu'en ladite Ordonnance ils deuffent eftre com- prins ; toutesfois en ordonnant en tant que befoin leur en foit, les en avons exemptez, & de nos certaine fcience & grace fpe- ciale les en exemptons & tenons quittes & paifibles par ces Pre- fentes. Si donnons en mandement par ces Prefentes à nos amez & feaulx Gens tenans, & qui tiendront nos Parlemens avenirs, aux Prevoft de Paris & Gardes de la Prevofté de la Mar- chandife de noftredite Ville, aux Quartiniers & Cinquante- niers d'icelle, & à tous noz autres Officiers, Jufticiers & Sub- jets, ou à leurs Lieutenans & à chacun d'eux, fi comme à luy ap- partiendra, que de noftre prefente grace & exemption ils facent, fouffrent & laiffent nofdits Confeillers de ladite Chambre, & les Clercs d'icelle, & chacun d'eulx jouir & ufer paifiblement, fans contre la teneur d'icelle les en travailler, molefter ou em- pefcher, ne fouffrir eftre travaillés, moleftiez ou empefchiez en aucune maniere en foit, ce pour caufes de non aller ou envoyer audit Guet aucun empefchement avoit efté ou eftoit mis en corps ou en biens aux deffufdits, ou aux aucuns d'eux, fi l'en oftez ou faites ofter incontinent ces Lettres veues, & mettre à pleine délivrance : Car ainfi Nous plaift-il & voulons qu'il foit fait, nonobftant que par avanture en mettant fus l'Ordonnance deffufdite, de faire ledit Guet en noftredite Ville & aux portes d'icelle, Nous n'en euffions aucune perfonne exempté, fuft no- tre Officier, ou autre quelconque empefchement, Ordonnan- ces & Lettres fubreptices impetrées ou à impetrer au contraire. En tefmoin de ce Nous avons fait mettre noftre Scel à cefdites Prefentes. Donne' à Paris le vingtiéme d'Avril, l'an de grace mil quatre cent onze, & de noftre Regne le trentiéme. Ainfi figné, par le Roy en fon Confeil, ouquel Louis Duc en Baviere, l'Ami- ral, Meffire Charles de Savoify, & autres eftoient, Mauregat.

Curia in quantum eam concernit, Prefentibus obtemperavit & obtemperat. Actum in Parlamento vigefima octava Aprilis 1411. Baye.

Extrait des Regiftres de la Chambre des Comptes de Paris. Mem. G. fol. 157

LETTRES

*Pour les Bourſes des Maiſtres des Comptes ſur l'émolument
du Sceau.*

Du vingt Janvier 1411.

CHARLES par la grace de Dieu Roy de France , à nos CHARLES VI.
amez & feaux les Audienciers & Controlleur de noſtre
Audience, SALUT ET DILECTION. A la ſupplication de nos amez
& feaux Maiſtres d'Orgemont, Philippes du Bois-Gillout, Miles
Danguel , & Raoul le Marié , Maiſtres Clercs de noſtre Chambre des Comptes , diſans que les Bourſes qu'ils ont & prennent ſur le prouffit & émolument de noſtre Scel , leur doivent
eſtre faites & baillées pareilles , & de telle valeur que les ont &
prennent les quatre Maiſtres Clercs des Requeſtes de notre Hôtel , & que leurs prédeceſſeurs en ont joüi & uſé d'ancienneté ;
Nous vous MANDONS & enjoignons qne auſdits Supplians, vous
faites , baillez & délivrez , ou faites faire , bailler & délivrer
dorénavant ſur le prouffit & émolument de noſtre Scel pareilles
Bourſes & de telle valeur que ont & prennent par chacun mois
leſdits quatre Clercs Maiſtres des Requeſtes de noſtre Hoſtel ,
& par rapportant ces Preſentes pour la premiere fois ſeulement ,
vous en ſerez déchargiez par tout où il appartiendra. DONNE' à
Paris le vingtiéme jour de Janvier , l'an de grace mil quatre cens
onze , & de noſtre Regne le vingt-deuxiéme. Ainſi ſigné , par le
Roy en ſon Conſeil , MILLET.

LETTRES

PORTANT Exemption. de Tailles , Subventions &
Aydes en faveur des Officiers de la Chambre
des Comptes de Paris.

Du vingt-quatre Mars 1415.

CHARLES par la grace de Dieu, à nos amez & feaux Con- CHARLES
feillers les Commiffaires par Nous ordonnez fur le fait & VI.
gouvernement de nos finances , tant du Domaine des Aydes ordonnez pour le fait de la Guerre , fur ce fait de l'ayde dernierement par Nous mis fus , & auffi de l'ayde équivalant à un dixiéme
denier, ordonné à eftre mis fus & levé fur toutes perfonnes d'Eglife
de notre Royaume, tañt en Languedoc , comme en Languedoil,
Duché de Guyenne & Dalphiné de Viennois pour la tention &
défenfe de notredit Royaume, & de nos Sugiets, comme pour recouvrer notre Ville de Harfleux , & refifter à l'encontre de notre
adverfaire d'Angleterre, SALUT ET DILECTION. Comme pour obvier & refifter à la male voulente & entreprife de notredit adverfaire , fes amis & alliez , & pour certaines autres juftes caufes &
neceffaires à ce Nous mouvans, Nous ayons nagueres & dernierement mis fus un ayde, lequel Nous avons ordonné eftre cueilli
& levé fur gens de tous eftats , tant nos Officiers comme autres ,
excepté les Gens d'Eglife , lefquels nous avons ordonné par autre maniere à contribuer aux frais que faire nous convient pour
les caufes deffufdites , & il foit ainfi que nos amez & feaux Confeillers les Gens des Chambres de nos Comptes & du Trefor , les
Clercs, Greffiers & Nottaires d'icelles, tant Laïcs comme d'Eglife, fervans en nofdites Chambres , confiderans les grands affaires
que Nous avons de prefent , nous ont liberalement offert prefter
du leur la fomme de trois mil livres tournois, pour nous aider à
fupporter les grandes charges, frais & dépens qu'il nous convient
avoir & faire pour la caufe deffufdite : Sçavoir vous faisons que
Nous ayant en memoire les grands peines , fervices & travaux que
iceux nos Confeillers & autres deffufdits ont continuellement en

A

l'exercice de leurs Offices, & de plufieurs prefts que à tous nos be-
foings nous ont fait le temps paffé, font chacun jour, & que pour
ces caufes & autres, ils font fouventefois obligez, & le font chacun jour liberalement pour nofdites befognes & affaires, & mefmement que nagueres & puis peu de temps en çà nous ont prefté
grandement du leur, & ce font avec ce obligez en plus grande
fomme de deniers pour le fait & caufes deffufdits, & que nofdits
Confeillers, Clercs, Greffiers & Nottaires, par privileges par
nous à eux octroyez, font francs, quittes & exempts de tous Aydes, Tailles, Subfides & autres Subventions quelconques impofez ou à impofer en notredit Royaume, pour quelque caufe ou neceffité qu'il puiffe avenir : Vous MANDONS & expreffément enjoignons en commettant, ce meftier eft, que iceux nos Confeillers
defdites Chambres des Comptes & du Trefor, les Clercs ₰Gref-
fiers & Nottaires, tant Laïcs comme d'Eglife fervans illec, dont
vous ferez certifier dûment, vous tenez & faites tenir quittes &
paifibles dudit ayde dernier mis fus, du dixiéme, ou équivalant, &
autres quelconques fubventions ou contributions par quelque
maniere que ce foit impofées ou à impofer, tant fur les gens Laïcs
comme fur gens d'Eglife, pour les caufes deffufdites, & les faites
rayer & ofter hors des Regiftres & papiers de l'impoft dudit ayde,
& ne les fouffrez eftre moleftez, travaillez ou empefchez en aucune maniere au contraire, & ladite fomme de trois mil livres
Tournois faites recevoir par le Receveur ou Commis à ce ordonné ou à ordonner, & leur en faites bailler cedule ou Lettres pour
témoignage ou enfeignement dudit preft convenable & souffi-
fant pour recouvrer icelle fomme, laquelle Nous voulons à eux
eftre renduë & reftituée le pluftoft que faire ce pourra. Et pour
ce que de nos prefentes Lettres nofdits Confeillers, Clercs,
Greffiers & Nottaires peuvent avoir à befoigner en plufieurs
lieux & maintes manieres, Nous voulons & octroyons par ces
mêmes Prefentes foy pleine eftre ajoutée par tout en Jugement &
dehors au tranfcrit ou vidimus qui fera fait d'icelles collationné
fous Scel authentique, comme à ces Prefentes. CAR ainfi Nous
plaift-il eftre fait de grace fpeciale par ces mêmes Prefentes,
nonobftant quelconques Ordonnances, mandemens ou défenfes au contraire. DONNE' à Paris le vingt-quatriéme jour de
Mars, l'an de grace mil quatre cent quinze, & le vingt-fixiéme

de notre Regne. Ainſi ſigné , Par le Roy , Meſſieurs Olivier , de Mauny preſens , DERIAN. *Auſquelles eſtoit attachée ſous , cedule des Commiſſaires ſous l'un de leurs ſignés , de laquelle la teneur s'enſuit.*

Nous les Commiſſaires ordonnez par le Roy notre Sire ſur le fait & gouvernement de ſes Finances , tant du Domaine comme des Aydes ordonnez pour la Guerre , nous conſentons , en tant que à nous eſt , à l'enterinement & accompliſſement des Lettres du Roy notredit Seigneur , auſquelles ces Preſentes ſont attachées ſous l'un de nos ſignés pour les cauſes , & tout par la forme & maniere que iceluy notredit Seigneur le veut & mande par icelles. Donné à Paris le trentiéme jour de Mars 1415. Ainſi ſigné , BOUGIS. Collation eſt faite à l'original mis au Greffe des Chartes en la Chambre des Comptes.

Extrait des Regiſtres de la Chambre des Comptes de Paris , Memorial H. fol. 65. verſo.

LETTRES

*PORTANT Exemption du Droit de Peages & Paſ-
ſages en faveur des Officiers de la Chambre
des Comptes de Paris.*

Du premier Fevrier 1425.

HENRY par la grace de Dieu Roy de France & d'Angleterre, au premier Huiſſier de noſtre Parlement, des Requeſtes de noſtre Palais à Paris, ou noſtre Sergent qui ſur ce ſera requis, SALUT Comme par pluſieurs fois ait eſté pronuncié &
declaré par Arreſt de noſtre Court de Parlement, que nos amez
& feaux les Gens de noſtredit Parlement & autres nos Conſeillers de nos autres Chambres qui continuellement Nous ſervent,
ne ſoient tenus payer aucun peage, tonnelieu, couſtume, travers ne autre exaction ou redevances quelconques pour leurs
bleds, vins, foings , avoines, buſches, beſtail ne pour autres
choſes quelconques, qu'ils facent porter & mener par terre ou
par eau en leurs Hoſtels ou maiſons à Paris ou ailleurs, pour leurs
vivres, proviſions & autres neceſſitez, & que les Seigneurs, Gardes ou Receveurs deſdits peages, tonnelieux, travers, couſtumes
ou autres redevances ne ſoient receus dès lors en avant à propo-
ſer ſaiſine ou poſſeſſion au contraire; & de par noſtre amé &
feal Conſeiller & Maiſtre en la Chambre de nos Comptes à Paris, Maiſtre Jacques du Chaſtelier Treſorier de l'Egliſe de Reims
& Grand Arcediacre de Laon , eſtant continuellement en noſtre
ſervice, Nous a eſté donné à entendre que le trentiéme jour de
Decembre ou environ derrenier paſſé, il avoit chargé en ſon Hoſtel audit lieu de Reims, du creu de ſes heritages & venus de ſes
rentes & revenus, ou baſtel de Jehan de Cirier demeurant à
Veilli, la ſomme & quantité de trente & huit pieces de vin, tant
queues comme poinçons , & amener par chariots juſques à la riviere d'Aiſne ou Port du Bac Aubery, pour la proviſion , garni-
ſon & deſpenſe de ſon Hoſtel à Paris, & les vins deſſuſdits euſt
noſtre Conſeiller fait conduire par ſon ſerviteur & familier
Foucques Curé de Betheny , auquel il avoit baillé lettres témoi-

HENRY VI.
Roy de
France &
d'Angle-
terre.

A

gnans fcellées de fes fcel & feing manuel, faifans mention de ce
que dit eft, & comment iceluy noftre Confeiller devoit eftre
quitte de tous peages, tonnelieux, couftumes & autres redevances quelconques, & lefquelles lettres iceluy Foucques euft montré & exhibé aux Gardes & Fermiers des Ports & Peages de
Souppy, de Soiffons, de Bis fur Aifne, de Verberie, de Pont Saint
Maixence, de Creel, de Beaumont & de Maifons fur Seyne, en
requerant aufdits Fermiers que lefdits vins ils laiffaffent paffer
franchement & quictement, comme appartenans à noftredit
Confeiller; & néantmoins audit Port & Peage de Souppy, Jehan
Adam Fermier d'iceluy avoit voulu contraindre ledit Foucques
à luy payer pour chacune piece de vin fix deniers Parifis, qui font
en fomme dix-neuf fols Parifis, laquelle fomme ledit Foucques
a baillé audit Fermier par maniere de gaiges, proteftant de la
recouvrer fe raifon eftoit. Semblablement au Fermier dudit Soiffons nommé le Galois, qui demandoit pour chacune piece de
vin dix deniers Parifis, a convenu par ledit Foucques bailler un
écu d'or par maniere de gaiges. A Verberye à l'Acquitteur
nommé Colin de Saint Vaaft, ou à fa femme ou nom de gaiges
vingt fols. A Pont Saint Maixence, à nommé Floro Mulo &
Jehan Vefchié ou à leurs femmes ou nom de gaiges, dix-huit
fols. A Creel, à l'Acquitteur, trois fols quatre deniers. A Beaumont, à l'Acquitteur, fept fols, & à Maifons fur Seyne à ung
nommé Jehan Rofcherée qui demandoit quarante-fix fols, c'eft
affavoir pour chacune piece douze deniers, & pour la charenne
neuf fols, avoit ledit Foucques, par maniere de gaige, baillé la fomme de deux écus d'or, proteftant toujours ledit Foucques ou nom
de fondit Maiftre, de recouvrer les gaiges deffufdits, ou cas qu'il
en devroit demourer quitte & paifible. Lefquelles chofes ont
efté faites par lefdits Fermiers & autres deffus nommez, en troublant & empefchant noftredit Confeiller en fes franchifes & libertez, & en fon grand préjudice & dommage, & plus pourroit
eftre, fe par Nous ne luy eftoit fur ce pourveu de remede convenable, fi comme il dit. Nous ces chofes confiderées, vous MAN-
DONS & commettons, & à chacun de vous fur ce requis, que vous
faites exprès commandement de par Nous aufdits Payeurs, Fermiers & autres deffus nommez, que les fommes de deniers par
eulx & chacun d'eulx receus dudit Foucques pour & au nom de
noftredit Confeiller, eulx & chacun d'eulx rendent & reftituent

à iceluy noftre Confeiller , ou à fon certain commandement , en contraignant à ce, fe meftier eft, les refufans ou contredifans, fe befoing eft ; & s'ils perfeverent en leurs fens ou contradic- tions, les adjournez à certain & competent jour pardevant nos amez & feaulx Confeillers les Gens tenans les Requeftes en no- tre Palais à Paris, pour répondre à noftre Procureur pour les re- fus, contradictions ou empefchemens deffufdits ; & à noftredit Confeiller pour les injures, dommages, interefts & defpens, à tout ce qu'il leur vouldra demander pour occafion des chofes deffufdites , & proceder en oultre comme y fera à faire de raifon, en certifiant fouffifamment nofdites Gens des Requeftes dudit adjournement & de ce que de tout fait en aurez ; aufquels nof- dites Gens des Requeftes Nous mandons, & pour les caufes def- fufdites commettons que fur ce facent aux parties ouyes bon & brief droit ; CAR ainfi Nous plaift-il eftre fait, nonobftant quel- conques Lettres fubreptices à ce contraires. DONNE' à Paris le premier jour de Fevrier , l'an de grace mil quatre cent & vingt- cinq , & de noftre Regne le quart. Ainfi figné , par le Roy , à la relacion du Confeil , CHEMBAUT.

Extrait des Regiftres de la Chambre des Comptes de Paris, Memorial I. fol. 28.

LETTRES

PORTANT Exemption de Tailles , Subventions &
Aydes en faveur des Officiers de la Chambre
des Comptes de Paris.

Du deux Mars 1425.

CHARLES par la grace de Dieu Roy de France, à tous ceux Charles
qui ces prefentes Lettres verront, SALUT. SÇAVOIR FAISONS VII.
de la partie de nos amez & féaux Gens de nos Comptes , Nous
avoir efté expofé que jaçoit que du temps de nos Predeceffeurs &
depuis que fommes à la Couronne de France ils aient efté francs ,
quittes & exempts de toutes tailles, aydes , quatriémes , impofitions & autres fubventions & exactions quelconques, fans ce
qu'ils en aient payé aucune chofe, ne contribué en aucune maniere , néatmoins fous ombre de ce que au Confeil dernierement
tenu à Poitiers à l'Affemblée des trois Etats , fut dit & ordonné
que tous Officiers de quelque eftat qu'ils fuffent, contribuëroient
à la taille ou ayde qui illec Nous fut octroyé ; les Gens ordonnez
au gouvernement de la Ville de Bourges , ou les Commis à l'af-
fiette de la portion à quoy icelle Ville a efté affife, les ont ou aucun
d'eux impofez & tauxez avec les populaires d'icelle Ville , à certaine fomme pour partie du payement de ladite taille , & fe font
efforcez & efforcent de les faire contraindre par Sergents , & autrement à payer icelle fomme , qui a efté & eft en leur très-grand
préjudice & dommaige, & auffi au très-grand vitupere & deshonneur de toute la Chambre defdits Comptes, & vilipendent icelle,
& encore plus feroit , fi par Nous ne leur eftoit fur ce pourveu , fi
comme ils dient : requerans icelle provifion pour ce efpeciale,
que Nous ces chofes confiderées voulant nofdits Gens des Comptes tenir & garder ès franchifes, libertez & privileges accouftumez , & les referver de toutes oppreffions & moleftations induës
& non accouftumées, ainfi que par nofdits Predeceffeurs, comme
Nous a efté & fommes informé fuffifamment, a efté fait le temps

A

paſſé , Voulons & Nous plaiſt , & à noſdits Gens des Comptes avons octroyé & octroyons par ces Preſentes , qu'ils ne ſoient ne aucun d'eux, aſſis, impoſez ou tauxez à ladite taille ou ayde à Nous dernierement octroyé, comme dit eſt : & ſi aſſis ou impoſez y avoient eſté, qu'ils ne ſoient pour ce contraints, ne executez en quelque maniere, ainſoit voulons & avons ordonné & déclaré, ordonnons & déclarons par ces mêmes Preſentes , que d'icelle taille ou ayde , & auſſi de quatriéme, impoſitions & d'autres exactions & ſubſides quelconques miſes ou à mettre ſus , comment qu'elles ſoient ou puiſſent eſtre nommées en temps avenir, & ſoient &demeurent,& chacun d'eux à toujours,mis francs, quittes & exempts , ſans ce qu'ils ſoient ou puiſſent eſtre contraints par qui que ce ſoit, à en payer aucune choſe,ne à y contribuer en aucune maniere. Si DONNONS EN MANDEMENT à nos amez & feaux les Generaux Conſeillers Commiſſaires ordonnez & à ordonner ſur le fait & gouvernement de toutes nos Finances , & ſur le fait d'icelles tailles , aydes & autres ſubventions deſſuſdites., à tous Eſleus & Receveurs generaux ou particuliers, commis ou à commettre ſur icelui fait, au Bailli de Bourges , & à tous nos autres Juſticiers & Officiers, ou à leurs Lieutenans, Bourgeois,Manans & Habitans des Villes , députez au gouvernement d'icelles , & l'aſſiette de telles tailles, aydes & ſubventions, & à chacun d'eux ſi comme à lui appartiendra, que de nos preſentes Voulente,Ordonnance & Déclaration, facent, ſcuffrent & laiſſent noſdits Gens des Comptes & chacun d'eux joir & uſer paiſiblement & pleinement, en les tenant & faiſant tenir ores , & pour le temps avenir, francs, quittes & exempts deſdites tailles & aydes, & autres exactions & ſubventions quelconques, & en les faiſant rayer & ouſter des Regiſtres & Papiers où ils pourroient pour cette cauſe eſtre mis ou écrits , ſans les contraindre ne ſouffrir eſtre contraints à en payer aucune choſe, ne à y contribuer en quelque maniere que ce ſoit , comme dit eſt. CAR ainſi par ceſdites Preſentes, au vidimus deſquelles Nous voulons pleine foy eſtre ajoutée comme à l'original, & voulons & ordonnons eſtre fait , nonobſtant que à l'octroy de ladite taille ou ayde euſt eſté dit ou ordonné que toutes perſonnes y contribuëroient, comme deſſus eſt dit, & que pareillement fut ou put eſtre ordonné & dit ès autres aydes , & autres ſubventions qui Nous pourroient eſtre

octroyées ou temps avenir , & quelconques Ordonnances, Mandemens , Statuts ou Edits faits & à faire, & Lettres impetrées ou
à impetrer , à ce contraires. En témoin de ce Nous avons fait
mettre notre Scel à cefdites Prefentes. Donne' à Iſloudun le ſecond jour de Mars l'an de grace mil quatre cent vingt-cinq , &
de notre Regne le quatriéme. Ainſi ſigné, Par le Roy, l'Arche-
vêque de Touloufe, l'Evêque de Sées , le Comte Dauphin d'Au-
vergne , le Maréchal de la Faiette , l'Abbé de Saint Auguſtin, les
Sieurs de Langliac , de Tougnac & autres pluſieurs preſens. Jean
le Picart.

Nous les Generaux Conſeillers ſur le fait & gouvernement de tou-
tes Finances , tant en Languedoic comme en Languedoc , conſentons
en tant qu'en nous eſt , à l'enterinement & accompliſſement des Let-
tres Royaux , auſquelles ces Prefentes ſont attachées ſous l'un de
nos ſignez , par leſquelles le Roy notredit Seigneur veut & a octroyé
aux Gens deſdits Comptes qu'ils ſoient francs , quittes & exempts
de toutes tailles , aydes , quatriéme , impoſitions & autres exactions
& ſubſides quelconques mis ou à mettre ſus , & comment qu'elles
ſoient ou puiſſent eſtre nommées ou temps avenir , pour les cauſes &
tout ainſi , & par la forme & maniere que le Roy notredit Seigneur
le veut & mande. Ecrit à Bourges le douziéme jour d'Avril l'an
1426. après Pâques. Ainſi ſigné , Dijon.

Extrait des Regiſtres de la Chambre des Comptes de Paris , Memorial K.
fol. 50. verſo.

LETTRES

PORTANT confirmation *des Officiers de la Chambre des Comptes de Paris dans leurs Offices , lors du joyeux Avenement.*

Du fept Septembre 1461.

LOYS par la grace de Dieu Roy de France , à tous ceux qui ces préfentes Lettres verront, SALUT. Comme par le trepas de feu noftre très-chier Seigneur & Pere , à cui Dieu pardoint , la Couronne & Seigneurie de noftredit Royaume Nous foit adve-nuë & efcheuë , & pour ce en enfuivant les louables faits de nos progeniteurs , ayons fingulier defir au bien de la chofe publique d'iceluy noftre Royaume , dont Nous fommes Chief , & à ce que Juftice par laquelle les Rois regnent , foit adminiftrée à nos Subjets , fçaichant & congnoiffant que par divine difpenfacion elle Nous eft fur euz commife & attribuée , & pour l'exercice d'icelle , & auffi pour la confervation de nos Droits Royaux, Do-maines & autres Deniers , par lefquels ladite chofe publique con-fifte & eft maintenuë & deffenduë, Nous eft befoing avoir & rete-nir en noftre fervice Miniftres & Officiers zelateurs de vertus , & qui ayent congnoiffance & experience chacun en fon regard des faits de noftredit Royaume. SÇAVOIR FAISONS , que pour confide-ration des grans , loyaux & continuels fervices que les perfonnes cy-deffoubs nommées ont faits dès le temps de leur jeuneffe à no-tredit feu Seigneur & Pere en la Chambre de fes Comptes , & pour le bon & commandable rapport qui Nous a efté fait d'eux , tant de bonnes mœurs & honnefteté de vie , comme de grant ex-perience és Offices qu'ils y ont exercez jufques à fon trépas ; c'eft à fçavoir noftre amé & feal Confeiller Simon Charles, Chevalier, en l'Office de Prefident Lay, nos amez & feaux Jean Bureau,Che-valier,& Maiftre Etienne Chevalier,en l'Office de Maiftres Clercs ordinaires ; Maiftre Arnoul Boucher en l'Office de Maiftre ordi-naire Lay ; Maiftre Martin Picard , en l'Office de Maiftre Lay ex-

Louis XI.

A

traordinaire ; Maiftre Andry le Roy & Jehan Fromont , en l'Office de Confeillers & Correcteurs ; Maiftres Jehan Andrault, Jehan
de Grantruë, Mathieu Savarry, Nicolle de Sailly, Robert de
Montmirel , Pierre Thomas, Pierre Amer, Henry de Dannes,
Guillaume Ripault le jeune,Phelippe le Begue & Andry de Mau-
regart , en l'Office de Clercs ordinaires defdits Comptes;Maiftres
Robert de Bailleux , Adam des Champs, Pierre Jouvelin & Char-
les de Caulers , en l'Office de Clercs extraordinaires ; nos amez &
feaux Clercs Notaires & Secretaires Maiftres Simon le Bourlier,
& Jehan de Badouiller , en l'Office de Greffiers ; nos bien amez
Maiftre Jehan Egret , en l'Office de noftre Procureur , & Nicolas
Malingre, en l'Office de Huiffier de ladite Chambre de nofdits
Comptes, iceux & chacun d'eux avons retenus & retenons efdits
Offices, lefquels Nous leur confermons & donnons de nouvel, en
tant que befoing eft, pour Nous y fervir dorefnavant, à tels gaiges & droits, honneurs, prérogatives, prééminences, franchifes,
libertez, proufits & émolumens qu'ils ont accouftumé & faifoient
du vivant de noftredit Seigneur & Pere : Voulant que en faifant
par chacun d'eux ferment folemnel au Bureau en noftredite Chambre, de Nous fervir bien & loyaument efdits Offices chacun en
droit foy, & felon les Statuts & Ordonnances d'icelle , ils joiffent
d'iceux Offices, enfemble defdits honneurs, prérogatives, prééminences, franchifes, libertez, proufits & émolumens , & que
defdits gaiges & droits leur foient baillées cedules de debentur
par noftre Treforier, & fait compte & payement, aux termes &
tout ainfi que fait leur a efté par cy-devant,& qu'ils foient allouez
fans difficulté ès comptes & rabatus de la recette du Commis prefent & à venir au payement d'iceux gaiges & droits,& autres qu'il
appartiendra, en rapportant cefdites Prefentes,ou vidimus d'icelles fait fous Scel Royal, pour une fois feulement , avec lefdites
cedules de debentur, & quittances fouffifantes d'eux, chacun
pour tant que à luy pourra toucher. En tefmoing de ce Nous
avons fait mettre noftre Scel à cefdites Prefentes, le vidimus defquelles,fait comme deffus,Nous voulons & décernons valoir comme ce prefent original. DONNE' à Paris le feptiéme jour de Septembre , l'an de grace mil quatre cens foixante-un , & de noftre Regne le premier. Ainfi figné, par le Roy, le Bâtard d'Armaignac
Marefchal, Meffire Jehan de Bar Chevalier , & autres prefens.

Dominus Simon-Carolus Miles, Prefidens laïcus, Magiftri
Andreas Regis & Johannes Fromont Confiliarii & Correctores ;
Johannes Andrault, Johannes de Grantruë, Matheus Savarri,
Nicolaus de Sailli, Robertus de Montmirel, Petrus Thome, Pe-
trus Amer, Henricus de Dannes, Guillelmus Ripault junior,
Philippus Blefi, Andreas de Mauregard, Robertus de Bailleul,
Adam de Campis, Carolus de Caulers & Petrus Jouvelin Clerici;
Johannes Egret Procurator Regis, & Nicolaus Malingre Hoftia-
rius, in albo nominati, recepti fuere ad Officia, de quibus infra
folemne preftiterunt juramentum in manibus Domini Ricardi
Epifcopi Conftancienfis, Prefidentis Clerici, affiftentis ad Burellum in Camera Compotorum Domini noftri Regis Parifiis,
prefentibus & ftipulentibus hac in parte pro dicto Domino Rege,
nobis fuis Notariis & Secretariis ac Grafferiis dicte Camere fub-
fignatis, & à tergo nominatis, qui pari forma recepti fuimus, &
juramentum preftitimus in prefencia fuperius nominatorum, die
decima quinta Septembris, anno Domini millefimo quadringen-
tefimo feptuagefimo primo, BOURLIER, BADOUILLER.

Collatio fit cum originali, BADOUILLER.

Extrait des Regiftres de la Chambre des Comptes de Paris, Memorial L.
fol. 164. verfo.

LETTRES

PORTANT Exemption de Ban & Arriere-Ban en faveur des Officiers de la Chambre des Comptes de Paris.

Du dix-neuf May 1479.

LOUIS par la grace de Dieu Roy de France, à tous nos Marefchaux, Baillifs, Prevofts & autres qui par Nous ou nos Lieutenans Generaux ont efté ou feront commis à la conduite des Nobles & non Nobles, & autres qui font fujets à nos Ban & Arriere-ban, à tous Commiffaires touchant le fait defdits Ban & Arriere-ban, & autres nos Jufticiers & Officiers ou à leurs Lieutenans, SALUT ET DILECTION. Nos amez & feaux les Gens, Clercs & Officiers de la Chambre de nos Comptes à Paris, Nous ont fait expofer que fous ombre de certaine Ordonnance par Nous nouvellement faite pour contraindre toutes manieres de gens tenans Fiefs, Arriere-fiefs & Terres nobles de Nous ou d'autres en noftre Royaume, fujets à nos Ban & Arriere-ban, mettre fus & en armes, ou gens pour eux, felon la valeur defdites Terres & Fiefs qu'ils poffedent, pour eux employer à la confervation & défenfe de noftre Royaume, vous, ou aucuns de vous, fans avoir égard aux privileges & exemptions par nos Prédeceffeurs & Nous à eux octroyez, aux peines, travaux & à l'occupation continuelle qu'ils ont chacun jour en icelle Chambre, & pour l'exercice de leurs Offices, les y avez voulu & voulez à ce faire contraindre, & au défaut de ce faifir & mettre en noftre main leurfdits Fiefs & Terres nobles, qui feroit en leur grand préjudice & dommage, & totalement les fruftrer de leurfdits privileges & exemptions, ainfi que plus à plein ils Nous ont ces chofes fait dire & remontrer, requerans fur ce leur eftre par Nous donné provifion : Pour quoi Nous ces chofes confiderées, que voulons lefdits Expofans eftre entretenus en leurs Privileges & Droits, & principalement en celui que par nofdits Prédeceffeurs & Nous, ils ont obtenu en cette fin, fans entierement les enfraindre. Pour confideration de ce, & pour autres caufes & confiderations qui à ce raifonnablement

Louis XI.

A

nous doivent mouvoir, à iceux Expofans, & à chacun d'iceux pour ces caufes & autres à ce Nous mouvans, avons octroyé & octroyons de grace fpeciale par ces Prefentes, que à caufe defdits Fiefs & Arriere-fiefs & Terres nobles qu'ils tiennent & tiendront de Nous ou d'autres quelconques en noftre Royaume, & dont ils font fujets à nos Ban & Arriere-ban, ils ne foient tenus cette prefente année de venir ne envoyer autre pour eux en nofdites armées, & autrement y contribuer en quelque maniere que ce foit, & voulons qu'ils en foient par vous & un chacun de vous en fon endroit, tenus francs, quittes & exempts, & de ce, en tant que meftier feroit, en enfuivant leurfdits privileges & exemptions, les en avons exempté & exemptons de grace fpeciale par cefdites Préfentes, par lefquelles vous mandons & expreffément enjoignons, & à chacun de vous, fi comme à lui appartiendra, que de noftre prefente grace, octroy & exemption, vous faites, fouffrez & laiffez lefdits Expofans & chacun d'eux joir & ufer pleinement & paifiblement, en leur mettant lefdits Fiefs & Terres, pour ce empefchez, enfemble les fonds & revenus d'iceux, à pleine délivrance, fans aucunement aller à l'encontre; Car ainfi le voulons & Nous plaift eftre fait, nonobftant l'Ordonnance par Nous ainfi faite, & que par les Mandemens par Nous de ce envoyez, il foit expreffément mandé contraindre toutes manieres de gens exempts & non exempts, privilegiez & non privilegiez, & quelques exemptions qu'ils ayent obtenu ou pourroient obtenir de Nous, ou autrement, & autres mandemens & deffenfes au contraire. Donne' à Puifeaux en Gaftinois le dix-neuviéme jour de May, l'an de grace mil quatre cens foixante-dix-neuf, & de noftre Regne le dix-huitiéme. Par le Roy, le Comte de Marle Maréchal de France, les Seigneurs du Bouchaige, de Joyeufe & autres prefens, LE MARESCHAL.

Extrait des Regiftres de la Chambre des Comptes de Paris, Memorial Q. fol. 30.

LETTRES

PORTANT Exemption de Ban & Arriere-Ban en faveur des Officiers de la Chambre des Comptes de Paris.

Du quatorze Fevrier 1484.

CHARLES par la grace de Dieu Roy de France, à tous nos Justiciers & autres commis & à commettre sur le fait de nostre Ban & Arriere-ban, presens ou à venir, ou à leurs Lieutenans, SALUT. SÇAVOIR VOUS FAISONS que pour consideration de ce que nos amez & feaux Officiers de nostre Chambre des Comptes & de celle de nostre Tresor, & des Monnoyes dépendans d'icelles, sont continuellement occupez en l'exercice de leurs Offices, & en faveur des bons & loyaux services qu'ils Nous y ont fait & font chacun jour, & esperons qu'ils feront cy-après au bien & profit de Nous & de la chose publique de nostre Royaume, Nous les exémptons de grace speciale par ces Presentes, de nostre Ban & Arriere-ban, & de tous autres à venir durant le temps de nostre vie, sans ce qu'ils soient tenus d'y aller ne envoyer, ne pour ce payer aucune chose. SI VOUS MANDONS & à chacun de vous en droit soy, que de nostre presente grace & exemption vous les faites & souffrez joir pleinement & paisiblement, & si aucuns de leurs Fiefs ou heritages & biens estoient pour ce prins, saisis ou empeschez, mettez-les leur ou faites mettre incontinent à pleine délivrance, nonobstant que par nos Lettres & Mandemens dudit Ban & Arriere-ban, soit mandé y contraindre toute maniere de gens exempts & non exempts, en quoi n'entendons nosdits Officiers estre comprins, pourveu qu'ils comparoistront aux montres generales, si aucunes en ordonnons faire en nostre Ville de Paris de nos autres Cours & Chambres estans en icelles. Et pour ce que de cesdites Presentes on pourra avoir à faire en plusieurs lieux, Nous voulons qu'au vidimus d'icelles, fait sous Scel Royal, & collationées en nostredite Chambre des Comptes, foy soit ajoustée comme à l'original. DONNE' à Paris le quatorziéme jour de Février, l'an de grace mil

CHARLES VIII.

A

quatre cens quatre-vingt-quatre, & de noſtre Regne le deuxié-
me. Ainſi ſigné, par le Roy, Monſieur le Duc de Lorraine, les
Comtes de Clermont & de Vendoſme, le Sieur de Granville, le
Baillif de Meaux, & autres preſens, POMMANDAJE, BADOUIL-
LER, LE BLANC.

*Extrait des Regiſtres de la Chambre des Comptes de Paris, Memorial S.
fol. 125. verſo.

LETTRES

PORTANT confirmation des Officiers de la Chambre des Comptes de Paris , dans leurs Offices , lors du joyeux Avenement.

Du vingt-quatre Juin 1498.

LOYS par la grace de Dieu Roy de France, à tous ceulx qui ces presentes Lettres verront SALUT. Comme par le décéds de feu de très-noble memoire noftre très-cher Seigneur & Frere le Roy Charles huitiéme de ce nom, le Royaume de France très-Chrétien Nous foit advenu & efcheu , par quoy puis n'agueres & aprés noftre advenement audit Royaulme & Couronne de France , en traictant des plus grands & principaulx affaires d'iceluy avec plufieurs Princes & Seigneurs de noftre Sang & lignaige , Gens de noftre Confeil , & autres notables Perfonnages, ait efté advifé que pour le bien & entretenement des Droits & Domaines de noftredite Couronne & Royaume de France , & autres nos Pays, Terres & Seigneuries , il eftoit & eft très-convenable & neceffaire de pourvoir & donner ordre au fait de noftre Chambre des Comptes dès long-temps érigée , inftituée & eftablie en noftre Ville de Paris , & depuis confermée par nos prédeceffeurs Rois, ad ce que les affaires d'icelle foient conduitz, gouvernez, entretenuz & continuez, ainfi qu'il a efté fait par cy-devant & de toute ancienneté , & mefmement du vivant & jufques au jour du trépas de noftredit feu Seigneur & Frere , ou pour ce faire y avoit de grands & notables Perfonnages qui fe y font trèsbien & vertueufement employez & acquittez, ainfi que de ce avons efté deuement acertenez, & tellement qu'ils en font dignes de grande recommandacion ; & à cefte caufe eft befoin y pourvoir, ainfi que de louable obfervance eft accouftumé faire par nofdits prédeceffeurs Rois à leur advenement à la Couronne. SÇAVOIR FAISONS que Nous ces chofes confiderées , defirant de noftre pouvoir, à l'imitation de nofdits Prédeceffeurs , donner, faire garder & entretenir fi bon ordre & police à tous les affaires

A

de noſtredit Royaulme, qu'ils ſoient dorefnavant traiċtez, regiz & conduiz ainſi que raiſonnablement doivent eſtre au bien & utilité de noſdits Royaume, Pays, Seigneuries & Subgeċts. Povr ces cavses, & autres à ce Nous mouvans, & par l'advis & déliberation deſdits Princes & Seigneurs de noſtre Sang & lignaige, & autres grands & notables Perſonnages, tant de noſtre Conſeil que autres, avons de noſtre certaine ſcience, pleine puiſſance & autorité Royale, confermé & confermons le Corps de noſtredite Chambre des Comptes, pour icelle eſtre tenuë, entretenuë & doreſnavant continuée en noſtre Palais de noſtredite Ville de Paris, ainſi que d'ancienneté, & juſques audit trépas de noſtredit feu Seigneur & Frere, eſt accouſtumé de faire, & en ce faiſant voulons & Nous plaiſt, que les Officiers & Suppoſts d'icelle, chacun en leurs eſtats & Offices, ſelon & en enſuivant les dons, confirmacions & oċtrois que leur en avons fait & ferons cy-après expedier particulierement, en jouiſſent & chacun d'eulx ſelon ſa qualité doreſnavant pleinement & paiſiblement, enſemble des honneurs, gaiges, droits, prééminences, prérogatives, robbes, manteaulx, libertez, franchiſes, prouffits & émolumens accouſtumez, & qui y appartiennent, & tout ainſi & par la forme & maniere qu'ils faiſoient du vivant de noſtredit feu Seigneur & Frere, voulant & oċtroyant en outre que après le ferment fait en tel cas accouſtumé par leſdits Officiers & chacun d'eulx, il ſoient de nouvel & derechef par le Clerc & Contrerolleur de noſtre Treſor, enregiſtrez ès Livres & Regiſtres d'iceluy, & que leurs cedulles de debentur leur ſoient par luy baillées & expediées pour leurs gaiges & droits, leſquels voulons leur eſtre payez & délivrez par le Receveur ou autre qui a accouſtumé les leur payer, & tout ainſi qu'ils les avoient & prenoient du vivant de noſtredit feu Seigneur & Frere, aux termes & en la maniere accouſtumée, & par rapportant ceſdites Preſentes, enſemble leſdites Lettres de dons, confirmacion & oċtroiz par Nous faiz ou à faire deſdits Offices, ou vidimus d'icelles faiċt ſoubz Scel Royal pour une fois ſeulement, avec les Lettres de debentur & Quittances ſur ce ſouffiſans. Nous voulons iceux gaiges & droiz, ou ce que payé, baillé & délivré en aura eſté à la cauſe que deſſus, eſtre allouez ès comptes de celuy ou ceulx qui payez les auront ſans difficulté ; & avec ce, avons de noſtre plus ample puiſſance

& autorité Royale, validé, autorisé & approuvé, validons, au-
torisons & approuvons tout ce que par lesdits Gens de nos Comptes,& chacun d'eulx en general & particulier a esté & sera fait,
procedé & decidé, & déterminé depuis ledit trépas de nostredit
feu Seigneur & Frere, jusques à la publication de cesdites Presentes, reception & prestacion de serremens de nosdits Officiers
d'icelle nostre Chambre, & que tout soit de tel effect & valeur,
comme s'ils eussent esté confermez esdits estats & Offices incontinent après ledit trépas de nostredit feu Seigneur & Frere, sans
ce que cy-après l'en puisse aucune chose dire ou alleguer au contraire, par nullité ou autrement, en quelque maniere que ce
soit. Et afin que du contenu en cesdites Presentes, nul ne puisse
prétendre cause d'ignorance, Nous vous MANDONS icelles estre
lües, publiées & enregistrées en notredite Chambre des Comptes
& Tresor, & par tout ailleurs où besoin sera, & que au vidimus
d'icelles faict sous Scel Royal, foy soit adjoustée comme à ce
present original. En tesmoing de ce Nous avons fait mettre notre Scel à cesdites Presentes. Donne' à Ponthoise le vingt-quatriéme jour de Juing, l'an de grace mil quatre cent quatre-vingt
& dix-huit, & de nostre Regne le premier. Ainsi signé, par le
Roy, vous & autres presens, Coetereau.

*Lecta, publicata & registrata in Camera Compotorum Domini
nostri Regis, vicesima-octava die mensis Junii anno Domini millesimo CCCC. nonagesimo octavo*, DE Badouiller.

Extrait des Registres de la Chambre des Comptes de Paris, Memorial V.
fol. 9.

LETTRES

PORTANT Exemption de Ban & Arriere-Ban en faveur des Officiers de la Chambre des Comptes de Paris.

Du mois de Juin 1499.

LOUIS par la grace de Dieu Roy de France, Sçavoir Louis XII. Faisons à tous presens & à venir, que pour consideration à ce que nos amez & feaux Presidens, Conseillers & autres Officiers en nostre Chambre des Comptes sont continuellement occupez en l'exercice de leurs Offices, en faveur aussi des bons & loyaux services qu'ils Nous y font chacun jour, & esperons qu'ils feront cy-après au bien & profit de Nous & de la chose publique de nostre Royaume, pour l'absence desquels & de l'interruption de l'exercice de leursdits Offices, Nous pourrions avoir grand dommage, & nos Droits & Domaines beaucoup diminuer. Pour ces causes & autres à ce Nous mouvans, Nous iceux Officiers en nostredite Chambre qui à present sont ou seront cy-après, avons affranchis & exemptez, & de nostre grace speciale, pleine puissance & autorité Royale affranchissons & exemptons perpetuellement & à toujours par ces Presentes, de nostre Ban & Arriere-ban, & de tous autres à venir, esquels ils, ou leurs successeurs esdits Offices, seroient & pourroient être tenus assister & comparoir pour raison de leurs Terres & Fiefs nobles étant en nostredit Royaume, Pays, Terres & Seigneuries, quelque part qu'ils soient situez & assis, sans ce qu'ils, ne leursdits successeurs, soient tenus ne obligez y aller ou envoyer, ne pour ce payer aucune chose. Si donnons en mandement par ces mesmes Presentes à tous nos Officiers, Justiciers & autres commis & à commettre sur le fait dudit Ban & Arriere-ban, presens & à venir, ou à leurs Lieutenans, & à chacun d'eux en droit soy, que de nos presens grace, affranchissement & exemption, ils facent, souffrent & laissent nosdits Officiers en nostredite Chambre des Comptes presens & avenir, jouir & user pleinement & paisiblement ; & si aucuns de leursdits fiefs ou autres heritages & biens sont ou étoient pour ce

A

faifis,ou autrement empêchez,ils les leur mettent ou facent mettre incontinent & fans délay à pleine délivrance,nonobftant que
par nos Lettres & Mandemens defdits Ban & Arriere-ban , ou
autres qui cy-après feront mis fus , fuft expreffément mandé y
contraindre tous gens exempts & non exempts : en quoi Nous
déclarons dès maintenant pour lors lefdits Officiers en noftredite
Chambre , ne y eftre compris ne entendus en quelque maniere
que ce foit. Et pour ce que de cefdites Prefentes l'on pourra avoir
à faire en plufieurs lieux , Nous voulons que au vidimus d'icelles
fait fous Scel Royal, foi foit ajouftée comme à ce prefent original, lequel en figne de perpetuelle ftabilité, Nous avons faiç
fceller de noftre Scel. Donne' à Paris au mois de Juin, l'an de grace mil quatre cens quatre-vingt-dix-neuf, & de noftre Regne le
fecond. Signé, par le Roy, Monfeigneur le Cardinal d'Amboife,
le Sire de Gye Marefchal de France,& autres prefens, Robertet.
Vifa, Contentor , *gratis* , Carbot.

Extrait des Regiftres de la Chambre des Comptes de Paris, Memorial
X. fol. 49.

LETTRES

PORTANT confirmation des Officiers de la Chambre des Comptes de Paris dans leurs Offices , lors du joyeux Avenement.

Du deux Janvier 1514.

FRANCOIS par la grace de Dieu Roy de France , à tous ceux qui ces prefentes Lettres verront , SALUT. Comme de FRANÇOIS I. tout temps & d'ancienneté nos prédeceffeurs Rois de France ayent exigé , fait & ordonné & eftably en noftre bonne Ville & Cité de Paris , une Court & Chambre des Comptes , compofée de plufieurs perfonnes, eftats & Offices, pour la confervation des Droits, Domaines & Finances de noftre Royaume, Pays & Seigneuries, oir, clorre & affiner les comptes de tous les Comptables , & autres ayans charge , maniement & adminiftration d'iceux , avec la totale cohertion , Juftice & Jurifdiction à ce requife & neceffaire, & de ce qui en dépend, laquelle Nous defirons de tout noftre cœur entretenir & conferver à l'imitation de nofdits Prédeceffeurs , comme faire fe doibt. SÇAVOIR FAISONS, que Nous les chofes deffufdites confiderées, & les bons, louables, vertueux & recommandables fervices que nos amez & feaulx les Préfidens, Confeillers, Maiftres , Correcteurs , Auditeurs , Greffiers & autres Officiers eftans de prefent en noftre Chambre des Comptes cy-après nommez , ont faicts par cy-devant à feus nos très-chiers Seigneurs Coufins les Rois Charles huitiéme , & Louis douziéme naguerres décedez, que Dieu abfoille, en l'exercice de leurfdits Offices, & autrement, & efperons qu'ils Nous feront ci-après de bien en mieux, deuëment certifiez & acertenez de leurs fens, fciences, litteratures , experiences, preudhommies & bonnes diligences. Nous POUR CES CAUSES & autres à ce Nous mouvans , & pour l'entretenement d'icelle noftredite Chambre des Comptes, par l'advis & déliberation de plufieurs Princes & Seigneurs de noftre Sang & Gens de noftre Confeil, iceulx Préfidens qui font en nombre

A

deux , Conseillers & Maistres ordinaires qui sont en nombre dix, autres Conseillers & Correcteurs qui sont en nombre de deux, seize Clercs & Auditeurs, deux Greffiers, ung Procureur, ung Avocat, l'Huissier Receveur & Payeur des gaiges & droits de ladite Chambre, le Changeur de nostre Tresor, Clerc & Contrerolleur d'iceluy, les dix-huit Messaigers d'icelle Chambre & du Tresor, & chacun d'eulx avons continuez & confermez, continuons & confermons esdits estats & offices, & les leur avons de nouvel, en tant que besoing est ou seroit, donnez & octroyez, donnons & octroyons, & à chacun d'eulx en droit soy, de grace especial par ces Presentes, pour d'iceulx estats & offices jouir & user, & les exercer doresnavant aux honneurs, prérogatives, prééminences, franchises, libertez, gaiges, droits, épices, prouffits, émolumens accoustumez, & qui y appartiennent, & tout ainsi que les avoient, prenoient & en joissoient au jour & trépas de nostre feu Seigneur & Cousin le Roy Loys douzième dernier décodé, que Dieu absoille, desquels deux Présidens, dix Conseillers & Maistres ordinaires, deux Correcteurs & Conseillers, & autres Officiers d'icelle Chambre dont les noms, surnoms & estats s'ensuivent; c'est assavoir desdits Présidens Jehan Nicolas, Chevalier premier Président Clerc, Jehan Briçonnet, aussi Chevalier, Président Lay; desdits Conseillers & Maistres, Nicolle Herbelot , Jehan Vivien, Jehan de Badouiller, Jehan Richer, Maistres Clercs, Bertrand l'Orfevre , Eustache Lhuillier, Estienne Petit Chevaliers, Charles de Caulers, Maistres Lais, Gilles Berthelot & Nicolas du Pré, aussi Conseillers & Maistres ordinaires desdits Comptes ; desdits deux Correcteurs & Conseillers, Maistre François de Montmirel & Nicolas Viole; desdits seize Clercs & Auditeurs, Maistres Pierre Berthomier, Jehan de Fontenay, Jacques Andrault, Jehan Frager, Simon le Begue, Pierre Michon, Jehan Brinon, Simon Toste, Louis Ameil, Charles d'Albiac, Jehan le Clerc, Loys de Villebresme , Antoine Vachot, Josse Charpentier & Jehan de Fontaines; & au regard de l'Office de nostre Clerc & Auditeur ordinaire que tenoit naguerres & exerçoit en nostredite Chambre feu Maitre Jehan Prevost faisant le seizième desdits Auditeurs, Nous y avons pourveu & pourvoirons par nos autres Lettres à part & à nostre bon plaisir; des deux Greffiers, Maistre Guillaume de Badouiller & Estienne le Blanc; de Procureur, Guillaume Molinet;

d'Advocat, Jehan de Harlaz ; d'Huiſſier Receveur & Payeur des gaiges & droits de noſtredite Chambre des Comptes, Maiſtre Morlet du Muſeau ; de Changeur de noſtre Treſor, Maiſtre Jacques Charmoluë ; de Clerc & Contrerolleur d'iceluy, Maiſtre Guillaume Ripault ; des dix-huit Meſſaigers d'icelle noſtredite Chambre & Treſor, Dimanche Garnier, Guillaume Briant, Jehan Mignot, Jehan Brigallier, Antoine du Flos, Denis le Mercier, Nicolas Corneille, Pierre Poupeville, Jehan Vecluz, Jehan le Comte, Macé de Viemont, Pierre Chaillou, Nicolas Bourgeois, Claude Bourgeois, Baſtian le Letier, Pierre Regnault, Pierre Durant & Nicolas Gilbert. Si donnons en mandement par ceſdites Preſentes à nos amez & feaux les Gens de noſdits Comptes, que prins & receu de tous les deſſuſdits, & chacun d'eulx en ſon regard, le ſerment en tel cas accouſtumé, iceulx & chacun d'eulx mettent & inſtituent en poſſeſſion & ſaiſine de leurſdits Offices & d'iceulx, enſemble deſdits gaiges, épices, libertez, franchiſes, prérogatives, prééminences, droits, prouffits & émolumens, les faſſent, ſeuffrent & laiſſent jouir & uſer pleinement & paiſiblement, & tout ainſi & par la forme qu'ils en jouiſſoient au jour dudit trépas de noſtre feu Seigneur & Couſin, & qu'ils ſoient doreſnavant payez de leurſdits gaiges, droits & épices par ledit Receveur & Payeur, & autres nos Officiers comptables, preſens & advenir ; Et que les cedulles de debentur de noſtredit Treſor leur en ſoient à chacun d'eulx expediées & baillées aux termes & en la maniere accouſtumée, & avec ce faſſent enregiſtrer ceſdites Preſentes ès Livres & Regiſtres d'icelle Chambre ; & en rapportant ceſdites Preſentes, ou vidimus d'icelles deuëment collarionné pour une fois, & quittance ſur ce ſuffiſante, tout ce que payé & baillé leur aura eſté à la cauſe deſſuſdite ſoit alloué ès comptes & rabattu de la recette dudit Receveur & Payeur, & de noſdits autres Receveurs comptables, qui payez les auront, ſans difficulté. En témoin de ce Nous avons fait mettre noſtre Scel à ceſdites Preſentes. Donné à Paris le deuxiéme jour de Janvier, l'an de grace mil cinq cens quatorze, & de noſtre Regne le premier. Signé ſur le reply deſdites Lettres, par le Roy, Robertet.

Collatio facta cum originalibus per me ſignatum, le Blanc.

Extrait des Regiſtres de la Chambre des Comptes de Paris, Mem. Z. fol. 305.

LETTRES

PORTANT confirmation des Officiers de la Chambre des Comptes de Paris, dans leurs Offices, lors du joyeux Avenement.

Du trente-un Octobre 1515.

LOUISE Mere du Roy, Duchesse d'Angoulmois en Anjou, François I. Regente en France, à nos amez & feaulx les Gens de nos Comptes, Tresoriers de France & Generaux sur le fait & gouvernement des Finances de nostre très-cher Seigneur & Fils le Roy, SALUT ET DILECTION. Comme ledit Seigneur à son nouvel advenement à la Couronne, pour supporter les faicz & affaires de son Royaume, & luy subvenir au recouvrement & conqueste de son Duché de Milan, & autres ses urgens affaires, eust ordonné en continuant & confirmant les Officiers demourez après le deceds de feu noftre très-cher Seigneur & Cousin le Roy Louis dernier décedé, que Dieu absoille, en leurs estats & Offices, & pareillement les privileges concedez à plusieurs Villes, Citez & Communautez de ce Royaulme, prendre, cueillir & lever sur tous les Corps, Colleges, Communautez & particuliers Officiers certaines sommes de deniers, mesmement sur le Corps en general de sa Chambre desdits Comptes à Paris, la somme de cinq cens écus d'or au Soleil, laquelle somme les Officiers de ladite Chambre en contemplation desdites affaires, euslent liberalement sans aucun délay payée & baillée, ou fait payer & bailler de l'argent de leurs gaiges par Maître Morelet de Museau Receveur & Commis au payement des gaiges & droits desdits Officiers d'icelle Chambre, & icelle mise ès mains de noftre amé & feal Conseiller Maistre Helie du Tillet, par Nous à ce commis, esperans par après que d'icelle somme les en ferions rembourser, en ayant regard & consideration que de tout temps & d'ancienneté les Officiers & Suppofts de ladite Chambre en general, & chacun d'eux en particulier, ont esté toujours tenus immunis & exempts de tous subsides, subventions

A

& impofts quelconques, & pour ce nous euſſent fupplié & requis d'icelle fomme de cinq cens écus au Soleil, ainfi par eulx baillez, les faire rembourfer, payer ou affigner. Pour ce eft-il que Nous les chofes fufdites confiderées, voulant iceux Officiers de ladite Chambre, qui font vrais & peculiers Officiers confervateurs des Droits, Domaines & Finances de noftredit Seigneur & Fils, du Royaulme & de la Couronne, eftre entretenus en leurs privileges, immunitez, libertez & exemptions. POUR CES CAUSES & confiderations, & autres à ce Nous mouvans, en ufant du pouvoir & auctorité à Nous donné par noftredit Seigneur & Fils, avons voulu, confenti & ordonné, voulons, confentons & ordonnons, que de ladite fomme de cinq cens écus au Soleil, lefdits Officiers fe puiffent payer & rembourfer, ou d'icelle en faire payer & rembourfer ledit Morelet Receveur & Commis fufdit, par les mains du Changeur du Trefor, Receveurs generaux ou particuliers, ou autres ayans adminiftration de deniers & finances de noftredit Seigneur & Fils, tant ordinaires que extraordinaires, & fur celui ou ceulx d'eulx qui mieulx le pourra, ou pourront porter en tout ou en partie l'une année portant l'autre, ou fur ce que peult & pourra provenir des reftes des comptes rendus ou à rendre en ladite Chambre. SI VOUS MANDONS, & à chacun de vous, fi comme à luy appartiendra, que de nos prefens vouloir, confentement & Ordonnance ils facent & fouffrent lefdits Gens des Comptes joir & ufer pleinement & paifiblement, & par rapportant ces Prefentes fignées de noftre main, ou le double d'icelles deuëment collationné à l'original, avec quittance defdits Gens des Comptes, ou dudit Morelet Receveur & Commis fufdit tant feulement; voulons que ladite fomme qui ainfi aura efté baillée & payée, foit allouée és comptes, & rabattuë de la recette de celuy ou ceulx qui ainfi auront fait ledit payement par tout où il appartiendra, fans difficulté; CAR ainfi Nous plaift-il eftre fait, nonobftant que charge ou décharge ne foient levées de ladite fomme, ne icelle employée ès eftats generaux defdites Finances, ne auffi ès eftats des Receveurs particuliers, ou autres Officiers de noftredit Seigneur & Fils ayans adminiftration de deniers & Finances, tant ordinaires que extraordinaires. Les Ordonnances faites fur le fait & diftribution d'icelles par feu noftredit Seigneur & Coufin le Roy Louis, que ne voulons leur nuire, ne préjudicier, en tant que befoin feroit les en avons relevez & relevons de grace efpecial par cefdites Prefentes, & quelsconques autres Ordonnances, reftrinctions, mandemens ou deffenfes à ce contraires. DONNE' à Heriffon le dernier jour d'Octobre, l'an de grace mil cinq cens quinze. Ainfi figné, L O U I S E, par Madame Regente en France, Meffire Jacques de Beaume Chevalier General des Finances, & autres prefens, GEDOIN.

Lecta & regiftrata in Camera Compotorum Domini noftri Regis, ibidem per Dominos expedita, vigefima tertia die Novembris, anno Domini millefimo quingentefimo decimo quinto, LE BLANC.

Extrait des Regiftres de la Chambre des Comptes de Paris, Memorial Z. fol. 120.

LETTRES

PORTANT attribution des droits de Robbe, de Busche & de Toussaint, aux Conseillers Correcteurs de la Chambre des Comptes de Paris.

Du dix-sept May 1517.

FRANCOIS par la grace de Dieu Roy de France, à nos François I. amez & feaux Gens de nos Comptes, Treforiers à Paris, Salut et dilection. Nos amez & feaux Confeillers & Correcteurs de nos Comptes, Maiftres François de Montmirel, Nicole Viole & Chriftophe de Refuge, Chevaliers, Nous ont fait dire & expofer, que feu de bonne memoire le Roy Charles feptiéme, que Dieu abfoille, par fes Lettres Patentes données à Bourges le douziéme jour de Novembre mil quatre cens trente-deux, donna & octroya à Maiftre André le Roy l'Office de fon Confeiller & Correcteur en fa Chambre defdits Comptes, pour par luy en joir aux honneurs, prééminences, prérogatives, gages, droits, profits & émolumens tels & femblables que les avoient accouftumez prendre & avoir les autres Confeillers & Correcteurs defdits Comptes fes prédeceffeurs; & depuis ledit feu Sieur par autres fes Lettres Patentes données le vingtiéme jour de Février mil quatre cens trente-trois, voulut, ordonna & octroya audit feu Maiftre André le Roy, que à caufe de fondit Office de Confeiller & Correcteur il euft à commencer du jour de fon inftitution oudit Office, & d'illec en avant par chacun an, tels & femblables gages, droits & profits comme l'un de de fes Confeillers & Maiftres defdits Comptes, à les avoir & prendre par la main de feu Guillaume Charrier, lors Receveur General de toutes les finances dudit feu Seigneur; lefquelles dernieres Lettres ne furent expediées par fes Gens des Comptes & Generaux de fefdites finances, aufquelles elles eftoient adreffans, que pour la fomme de cinq cens livres tournois feulement, qui font tels & femblables gages que montent les gages de

A

vous ,Maiſtres de noſdits Comptes ; & combien que vous ayez
& prenez par vos ſimples quittances , & auſſi les Auditeurs &
Greffiers droits de Robe , de Buſche & de Touſſainct , & que
ledit feu Roy Charles ſeptiéme euſt ordonné que ledit Maiſtre
André le Roy Correcteur les auroit & prendroit tels que l'un
de vous ; ce neanmoins noſdits Conſeillers expoſans qui ordinairement vacquent en grand ſoin & ſollicitude à l'exercice de
leurſdits Offices , n'en ont eſté par cy-devant , ne ſont aucunement payez , en leur grand préjudice & dommaige , Nous ſupplians très-humblement que en ayant regard aux bons , agréables & continuels ſervices qu'ils nous font ordinairement &
réſidamment en noſtre Chambre deſdits Comptes , Nous leur
veuillons donner & octroyer , outre leurſdits gages , tels &
ſemblables droits de Robe , de Buſche & de Touſſainct que vous
nos Conſeillers & Maiſtres deſdits Comptes les avez & prenez ,
& avez accouſtumé avoir & prendre , & ce en enſuivant le vouloir & intention dudit feu Seigneur le Roy Charles ſeptiéme ,
dont cy-deſſus eſt-faite mention ; POURQUOY Nous inclinant liberalement à la ſupplication & requeſte deſdits Expoſans en
faveur des choſes deſſuſdites , & pour autres cauſes & conſiderations à ce Nous mouvans , meſmement qu'avons eſté certiorez
& ſuffiſamment advertis que depuis qu'ils ont eſté pourveus de
leurſdits Offices & Eſtats , ils ont ſi ſoigneuſement & diligemment vacqué à l'exercice d'iceux , qu'il en eſt revenu à noſtre
profit bonnes & groſſes ſommes de deniers , à iceux Expoſans
& chacun d'eux , avons octroyé & octroyons , voulons & Nous
plaiſt de grace ſpeciale par ces Preſentes , qu'ils ayent , preignent
& ſoient payez , à commencer du premier jour d'Octobre dernier paſſé , & doreſnavant , de tels & ſemblables droits de Robe ,
de Buſche & de Touſſainct , comme vous Maiſtres de nos Comptes , à les avoir & prendre ſur les deniers qui par eux ſeront
trouvez bons & à Nous revenans , en faiſant & exerçant leurſdits Offices , & leſquels droits montans par an deux cens vingt
livres tournois pour chacun d'eux , Nous leur avons donné &
donnons par ceſdites Preſentes ſignées de noſtre main. SI VOUS
MANDONS , commandons , enjoignons , & à chacun de vous ſi
comme à luy appartiendra , que s'il vous eſt apparu ou appert par

les comptes rendus en ladite Chambre du don & octroy fait
par ledit feu Roy Charles septiéme audit feu Maistre André le
Roy, vous faites payer, bailler & délivrer à nosdits Conseillers
exposans, & chacun d'eux, lesdits droits de Robe, de Busche
& de Toussainct, montant par an pour chacun la somme de deux
cens vingt livres tournois, & ce par les mains du Changeur de
nostre Trésor, & par leurs simples quittances, ou par les mains
du Commis au payement des gages & droits de vous Gens de
nosdits Comptes presens ou à venir, és mains desquels Commis vous pouriez faire tomber pour ce chacun an semblable
somme de deniers que montent iceux droits, des deniers que lesdits Exposans feront venir ens en exerçant leursdits Offices,
& non d'autres ; & ce par décharge dudit Changeur de nostre
Trésor, ou par les quittances dudit Commis seulement, & en
rapportant cesdites Presentes, ou copie d'icelles deuëment collationnée en nostre Chambre des Comptes & quittances desdits Exposans seulement ; Nous voulons & mandons à vous
Gens de nos Comptes lesdits droits, ou ce que payé & baillé
leur en aura esté & sera doresnavant, passer & allouer ès comptes
desdits Changeurs & Commis respectivement l'une année portant l'autre, sans difficulté, nonobstant que lesdits dons &
droits ne soient couchez & employez chacun an en l'estat general de nosdites finances, que décharges n'en soient levées,
en ensuivant l'ordre d'icelles, & que leurs prédecesseurs esdits
Offices n'ayent accoustumé avoir & prendre tels & semblables
droits, l'Ordonnance & revocation par Nous faite des parties
non couchées en nostredit estat general, leuë, publiée & enre-
registrée en nostredite Chambre des Comptes, que ne leur voulons nuire, ne leur préjudicier, quant à l'effect & contenu de
ce present octroy & quelconques autres Ordonnances, Us,
Stile, rigueur de comptes, Mandemens ou Deffenses à ce contraires. DONNE' à Paris le dix-septiéme jour de May, l'an de
grace mil cinq cens dix-sept, & de nostre Regne le troisiéme.
Ainsi signé, FRANCOIS, par le Roy, le Sire de Saint Blansay
& autres presens, ROBERTET.

Refutata in Camera Compotorum Domini nostri Regis, vigesi-

ma quarta Martii anno millesimo quingentesimo decimo octavo, LE BLANC.

Extrait des Regiſtres de la Chambre des Comptes de Paris, Memorial 2. A. fol. 381.

AUTRES LETTRES

PORTANT Exemption du Droit de Gabelles en faveur des Officiers de la Chambre des Comptes de Paris.

Du vingt-neuf Janvier 1517.

DE PAR LE ROY, nos amez & feaux. Nous avons puis n'a- FRANÇOIS I.
gueres esté averti que sous ombre des deffenses par Nous
faites à tous Grenetiers de ne bailler aucun Sel sans Gabelle, iceux
Grenetiers font difficultez vous en bailler & délivrer, pensant
que soyez compris ès deffenses, qui seroit contrevenu formelle-
ment à vos privileges dont avez joï de tout temps & ancienneté,
laquelle chose n'entendismes jamais. Et pour ce que Nous desirons vous entretenir en vosdits privileges, & favorablement vous
traiter en vos affaires, avons déclairé & déclairons que ne voulons
& n'entendons que au moyen desdites deffenses, aucun empêchement vous soit fait ou donné au fait dudit Sel : mais voulons &
Nous plaist que par les mains desdits Grenetiers vous aiez du Sel,
en payant le droit de Marchand tant seulement, ainsi que avez
accoutumé d'en avoir & prendre auparavant lesdites deffenses
& revocations par Nous faites. DONNE' à Amboise le vingt-
neuviéme jour de Janvier l'an mil cinq cent dix-sept. Ainsi signé,
FRANCOIS & ROBERTET. *Et au-dessus desdites Lettres estoit
écrit :* A nos amez & feaux les Gens de nos Comptes & Tréforiers
à Paris; *apporté le quinze Février* 1517. Signé, CHEVALIER.

Extrait des Regiftres de la Chambre des Comptes de Paris, Memorial 2.
A fol. 132.

A

LETTRES

*Concernant les droits de Robe, de Busche & de Toussaint,
attribuez aux Conseillers Correcteurs de la Chambre
des Comptes de Paris.*

Du vingt-quatre Janvier 1518.

FRANCOIS par la grace de Dieu Roy de France, à nos FRANÇOIS I.
amez & feaux Gens de nos Comptes & Tréforiers à Paris,
SALUT ET DILECTION. Comme par nos Lettres Patentes données à Paris le dix-feptiéme jour de May mil cinq cens dix-fept,
Nous ayons donné & octroyé à nos amez & feaux Confeillers &
Correcteurs de nofdits Comptes, Maistres François de Montmirel, Nicole Viole & Christophe de Refuge, droits de Robe,
de Busche & de Toussainct, montans par an pour chacun d'eux,
deux cens vingt livres tournois; defquelles nofdites Lettres ils
ont à vous Gens de nofdits Comptes, par plusieurs & diverfes
fois requis la verification & enterinement, ce que avez differé
& differez encore, combien que depuis vous en ayons écrit &
fait fçavoir & dire de bouche nostre vouloir & intention; &
pour ce qu'ils doubtent que vous voulfissiez arrester à l'expedition faite par les Gens des Comptes & Generaux des Finances,
eftans lors fur les Lettres de feu Maistre André le Roy Correcteur defdits Comptes, par lefquelles feu le Roy Charles feptiéme, que Dieu abfoille, octroya, voulut & ordonna qu'il euft
& prenoift tels & femblables gaiges & droits que les autres
Confeillers & Maistres defdits Comptes, laquelle expedition
fut de cinq cens livres tournois feulement pour tous gaiges &
droits, & aussi que les gaiges des Correcteurs qui eftoient auparavant ledit octroy, n'eftoient que de deux cens livres parifis,
Nous ont fupplié & requis leur impartir nostre grace & déclai-
rer fur ce nos vouloir & intention. POURQUOY Nous les chofes
deffufdites confiderées, mefmement que l'octroy fait aufdits
Correcteurs expofans eft à l'avoir & prendre des deniers qui
par eux feront trouvez bons & à Nous revenans, en faifant &

A

exerçant leurs Offices ,inclinant liberalement à leur fupplication & requefte , avons déclairé , voulu & ordonné, déclairons,
voulons & ordonnons par ces Prefentes , noftredit don fortir
fon plein & entier effet , attendu que à la création des Correcteurs faite en l'an mil quatre cens dix , avec les deux cens livres parifis , dont deffus eft faite mention, leur fut donné tels
& femblables droits comme aux Confeillers & Maiftres des
Comptes eftant lors ; Et pour plufieurs autres bonnes , juftes &
raifonnables caufes à ce Nous mouvans, vous MANDONS , commandons & très-expreflément enjoignons,toutes difficultez cef-
fantes , vérifier & enteriner nofdites Lettres de don de point en
point , felon leur forme & teneur , fans y faire aucune reftrinction ou modification , & que en enfuivant icelles, lefdits
Correcteurs ayent & preignent , outre lefdits cinq cens livres
tournois , la fomme de deux cens vingt livres tournois pour
leurdits droits de Robe , de Bufche & de Touffainct, chacun
an , fans vous arrefter à ladite expedition de cinq cens livres,
pour tous gaiges & droits, ne aufdits gaiges anciens, qui étoient
de deux cens livres parifis , & lefquels droits de deux cens vingt
livres tournois pour chacun d'eux par an , en tant que befoin
eft ou feroit , derechef & de nouvel leur donnons par cefdites
Prefentes fignées de noftre main , à les avoir & prendre , à commencer tout ainfi, l'une année portant l'autre , que contenu eft en
nofdites premieres Lettres de don ; CAR tel eft noftre plaifir ,
nonobftant que d'iceux décharges ne foient levées , & que chacun an ils ne foient couchez en l'eftat general de nos finances,
& quelconques autres Ordonnances , Reftrinctions , Mandemens ou Deffenfes à ce contraires. D O N N E' à Paris le vingt-
quatriéme jour de Janvier, l'an de grace mil cinq cens dix-huit,
& de noftre Regne le cinquiéme. Ainfi figné , F R A N C O I S,
par le Roy , ROBERTET.

*Refutata in Camera Compotorum Domini noftri Regis , vigefima
quarta Martii anno millefimo quingentefimo decimo octavo* , LE
BLANC.

Extrait des Regiftres de la Chambre des Comptes de Paris, Memorial 2.
A. fol. 383.

LETTRES

*Concernant les droits de Robe , de Busche & de Toußaint,
attribuez aux Conseillers Correcteurs de la Chambre
des Comptes de Paris.*

Du huit May 1518.

FRANCOIS par la grace de Dieu Roy de France, à nos FRANÇOIS I.
amez & feaux les Gens de nos Comptes à Paris, SALUT
ET DILECTION. Nos amez & feaux Conseillers & Correcteurs
de nosdits Comptes, Maistres François de Montmirel , Nicole
Viole, & Christophe de Refuge, Chevaliers, Nous ont fait
dire & exposer, que combien que par nos autres Lettres Patentes signées de nostre main , & pour les bonnes & justes causes
contenuës en icelles, nous eussions à nosdits Conseillers exposans, & à chacun d'eux, octroyé qu'ils eussent, prinsent & fussent payez, à commencer du premier jour d'Octobre lors dernier
passé, & dès lors en avant , de tels & semblables droits de Robe,
de Busche & de Toussainct, comme vous Maistres de nos Comptes, à les avoir & prendre sur les deniers qui par eux seront
trouvez bons & à Nous revenans, en faisant & exerçant leursdits Offices, & lesquels droits montans pour chacun d'eux par
an , deux cens vingt livres tournois , Nous leur eussions donné &
octroyé par nosdites Lettres Patentes données à Paris le dix-
septiéme jour de May dernier passé ; lesquelles nos Lettres ils
vous ont despieça presentées , pour les leur enteriner , ce que
avez toujours differé , sous ombre d'affinité que aucun de vous
avez avec lesdits Exposans, dont Nous advertis de ce vous eussions mandé & rescript proceder à l'expedition & enterinement
de nosdites Lettres de don , nonobstant ladite affinité ; mais
neantmoins lesdits Exposans n'en ont eu aucune expedition , &
Nous ont fait supplier leur pourvoir sur ce de remede convenable : POURQUOY Nous voulant que notredit don sortisse son plein
& entier effet, & que en ensuivant icelles, lesdits Exposans , &
chacun d'eux, ayent & preignent deux cens vingt livres tournois

A

pour leurſdits droits de Robe, de Buſche & de Touſſainct des deniers, ainſi & en la forme & maniere qu'il eſt ſpecifié & déclairé en noſdites autres Lettres. Vous MANDONS, commandons & très-expreſſément enjoignons, que vous procedez à l'enterinement & accompliſſement d'icelles nos Lettres de point en point, ſelon leur forme & teneur, ſans aucune difficulté, modification ne reſtriction, en quelque maniere que ce ſoit, & ſans leur donner cauſe ne occaſion de plus retourner devers Nous, ne vous arrêter à la proximité & affinité, ou conſanguinité qui pourroit eſtre entre aucuns de vous & leſdits Supplians, dont, en tant que beſoin eſt ou ſeroit, Nous vous avons relevé & diſpenſé, relevons & diſpenſons par ces Preſentes, nonobſtant quelconques Ordonnances, Reſtrictions, Mandemens ou Deffenſes à ce contraires. DONNE' à Amboiſe le huitiéme jour de May, l'an de grace mil cinq cens dix-huit, & de noſtre Regne le quatriéme. Ainſi ſigné, par le Roy, ROBERTET.

Refutata in Camera Compotorum Domini noſtri Regis, vigeſima quarta Martii anno milleſimo quingenteſimo decimo octavo, LE BLANC.

Extrait des Regiſtres de la Chambre des Comptes de Paris, Memorial 1. A, fol. 382. verſo.

EDIT

PORTANT Confirmation des Privileges attribuez
aux Officiers de la Chambre des Comptes du Royaume
par le Roy François Premier.

Du mois d'Avril 1519.

RANCOIS par la grace de Dieu Roy de Fran-
ce ; Sçavoir faisons à tous prefens & à venir ;
Comme ayant regardé en confideration aux grandes peines , travaux , labeurs , follicitudes & diligences que nos amez & feaux les Prefidens &
Vif-Prefidens & Maiftres de nos Comptes, Tré-
foriers de France , Generaux & Secretaires de nos Finances , lefquels ont par cy-devant efté par nos prédeceffeurs Rois de bonne
memoire que Dieu abfolve & Nous , créez , fubftituez , ordonnez & eftablis en leurs Offices pour le bien de Nous & de la
chofe publique , & de notre Royaume , confervation , conduite & direction de notre Domaine & deniers de nos Finances
ordinaires & extraordinaires , ont eu & fupportez , ont & fup-
portent continuellement aux faits & exercices de leurs Eftats
& Offices , & aux bons , finguliers , agréables , recommandables
.& profitables fervices qu'ils ont cy-devant faits à nofdits prédeceffeurs Rois , & chacun en leur égard , & fait & exercice de
leurfdits Offices , ainfi qu'ils nous ont fait & efperons qu'ils
nous faffent à l'avenir ; à iceux Prefidens , Vif-Prefidens , &
Maiftres de nos Comptes, Tréforiers de France, Generaux & Secretaires de nofdites Finances , pour les caufes & autres juftes
& raifonnables confiderations à ce Nous mouvans , de notre
certaine fcience , grace fpeciale , pleine puiffance & autorité
Royale , par ces Prefentes avons ratifié , confirmé , homologué

A

& approuvé, ratifions, confirmons, homologuons & approuvons tous & un chacun les privileges, franchifes, libertez & exemptions qui par cy-devant leur ont efté donnez, concedez & octroyez par nofdits Prédeceffeurs & Nous, pour en joüir & ufer par eux & chacun d'eux & leurs fucceffeurs en leurfdits états & Offices, tout ainfi & par la forme & maniere qu'ils ont par cy-devant joüi & ufé, joüiffent & ufent de prefent ; jaçoit que les privileges, franchifes & libertez ne foient cy autrement fpecifiez & déclarez, & lefquels Nous y tenons pour expreffément exprimez & déclarez, & d'abondant, de notre ample & fpeciale grace, puiffance & autorité Royale, par l'avis & déliberation de plufieurs Seigneurs & gens de notre Confeil, pour Nous & nos fucceffeurs Rois de France perpetuellement avons de nouvel aufdits Prefidens, Vif-Prefidens, Confeillers & Maiftres de nofdits Comptes à Paris, Tréforiers de France, Generaux & Secretaires de nofdites Finances, qui à prefent font & à l'avenir feront & fuccederont en leurfdits Eftats & Offices, afin qu'ils foient plus enclins & encouragez de bien & diligemment eux s'employer & acquitter au fait & exercice de leurfdits Eftats & Offices au bien de Nous & de notre Domaine, & Finances ordinaires & extraordinaires, donné, concedé & octroyé, donnons, concedons & octroyons par forme de Loy, Statuts & Edit perpetuel & irrevocable, les privileges, franchifes, libertez & exemptions, dignitez, autoritez, prérogatives & prééminences cy-après déclarez en la forme & maniere qu'ils s'enfuivent.

I.

PREMIEREMENT, les avons retenus & retenons de notre Hôtel & famille pour nos Officiers ordinaires, domeftiques & Commenfaux, & tels voulons eftre dits, cenfez, tenus & reputez en les mettant, enfemble leurs biens & familles, en notre fpeciale protection & fauve-garde.

I I.

Item. A ce que nos Prefidens, Vif-Prefidens & Maiftres de nofdits Comptes, Tréforiers de France, Generaux & Secretaires de nos Finances, ne foient diftraits de la réfidence, laquelle ils feront tenus faire chacun jour en l'exercice de leurfdits Offices, avons voulu & ordonné, voulons & ordonnons qu'ils ayent leurs caufes perfonnelles & poffeffoires, & auffi les hypothequaires

quand bon leur femblera & ils le requerront, & celles où ils fe
joindront, adjoindre ou prendre leur garantie ou défenfes fans
fraude, tant en demandant comme en défendant, commifes pardevant nos amez & feaux Confeillers les Gens tenans ou qui
tiendront les Requeftes de notre Hoftel, ou tenans les Requeftes
de notre Palais à Paris, pardevant nos plus prochains Juges
Royaux, ou des parties des chofes dont fera queftion, & que icelles caufes & procedures foient vuidées en dernier reffort en notre
Cour de Parlement de Paris, fans ce qu'ils foient tenus plaider
ailleurs, pofé ores que les parties contre lefquelles nofdits Officiers intenteront lefdites caufes perfonnelles, hypothequaires &
réelles, fuffent des Pays & reffort de notre Pays & Duché de
Normandie, dont ils les pourront faire tirer, & évoquer à l'avenir en l'Auditoire defdites Requeftes, ou l'un d'iceux, ou s'ils
vouloient pourfuivre en notredit Pays de Normandie & en Siege
d'affife, le pourront pardevant nos Baillifs de Rouen, Caux, Caën,
Couftantin, Evreux & Gifors, qui font les Baillifs Royaux de
notredit Pays & Duché de Normandie, & en Siege d'affife, &
non ailleurs, nonobftant quelconques privileges que pourroient
avoir d'ancienneté & de nouvel de Nous & de nos Prédeceffeurs
aucuns Prélats, Eglifes Cathedrales ou Collegiales, Chapitres,
Seigneurs, Communautez de Ville, Citez & Univerfitez, ou
autres, devant eftre tirez de leurs Villes, & celle en premiere
inftance, en quoy Nous voulons nofdits Officiers eftre aucunement compris ni entendus.

<h3 style="text-align:center">I I I.</h3>

Item. D'abondant en faveur des fervices que nous ont faits,
font & feront nofdits Officiers, voulons & Nous plaift qu'après
leur decès, leurs femmes eftant veuves, & durant leur viduité
feulement, joüiffent de tels & femblables privileges, franchifes,
libertez & exemptions que faifoient leurs maris au temps & au
jour de leur trépas, comme font nofdits Officiers fans differen-
ce aucune.

<h3 style="text-align:center">I V.</h3>

Item. Et néanmoins à l'occafion de ce qui pourra fouvent advenir, que nofdits Officiers pourront en faveur d'aucun de leurs
fils ou du mariage d'aucunes de leurs filles & par congé de Nous
& de nofdits fucceffeurs Rois, réfigner leurfdits Offices, vou-

A ij

lons, ordonnons & octroyons que par privilege singulier &
special, que celui, ou ceux de nosdits Presidens, Vif-Presidens,
Gens de nos Comptes, Tréforiers, Generaux & Secretaires de
nosdites Finances, qui aura mis & réfigné par ledit congé de
Nous & de nosdits Succeffeurs, leurfdits Offices en faveur de
leurfdits fils, ou en faveur du mariage d'aucunes de leurs filles,
joüiffent pleinement & paifiblement de tous & chacuns lefdits
privileges & prééminences dont joüiffent & joüiront nofdits
Officiers, & pareillement leurs femmes fi elles les furvivent, &
durant leur viduité feulement.

V.

Item. Voulons & ordonnons que nofdits Officiers joüiffent
& foient francs, quittes & exempts de payer aucun profit &
émolument des Sceaux de nos Chancelleries de notredit Royaume, Pays & Seigneuries, en mandant à l'Audiancier & Contrôleur prefens & avenir, leur fceller & délivrer leurs Lettres
de Chartre, Privileges & autres quelconques Lettres octroyées
& à octroyer à eux en nos Chancelleries pour leurs affaires en
general & en particulier, dont ils auront à befoigner franchement & quittement, fans en prendre aucun profit & émolument.

V I.

Item. Pareillement feront à toujours francs, quittes & exempts
de payer l'émolument des Arrefts, Sentences, Appointemens,
& autres expeditions qui feront faites pour eux & en leur nom
par les Greffiers de nos Cours du Grand Confeil, des Parlemens, des Comptes & Auditoires des Requeftes tant de notre
Hoftel, que de notre Palais à Paris, Juftice de nos Aydes, Se-
nefchauflées, Bailliages & autres Cours & Jurifdictions Royaux,
forces ordinaires, ou fur le fait de nos Tailles & Aydes; &
pareillement de toutes les Cours & Jurifdictions fubalternes de
nofdits Pays, Terres & Seigneuries, & que lefdits Arrefts, Sentences, Appointemens & autres expeditions de Juftice leur feront fignées par les Greffiers defdites Juftices, & fcellées par les
Juges & Gardes des Sceaux defdits lieux, chacun en fon égard,
fans pour ce prendre, lever ou exiger aufdits Officiers deffus
nommez, aucun profit & falaire, & que pour toutes Lettres,
inftrumens, achapts, obligations hereditaires & mobiliaires qui

ont esté & seront par eux levées, & qui seront passées pour &
de par eux, leur soient scellées par le Garde des Sceaux & Ta-
bellions, soit qu'ils tiennent lesdits Sceaux à ferme, ou autrement, franchement & quittement.

V I I.

Item. Aussi qu'ils soient francs, quittes & exempts de toutes
taillés, cruës, emprunts, foüages, monoyages, aydes, subsi-
des, gabelles, impositions, équivalent, quatriéme, huitiéme,
vingtiéme, péages, barrages, leide, revers, travers, tant par
eau que par terre, dons, emprunts & aydes de Villes & autres charges, subsides & subventions quelconques, & comment
qu'elles soient ou puissent estre à l'avenir, dites, nommées ou
appellées, mises & à mettre sus en notre Pays, Terres & Seigneuries à toujours le temps avenir, tant pour raison de leurs
personnes, biens meubles, immeubles, possessions & heritages
quelconques, Royaux, nobles & non nobles, & des ruraux,
fruits croissans & provenans en iceux, quelque part qu'ils soient
situez & assis, nonobstant coustumes & usages de Pays à ce contraires, & que aucune foi aux octrois & commissions desdites
tailles, cruës, aides & subventions, soit mandée asseoir & im-
poser toutes manieres de gens, tant privilegiez que non privilegiez, en quoi ne voulons nosdits Officiers estre compris
ni entendus, mais de ce les en avons exceptez & affranchis, exceptons & affranchissons.

V I I I.

En outre, voulons & ordonnons qu'ils soient quittes &
exempts de toutes coustumes, guets & gardes de Portes, de deniers communs pour affaires & réparations de Villes, Places, For-
teresses, Fossez, Ponts, Portes, Chaussées & autres subventions
quelconques & comme qu'elles soient, ou puissent à l'avenir estre
dites, nommées ou appellées, mises & à mettre sus & en nos
Royaumes, Dauphiné, Pays & Seigneuries pour le fait de nos
Guerres & autres nos affaires ou autrement en quelque forme &
maniere que ce soit, & de tous autres acquits & tributs quels
qu'ils soient, & à quelques personnes qu'ils puissent appartenir,
& pareillement de tous vivres, denrées & marchandises qu'ils
vendront ou feront vendre de leur crû, aussi de ce qu'ils achete-
ront & feront venir pour leur usage, en quelque lieu ou Pays

qu'ils puiſſent eſtre , pour la proviſion d'eux & de leur ménage ſeulement, ſans qu'aucune choſe leur en puiſſe eſtre demandée , ni à leurs ſerviteurs & autres meneurs & conducteurs deſdits vivres, proviſions, meubles & uſtanciles, & autres biens quelconques, en montrant certification düë, par laquelle il appert leſdits vivres & autres deſſuſdits leur appartenir.

I X.

Item. D'abondant que nos Officiers deſſus nommez & leurs ſucceſſeurs eſdits Offices, puiſſent & leur loiſe acquerir tous fiefs, arriere-fiefs nobles, ſoit en franc-aleu, ou de quelque autre qualité , valeur & condition qu'ils ſoient ou puiſſent eſtre, de quelque Pays qu'ils ſoient ſituez & aſſis en nos Royaumes, Pays, Terres & Seigneuries, & iceux avec ceux qu'ils ont de leurs prédeceſſeurs , eux, leurs familles, qu'ils ont ja acquis, tenir & poſſeder à perpetuité, ſans qu'ils puiſſent eſtre contraints à en vuider leurs mains, ni à en payer aucunes finances de franc-fief & nouveaux acqueſts, laquelle finance nous leur avons entierement donnée & donnons, à quelque ſomme & eſtimation qu'elle ſe puiſſe monter , & nonobſtant l'Ordonnance faite par noſdits progeniteurs & Nous , & autres Ordonnances faites ou à faire , d'en paſſer ou allouer tels dons de finances que pour la moitié ſeulement , quelque don qu'en puiſſe eſtre fait par Nous ou nos ſucceſſeurs Rois, auſquels avons dérogé & dérogeons pour cette fois.

X.

Item. Auſſi ſeront francs , quittes & exempts à toujours de toutes charges, commiſſions publiques, hoſts, chevauchées, ban & arriere-ban que Nous & nos Succeſſeurs pourront faire & ordonner que pour le fait de la guerre ou autrement, ſans ce qu'ils puiſſent eſtre contraints eux mettre en œuvres & comparoir aux montres qui s'en feront, ni d'en envoyer autres pour eux ou aucuns d'eux, ni pour raiſon de ce payer aucune compoſition, aide ou amande, ou finance, ſuppoſé qu'ils tiennent & poſſedent fiefs & Seigneuries nobles à ce tenus & redevables, leſquels fiefs ne voulons en défaut de ce eſtre ſaiſis, arreſtez ou aucunement empêchez & mis en notre main, auſſi de ne bailler eux ni leurs fermiers chevaux ou autres beſtes, chariots ou charettes, ni pour la conduite de l'artillerie, vivres & munitions, ou autres cauſes ou devoirs que ce peut eſtre.

Et pour semblable cas, avons de grace & privilege special af-
franchi & exempté nosdits Officiers de loger en leurs maisons,
terres & possessions, gens de guerre tant à pied qu'à cheval, leurs
chevaux, harnois, chariots, suite & bagages, & autres quelconques, si ce n'estoit de leur consentement; aussi de ne loger, four-
nir, prester & bailler avitaillement d'hosts, d'armes, garnisons,
places de navires, charettes d'artillerie, lits ou autres meubles &
ustanciles, bois pour salpêtres & édifices & autres choses quelconques qu'on leur voudroit demander, à cause des choses dessus dites, d'aucunes d'icelles, ou autres choses concernant le fait desdits hosts, accouchez, avitaillement tant par mer que par terre,
& le fait de notredite artillerie ou autrement, sous quelques formes de paroles contenuës ès mandemens & commissions sur ce
par Nous ou nosdits Successeurs commandez & ordonnez, en pro-
hibant & défendant aux Marchands de notre Hostel, Chef de
guerre, Capitaines, Lieutenans & Gens de guerre, Mestres-Capi-
taines ou Conducteurs de notre artillerie & munitions, & à leurs
Fouriers, gens & serviteurs, qu'ils ne soient si osez ni si hardis de
loger ou faire loger, prendre vivres, ustanciles, chevaux & autres
choses quelconques, des maisons & possessions appartenans à nosdits Officiers, ni autrement à l'avenir les empêcher en la joüissan-
ce des choses dessus dites ; posé ores qu'à celle fin ils eussent Lettres & commandemens de Nous pour à ce contraindre toute maniere de gens exempts & non exempts, privilegiez & non privilegiez, en quoi ne voulons ni entendons nosdits Officiers estre
compris & entendus en quelque maniere ni pour quelque cause
& occasion que ce soit, jaçoit ce que esdites Lettres & Mandemens n'en soit faite mention ou réservation desdits Officiers.

X I I.

Voulons en outre & ordonnons nosdits Officiers & leursdits
successeurs esdits Offices, estre & demeurer francs, quittes &
exempts de tous droits & devoirs seigneuriaux à Nous appartenans, tant de reliefs, rachapts, quints & requints, deniers, lots &
ventes, assises, cheval de service & autres droits & devoirs quelconques qui s'y pourroient trouver estre dûs à cause des Terres &
Seigneuries, ou autres choses nobles & roturieres de nosdits
Officiers, tenans & mouvans de Nous, qu'ils pourront ci-après

acquerir à deniers comptans, droits fucceffifs ou échùs à eux &
à leurs femmes, permutations, dons, devoirs & autres titres
quelconques, en quelques Pays & Quartier ou Provinces qu'ils
foient aflis & fituez; Voulons que d'iceux droits & devoirs tant
en general qu'en particulier nofdits Officiers & leurfdits fucceffeurs efdits Offices, veuves deffus dites durant leur viduité, en
foient quittes & exemptes en la forme que deffus eft dit,& qu'elles puiffent tenir & poffeder leurs terres par eux acquifes ou é-
chûës,franches & quittes, & puiffent monter; leur avons de grace fpeciale entierement donné, quitté & remis, donnons, quittons & remettons, voulons les Changeurs du Tréfor, nos Tréforiers & Receveurs ordinaires, en eftre tous quittes & déchargez
en leurs comptes, nonobftant les Ordonnances faites ou à faire,
fans paffer ou allouer tels femblables dons, que pour la moitié
feulement, pofé ores que les dons portaffent claufe dérogeante
dans lefdites Ordonnances,aufquelles Ordonnances avons voulu déroger & dérogeons pour cette fois, par ces prefentes fignées
de notre main.

XIII.

Item. Voulons & ordonnons que les Offices de nofdits Préfidens, Vifs-Préfidens, Maiftres des Comptes, Tréforiers,Gene-
raux & Secretaires de nofdites Finances & leurs fucceffeurs aufdits Offices, foient perpetuels pour la vie de ceux qui une fois en
auront don de collation de Nous ou de nos Succeffeurs, à ce
qu'ils ne foient meubles vacans & impetrables, ni fujets à quelques changemens par le trépas de Nous ou de nos Succeffeurs,
quand le cas adviendra, ains encore ceux qui tiennent & tiendront lefdits Offices au jour de notre trépas ou de nos Succeffeurs, demeureront en leurfdits Offices en pareille qualité &
prééminence, comme ils font & feront au jour de notre trépas,
fans qu'il leur foit befoin ni neceffité d'en avoir & d'obtenir de
Nous quelque don, collation, ni confirmation, ni Lettres de
nos Succeffeurs, & pourront exercer leurfdits Offices comme
auparavant ils faifoient.

XIV.

Item. Auffi nofdits Préfidens,Vif-Préfidens, Maiftres des Comptes, Tréforiers, Generaux & Secretaires de nos Finances, ne
pourront eftre deftituez, déboutez & privez defdits Offices, ni

eftre dits vacans & impétrables, fors feulement par mort & réfignation volontaire faite du plaifir de Nous & de nos Succeffeurs,
ou par confifcation ou forfaiture précedente du crime par eux
commis, qui fut tel, fi grand & grief, & que raifonnablement
& par juftice la confifcation dudit Office s'en dût enfuivre, &
ledit crime fût clairement prouvé, & atteint à forfaiture, ou privation préalablement déclarée & par procès dûëment fait par les
Chanceliers de France appellez, & adjoints avec eux le Maiftre
des Requeftes ordinaire de l'Hoftel du Roy, & aucuns des Gens
defdits Comptes, & par la Cour de Parlement à Paris, appellez
aucuns des Gens defdits Comptes, auquel cas & non autrement,
& après ladite déclaration aufdits faits que deffus, ledit Office feroit ou pourroit eftre impétrable.

X V.

Item. Si au temps futur par inadvertance, importunité des requerans ou autrement, Nous ou nofdits fucceffeurs Rois faifoient
dons d'aucuns Offices defdits Préfidens, Vif-Prefidens, defdits
Maiftres des Comptes, Tréforiers, Generaux & Secretaires des
Finances par autre révocation que par Nous, ou réfignation, ou
forfaiture précedente du crime par eux commis, qu'il ne fût tel,
fi grand & fi grief, que raifonnablement par juftice la confifcation, ou privation dudit Office s'en dût enfuivre, & ledit crime fût fi clairement prouvé & atteint à ladite forfaiture ou privation préalablement déclarée, & par procès ordinaire dûëment
fait par l'un des fufdits; auffi fi aucuns de nofdits fucceffeurs
Rois, à leur avenement à la Couronne & au Royaume de France, donnoient lefdits Offices de nofdits Officiers deffus nommez;
ou aucuns d'iceux, ou autrement que par leur vacation deffufdite,
Nous donc à prefent pour lors déclarons lefdits dons de nul effet
& valeur, & les avons caffez & annullez, caffons & annullons,
comme deffus, & défendons à notredit Chancelier & à fefdits
fucceffeurs audit Office & autres ayant la garde de notre Sceel,
ordonner en l'abfence du Grand, de non fceller icelles Lettres;
auffi prohibons & défendons aufdits Gens des Comptes d'en
recevoir aufdits Offices.

X V I.

Item. Et pour ce que plufieurs pourroient enfraindre, contrevenir & defobéir aux privileges, franchifes, libertez & exem-

B

ptions de nofdits Gens des Comptes, Tréforiers, Generaux &
Secretaires de nos Finances, & fouvent pourroient foudre &
venir plufieurs queftions & debats, Nous voulons & ordonnons
pour Nous & nofdits Succeffeurs, qu'à leur fimple requefte, &
par le premier Huiffier ou Sergent Royal fur ce requis, ils & chacun d'eux puiffe & leur loife licitement faire adjourner les infracteurs de cefdits Privileges pardevant notredit Chancelier
confervateur defdits Privileges, ou lefdits Maiftres ordinaires
de notre Hoftel fuivans notre Cour, ou en leur Auditoire, ou
pardevant les Gens tenans les Requeftes du Palais, au choix &
élection de nofdits Officiers, pour requerir iceux infracteurs dé-
fobéiffans & contredifans, eftre condamnez envers Nous en
amandes arbitraires, ès interefts & dommages de celui ou ceux
de nofdits Officiers à qui aura efté fait le trouble & empêchement, & autrement en eftre fait réparation ou punition telle
qu'au cas appartiendra.

SI DONNONS EN MANDEMENT par ces mêmes Prefentes à notre amé & feal Chancelier, & à nos amez & feaux les Gens
de nofdits Comptes, Tréforiers de France, & Generaux de nofdites Finances, que ces Prefentes ils faffent lire, publier & enregiftrer en leurs Cours, Jurifdictions & Auditoires. Mandons
en outre à tous nos Jufticiers & Officiers, ou à leurs Lieutenans,
& chacun d'eux en fon regard, & comme à lui appartiendra, que
de nos Prefentes confirmation, ratification & approbation, dons
de nouvelles conceffions & octrois, & de tout le fait contenu à
cefdites Prefentes ils faffent & fouffrent nofdits Préfidens, Vif-
Préfidens, Tréforiers de France, Generaux & Secretaires de nos
Finances, prefens & avenir, & à chacun d'eux, joüir pleinement & paifiblement, fans leur faire, mettre ou donner aucun
arreft de trouble ou empêchement en quelque forme & maniere
que ce foit, lequel fi fait n'eft, ou donné lui eftoit, ou eftoient,
faffent incontinent & fans délai reparer & remettre au premier
eftat & dû, nonobftant les Ordonnances faites ou à faire fur le
fait de la révocation de notre Ordonnance, & autres Ordonnances, par lefquelles l'effet defdites Prefentes pourroit eftre empêché, ou pour ce que de cefdites Prefentes on pourra avoir à faire en plufieurs & divers lieux, Nous voulons qu'au vidimus

desdites Lettres faites sous scel Royal, & aux extraits d'icelles ou aucuns articles contenus en icelles, signez par l'un des Greffiers de notre Chambre des Comptes ou Clercs en icelle, foy soit ajoutée comme à ce present original. Et afin que ce soit chose ferme & stable à toujours, Nous avons signé cesdites Presentes de notre main, & en icelles fait mettre notre Scel , sauf en autre chose notre droit & l'autrui en toutes. DONNE'à Blois au mois d'Avril 1519. avant Pâques , & de notre Regne le sixiéme. Ainsi signé , FRANCOIS. Et sur le reply; Par le Roy, le Bâtard de Savoye, Comte de Villars Grand Maistre de l'Ecurie , de Bonnivet Amiral de France , & autres presens. *Signé* , ROBERTET.

Extrait des Registres de la Chambre des Comptes de Grenoble.

LETTRES

*Concernant les droits de Robe , de Busche & de Toussaint ,
attribuez aux Conseillers Correcteurs de la Chambre
des Comptes de Paris.*

Du six May 1519.

FRANCOIS par la grace de Dieu Roy de France, à tous ceux qui ces presentes Lettres verront, SALUT. SÇAVOIR FAISONS, que Nous considerant les bons, agréables & continuels services que Nous font ordinairement & résidamment en notre Chambre des Comptes à Paris, nos amez & feaux Conseillers Maistres François de Montmirel , Nicole Viole & Christophe de Refuge , Chevaliers, Correcteurs de nosdits Comptes, & pour autres causes & raisons à ce Nous mouvans, mesmement que avons esté certiorez & suffisamment advertis, que depuis qu'ils ont esté pourveus de leursdits Offices & Estats , ils ont si soigneusement vacqué à l'exercice d'iceux, qu'il en est revenu à nostre proufit plusieurs bonnes & grosses sommes de deniers, ainsi que par leur supplication ils Nous firent remontrer dès le mois de May mil cinq cens dix-sept , après laquelle remontrance certifiez & advertis comme dessus , inclinant liberalement à leur supplication & requeste , leur octroyâmes par nos Lettres Patentes avoir & prendre doresnavant par chacun an , & à commencer du premier jour d'Octobre precedent , que l'on disoit mil cinq cens seize , droits de Robe, de Busche & de Toussainct, à les avoir & prendre outre & par dessus leurs gaiges , qui sont de cinq cens livres tournois par an , comme nos amez & feaux Gens de nosdits Comptes par leurs simples quittances , & par les mains du Changeur de nostre Trésor, ou par les mains du Commis au payement des gaiges & droits des Officiers de notredite Chambre des Comptes , sur les deniers qui par eux seront trouvez bons , & à Nous revenans en faisant & exerçant leursdits Offices , lesquelles nos Lettres & autres de Déclaration & Provisions par eux de Nous obtenuës , ils ont présenté

FRANÇOIS I.

A

par plusieurs fois à nosdits Gens des Comptes , qui ont esté refusans de les enteriner. A CETTE CAUSE, après avoir fait voir &
entendre par les Gens de nostre Conseil en Finances les causes
pour lesquelles nosdits Gens des Comptes ont refusé & délayé
l'enterinement de nosdites Lettres de don , Ordonnance & Déclaration ; voulant neantmoins nosdits Conseillers & Correcteurs n'estre frustrez du tout de leur effet & contenu , avons
voulu , déclairé & ordonné, par ces Presentes signées de nostre
main , voulons, déclairons & ordonnons , de grace speciale ,
pleine puissance & autorité Royale, qu'ils & chacun d'eux ayent
& preignent par chacun an doresnavant , & à commencer dudit
premier jour d'Octobre mil cinq cens seize , la somme de huit
vingt cinq liv. tournois, qui est pour le droit de Robe soixante-
quinze liv. tournois, pour le droit de Busche soixante-quinze liv.
tournois , & pour les menus droits de Touslainct quinze livres
tournois, eu égard aux autres Officiers de nostredite Chambre,
& conformément au feur de ce qu'ils preignent provenant du
droit d'épices , & pour leur droit & portion avec les autres Officiers de nostredite Chambre, en ensuivant la Chartre sur ce
faite & ordonnée par feu nostre très-cher Seigneur & beau-Pere
le Roy Loys derrenier décedé, que Dieu absoille, & par Nous
confermée à nostre advenement à la Couronne ; & laquelle
somme de huit vingt cinq livres Nous leur avons & à chacun
d'eux derechef & de nouvel, en tant que besoin seroit, donné
& ordonné, pour en joir par eux & leurs successeurs à toujours,
& par leurs simples quittances, comme dessus, par les mains dudit Changeur & Receveur du payement des gaiges & droits des
Officiers de nostredite Chambre, present & à venir, l'une année portant l'autre ; & ce outre & par dessus leursdits gaiges de
cinq cens livres tournois par an, & tous autres droits qu'ils ont
accoustumé avoir, & sans diminution d'iceux, sans qu'il soit besoin icelle somme coucher & employer en l'estat general de nos
finances, ne pour ce en lever décharge, ne autre acquit que cesdites Presentes. SI DONNONS EN MANDEMENT à nos amez & feaux
Gens des Comptes & Tresoriers de France, que en faisant nosdits Conseillers & Correcteurs joir & user de nos presens don ,
déclaration & nouvel octroy , ils fassent par lesdits Changeur ou
Receveur & Commis au payement desdits gaiges & droits pre-

sens & à venir, payer, bailler & délivrer à chacun d'eux lesdits huit vingt cinq livres tournois des deniers, & à commencer comme dessus, sans y faire aucun refus ou difficulté ; Car tel est notre plaisir, nonobstant que, comme dit est, ledit don ne soit chacun an couché en l'estat general de nosdites finances, que peut estre décharges n'en soient levées, en ensuivant l'ordre d'icelles, & que leurs prédecesseurs esdits Offices n'ayent accoutumé avoir & prendre tels & semblables droits, l'Ordonnance & revocation par Nous faite des parties non couchées en notredit estat general, leuë, publiée & enregistrée en nostredite Chambre des Comptes, que ne leur voulons nuire ny préjudicier quant à l'effet de nostre present don & octroy, & quelconques autres Ordonnances, rigueur de compte, & autres choses à ce contraires. En tesmoing de ce Nous avons fait mettre notre Scel à cesdites Presentes. Donne' à Saint Germain en Laye le sixiéme jour de May, l'an de grace mil cinq cens dix-neuf, & de nostre Regne le cinquiéme. Ainsi signé, FRANCOIS, par le Roy ROBERTET.

A Nosseigneurs des Comptes. Supplient humblement François de Montmirel, Nicole Viole & Christophe de Refuge, Chevaliers, Conseillers du Roy nostre Sire, & Correcteurs en la Chambre desdits Comptes, qu'il vous plaise voir & visiter les Lettres Patentes par eux obtenuës du Roy nostre Sire, ausquelles cette presente Requeste est attachée, & icelles leur enteriner selon leur forme & teneur ; & vous ferez bien. Ainsi signé, F. Montmirel, N. Viole, & C. de Refuge. *Et sur ladite Requeste estoit écrit ce qui s'ensuit* : Videantur Compoti, & referatur audita relatione, & visis Litteris Regiis in cauda duplici datis Parisiis decima quarta die Julii anno Domini 1410. per Cameram decima quinta predicti mensis Julii, & eodem anno expeditis, per quas constat vadia cujuslibet Correctoris esse de ducentis libris turonensibus per annum ; visis etiam Compotis, & maxime compoto Andreæ Erard dicti Rolland pro vadiis & necessitatibus Cameræ de anno finito millesimo quadringentesimo trigesimo quinto, in quo conscribitur Litteras Regias Magistro le Roy, tunc Compotorum Correctori concessas pro percipiendo similia vadia & jura quæ soliti erant percipere Magistri Com-

potorum expeditas fuiſſe, tam à Dominis dictorum Compotorum, quam à Generalibus Financiarum pro ſumma quingentarum librarum turonenſium dumtax.t, ram pro vadiis quam ju-
ribus quibuſcumque, necnon viſis tribus Litteris Patentibus
Domini noſtri Regis nunc regnantis; prima quarum eſt data
Pariſiis decima ſeptima die Maii milleſimo quingenteſimo decimo ſeptimo, & ſecunda Ambaſiæ octava Maii milleſimo quingenteſimo decimo octavo, tertia data Pariſiis vigeſima quarta
Januarii milleſimo quingenteſimo decimo octavo, quæ fuerant
per præfatam Cameram vigeſima quarta Marcii ante Paſcha,
anno prædicto refutatæ, eo quod in expeditione prædicta com-
prehendebantur jura quæ obtentu dictarum proviſionum nite-
bantur, de novo ſupplicantes percipere, viſis etiam pluribus
Litteris miſſivis præſens negotium concernentibus, à præfato
Domino noſtro Rege, ad Cameram directis, & audita relatione
quorumdam ex Officiariis Cameræ ad dictum Dominum no-
ſtrum Regem à prædicta Camera miſſorum, viſa denuò alia pro-
viſione per prædictos ſupplicantes ſeptima die Maii ultimate lapſi
apud Sanctum Germanum in Laia obtenta Domini; de expreſſo
juſſu dicti Domini noſtri Regis pluries repetito, & conſentiunt
unumquemque Supplicantium percipere per modum doni, &
ſub bene placito dicti Domini noſtri Regis ſummam centum
ſexaginta quinque librarum turonenſium, deinceps ſingulis annis vita eorum durante dumtaxat, per manus Campſoris Theſauri, de denariis provenientibus ex facto correctionum facien-
darum, per mandata Cameræ ſingulis annis expedienda, proviſio
quæ non trahatur in conſequentiam pro ſucceſſoribus in ſimili
Officio; ordinaruntque prædicti Domini Litteras Regias ſupe-
rius ſpecificatas in Regiſtro Cameræ, cum præſenti Requeſta &
expeditione, tranſcribi & regiſtrari, & quoad formam cedula-
rum de debentur à cetero & ſupplicantibus tradendarum de ſumma quingentarum librarum turonenſium quam perceperunt,
audito Contrarotulatore Theſauri providebitur ſuperdicta forma, prout fuerit rationis. Actum ad Burellum octava die Junii
anno Domini milleſimo quingenteſimo decimo nono, BADOUIL-
LIER.

Extrait des Regiſtres de la Chambre des Comptes de Paris, Memorial 2. A.
fol. 386.

LETTRES EN FORME D'EDIT.

PORTANT Exemption du Droit de Gabelles en faveur des Officiers de la Chambre des Comptes de Paris.

Du mois de Mars 1519.

FRANCOIS par la grace de Dieu Roy de France. Sçavoir FAISONS à tous préfens & avenir, Nous avoir reçû l'humble fupplication de nos amez & féaux Gens de nos Comptes & Tréforiers à Paris, CONTENANT que combien que par privileges à eux donnez & octroyez par nos prédeceffeurs Rois, ils aient droit & acouftumé de prendre & percevoir par chacun an du Sel fans Gabelle pour la provifion & dépenfe de leurs Hoftels, néantmoins fous couleur de certaines Ordonnances par Nous n'agueres faites, fur le fait & diftribution dudit Sel, les Grenetiers de nos Greniers à Sel ont fait difficultez de leur en bailler & délivrer, en troublant & empefchant iceux Gens de nos Comptes & Tréforiers, en la joüiffance & poffeffion de leurfdits privileges; requerant fur ce notre provifion. POUR CE EST-IL que Nous confiderant les bons, loyaux & continuels fervices que nofdits Gens des Comptes & Tréforiers Nous ont par cy-devant fait & font chacun jour en l'exercice de leurs états & Offices, voulant partant iceux entretenir ès libertez, franchifes & privileges appartenans efdits Offices, avons par ces Prefentes que avons pour ce fignées de notre main, déclaré & déclarons notre vouloir & intention avoir efté & eftre, que nofdits Gens des Comptes & Tréforiers aient & preignent pour cette année & autres annécs enfuivans, du Sel pour la provifion & dépenfe de leurfdits Hoftels, en payant le droit du Marchand feulement, & fans pour ce Nous payer aucun droit de Gabelle, tout ainfi & par la forme & maniere qu'ils faifoient & avoient accoutumé de faire auparavant lefdites Ordonnances & défenfes, efquelles n'avons entendu ne entendons nofdits Gens des Comptes & Tréforiers eftre comprins, ains les en avons exceptez & exemptez, exceptons & exemptons de grace

François I.

ſpeciale par ces Preſentes, en mandant à iceux Gens de noſdits Comptes cette preſente notre déclaration & vouloir faire lire, publier & enregiſtrer ès Regiſtres de notredite Chambre des Comptes : & en outre à nos amez & féaux Conſeillers par Nous ordonnez ſur le fait & gouvernement de nos Finances, que de l'effet & contenu d'icelle ils ſouffrent, laiſſent & permettent noſdits Gens des Comptes & Tréſoriers, joir & uſer paiſiblement, comme ils ont accoutumé faire auparavant leſdites Ordonnances & défenſes, en employant par chacun an ès eſtats de noſdits Grenetiers, le Sel par eux baillé & délivré à iceux Gens de noſdits Comptes & Tréſoriers, par la maniere que dit eſt, nonobſtant leſdites Ordonnances & défenſes par Nous faites ſur la diſtribution dudit Sel, & quelconques autres Ordonnances, reſtrictions, mandemens ou défenſes à ce contraires. Et afin que ce ſoit choſe ferme & eſtable à toujours, Nous avons fait mettre & appoſer notre Scel à ceſdites Preſentes. DONNE' à Cognac au mois de Mars l'an de grace mil cinq cent dix-neuf, & de notre Regne le ſixiéme. Ainſi ſigné ſous le reply, F R A N C O I S ; & ſur ledit reply, Par le Roy, ROBERTET. Viſa, CONTENTOR *gratis*, DE FLANDRES.

Lecta, publicata & regiſtrata in Camera Compotorum Domini noſtri Regis die vigeſima quarta menſis Aprilis milleſimo quingenteſimo vigeſimo poſt Paſcha, LE BLANC.

Extrait des Regiſtres de la Chambre des Comptes de Paris, Memorial 2. B. fol. 49.

LETTRES

*Pour faire jouir M. Simon Teſte Conſeiller Correcteur
en la Chambre des Comptes, des droits de Robe, de
Buſche & de Touſſaint.*

Du trente Octobre 1520.

FRANCOIS par la grace de Dieu Roy de France, à
nos amez & feaux Gens de nos Comptes à Paris, SALUT
ET DILECTION. Expoſé Nous a eſté par noſtre amé & feal Conſeiller Maiſtre Simon Teſte, puis naguerres Clerc Conſeiller
Correcteur de nos Comptes, que en le pourvoyant dudit Office
Nous luy avons octroyé par nos Lettres Patentes qu'il puiſſe
iceluy Office avoir, tenir & dorefnavant exercer aux honneurs,
libertez, franchiſes, prérogatives, prééminences, gaiges, droits,
proufits, revenus & émolumens tels & ſemblables que les
ont & prennent nos autres Correcteurs deſdits Comptes ; mais
pour ce que eſdites Lettres leſdits droits ne ſont ſpecifiez & déclairez, ledit Expoſant doute que le Receveur commis au payement des gaiges deſdits Officiers de noſtredite Chambre, ou le
Changeur de noſtre Treſor, facent difficulté de luy payer, bailler & délivrer iceux droits, ſans nos Lettres de Proviſions convenables. Pourquoy Nous voulons, comme noſtre intention a
toujours eſté, & encore eſt, qu'il joiſſe entierement d'iceux
droits. Vous MANDONS, commandons & enjoignons par ceſdites Preſentes, que outre & pardeſſus les gaiges dudit Office,
qui ſont de cinq cens livres tournois par an, droits d'épices &
tous autres droits que noſdits autres Correcteurs ont accouſtumé d'avoir & prendre, & ſans diſtinction d'iceux vous faites par
ledit Receveur ou Changeur de noſtre Tréſor, payer, bailler &
délivrer audit Maiſtre Simon Teſte, par ſes ſimples quittances,
la ſomme de huit vingt cinq livres tournois, qui eſt pour le
droit de Robe de Paſque la ſomme de ſoixante-quinze livres
tournois, pour le droit de Buſche ſoixante-quinze livres tournois, & pour les menus droits de Touſſainct quinze livres tour-

FRANÇOIS I.

A

nois par an , à compter du jour de son institution oudit Office,
sur les deniers à Nous revenans & provenans à cause des corrections, selon & ainsi qu'il est specifié & déclairé en nos Lettres
Patentes sur ce octroyées à nosdits Correcteurs le sixiéme jour de
May mil cinq cens dix-neuf , par vous verifiées & enterinées le
huitiéme jour de Juin ensuivant audit an, ès comptes du quel
nostre Changeur ou du Receveur des gaiges & droits de nosdits Officiers de nostredite Chambre presens & à venir, Nous
voulons ce que baillé & payé aura esté audit Maistre Simon
Teste, d'iceux droits, estre par vous Gens de nosdits Comptes
passé & alloué ès comptes de celui qui payé les aura, sans difficulté, ne qu'il soit besoin icelle somme coucher & employer en
l'estat general de nos finances, ne pour ce en lever des décharges, ne autre acquit que cesdites Presentes, nonobstant l'Ordonnance & revocation par Nous faite des parties non couchées en nostredit estat general, leuë, publiée & enregistrée en
nostredite Chambre des Comptes, que ne luy voulons nuire ne
préjudicier, quant à l'effet de nostre present don & octroy, lequel, en tant que besoin est ou seroit, Nous luy avons fait &
faisons derechef par cesdites Presentes, que Nous avons pour
ce signées de nostre main ; CAR ainsi Nous plaist-il estre fait,
nonobstant quelconques Ordonnances, Restrinctions, Mandemens ou Deffenses à ce contraires. DONNE' à Blois le trentiéme jour d'Octobre, l'an de grace mil cinq cens vingt, & de notre Regne le sixiéme. Ainsi signé, FRANCOIS, & par le Roy,
DE NEUFVILE.

Extrait des Registres de la Chambre des Comptes de Paris, Memorial 2.
B. fol., 113.

AUTRES LETTRES

Pour faire jouir M. Simon Teste , Conseiller Correcteur de la Chambre des Comptes , des droits de Robe , de Busche & de Toussaint.

Du sept May 1521.

FRANCOIS par la grace de Dieu Roy de France , à nos amez & feaux Gens de nos Comptes à Paris, SALUT ET DILECTION. Nostre amé & feal Conseiller & Correcteur de nos Comptes, Maistre Simon Teste Nous a fait exposer, que combien que en le pourvoyant dudit Office de Correcteur, nous luy avons octroyé par nos Lettres Patentes qu'il puisse iceluy Office avoir, tenir & doresnavant exercer aux honneurs, libertez, franchises, prérogatives, prééminences, gaiges , droits, proufits, revenus & émolumens tels & semblables que les ont & prennent de present nos autres Correcteurs desdits Comptes, & depuis pour ce que esdites Lettres lesdits droits, mesmement ceux par Nous nouvellement octroyez ausdits autres Correcteurs, n'y sont specifiez, ne déclairez, luy avons encore octroyé autres nos Lettres Patentes à vous adressées, cy attachées sous le Contrescel de nostre Chancellerie, contenant que nostre vouloir & intention estoit, comme encore est, que nostredit Conseiller & Correcteur exposant , outre & pardessus les gaiges dudit Office, droits d'épices & tous autres droits que ont accoutumé avoir & prendre nosdits autres Correcteurs, soit payé par les mains du Receveur des gaiges & droits de nosdits Officiers, ou du Changeur de nostre Trésor , & par ses simples quittances , de la somme de huit vingt cinq livres tournois, qui est pour le droit de Robe de Pasque soixante-quinze livres tournois, pour le droit de Busche soixante-quinze livres tournois, & pour les menus droits de Toussainct quinze livres tournois par an, à compter du jour de son institution ; lesquelles nos dernieres Lettres il vous a presentées pour icelles enteriner : ce neantmoins avez esté refusans de proceder à l'enterinement d'icelles ,

A ij

fous ombre de la modification contenuë en l'expedition par vous
faite fur nos Lettres de don & octroy par Nous fait, & provifions par Nous octroyées à nos amez & feaux Confeillers Maiftres François de Montmirel, Nicole Viole & Chriftophe de
Refuge, Chevaliers, Correcteurs de nofdits Comptes ; laquelle
modification eft telle, pourveu que ce ne touche a confequence
pour les fucceffeurs. en femblables Offices, qui eft au grand préjudice & dommaige de noftredit Confeiller expofant, & directement venir à l'encontre de la teneur des Lettres que fur ce
Nous luy avons octroyées, comme dit eft, & auffi à la charge de
la création par Nous faite puis nagueres, & augmentation du
nombre des Préfidens, Maiftres Correcteurs & Auditeurs de
nos Comptes, requerant fur ce luy pourvoir comme de raifon.
Pourquoy Nous inclinant liberalement à fa fupplication & requefte en faveur des bons, agréables & continuels fervices qu'il
a fait par plufieurs années en l'Office de Clerc & Auditeur de
nofdits Comptes à nos Prédeceffeurs & Nous, & auffi audit
Office de Correcteur, depuis qu'il a efté par Nous pourveu, &
efperons que plus fera cy-après; vous MANDONS, commandons
& très-expreffément enjoignons, que de tous les gaiges, droits
d'épices & autres droits quelconques que nofdits autres Correcteurs ont accouftumé avoir & prendre & prennent de prefent, & fans aucune diminution d'iceux, & mefmement defdits droits de Robe de Pafque, de Bufche & menus droits de
Touffainct, vous par lefdits Receveur ou Changeur de noftredit Tréfor prefent & à venir, faites payer & contenter ledit
Maiftre Simon Tefte, tant qu'il tiendra & exercera ledit Office
de Correcteur ; & à compter du jour & inftitution en iceluy, &
defquels gaiges & droits, en tant que befoin feroit luy avons
fait & faifons don derechef de grace fpeciale par ces Prefentes,
que Nous avons pour ce fignées de noftre main, voulons &
vous mandons paffer & allouer ès comptes defdits Receveur ou
Changeur refpectivement, en rapportant feulement ces Prefentes, ou copies collationnées aux originaux en noftredite Chambre des Comptes, pour une fois & par chacun an, ou à chacun
payement les cedules de debentur & quittance dudit Maiftre Simon Tefte, où il écherra, & qu'il eft accouftumé de faire ; CAR
ainfi Nous plaift-il & voulons eftre fait, nonobftant que ès pre-

mieres Lettres de l'octroy par Nous fait d'iceux droits de Robe
de Pafque , de Bufche & de menus droits de Touffainct , fuffent feulement nommez lefdits Maiftres François de Montmirel,
Nicole Viole & Chriftophe de Refuge ,& en la reftrinction &
modification par vous faite en voftre expedition , comme dit eft,
que ne voulons nuire ne préjudicier audit Maiftre Simon Tefte;
mais en tant que befoin feroit , l'en avons relevé & relevons de
noftre grace fpeciale par cefdites Prefentes , nonobftant auffi
que lefdits droits ne foient chacun an nommément couchez &
employez en l'eftat general de nos finances , que décharge n'en
foit levée felon & en enfuivant l'ordre d'icelles , & quelconques
autres Ordonnances, Us, Stile , rigueur de comptes, Mandemens ou Deffenfes à ce contraires. Donne' à Muffy-l'Evêque
le feptiéme jour de May , l'an de grace mil cinq cens vingt-
un , & de noftre Regne le feptiéme. Ainfi figné, FRANCOIS,
par le Roy, DE NEUFVILLE.

   A Noffeigneurs des Comptes. Supplie humblement Simon
Tefte Confeiller & Correcteur des Comptes du Roy noftre Sire
en 'fa Chambre des Comptes à Paris, qu'il vous plaife voir &
vifiter les Lettres Patentes dudit Sieur à vous adreffans , aufquelles cette prefente Requefte eft attachée, & de vos graces
les enteriner felon leur forme & teneur, & vous ferez bien.
   VISIS binis Litteris Domini noftri Regis, quibus præfens
hæc Requefta affigitur , quarum prima eft data Blefis tricefima
Octobris millefimo quingentefimo vigefimo, & altera data apud
Mufiacum Epifcopi feptima Maii anno præfenti. Vifis etiam
Litteris creationis Officii Supplicantis fub forma chartæ per
præfentem Cameram expeditis , necnon Litteris miffivis præfens
hoc negotium concernentibus, Domini de expreffis juffu & mandato confentiunt prædictum Supplicantem percipere fingu-
lis annis fummam centum fexaginta quinque librarum Turo-
nenfium , à die inftitutionis in prædicto Officio , per manus
Campforis Thefaurarii , per modum doni , & de denariis , modo
& forma , & fub conditionibus & reftrinctionibus conten-
tis & declaratis in expeditione facta per Dominos octava Junii
millefimo quingentefimo decimo nono , fuper fimili dono per
præfatum dictum Dominum noftrum Regem , aliis tribus Cor-

rectoribus concesso , & prout in Registro super hoc facto latius
habetur , & super hoc fiat mandatum ordinatione Dominorum.
Actum ad Burellum septima Junii millesimo quingentesimo vi-
gesimo primo, DE LA CROIX.

Extrait des Registres de la Chambre des Comptes de Paris, Memorial 2.
B. fol. 2 1 3. verso.

Les Gens des Comptes du Roy nostre Sire à Paris. A Maistre
Jacques Charmolue Notaire & Secretaire dudit Seigneur , &
Changeur du Trésor, SALUT. Veuës les deux Lettres Patentes
du Roy nostredit Seigneur , ausquelles ces Presentes sont attachées sous l'un de nos Signes ; par les premieres desquelles qui
sont données à Blois le trentiéme jour d'Octobre mil cinq cens
vingt , ledit Seigneur veut que ledit Maistre Simon Teste , l'un
de ses Conseillers & Correcteurs en la Chambres desdits Comptes joisse entierement des gaiges , droits, proufits, revenus &
émolumens appartenans à l'Office de Correcteur desdits Comptes , dont il a puis nagueres esté pourveu , & tels & semblables
que les ont & prennent les autres Correcteurs d'iceux Comptes,
& nous mande iceluy Seigneur , que outre & pardessus les gaiges dudit Office, qui sont de cinq cens livres tournois par an ,
droits d'épices & tous autres droits que lesdits Correcteurs ont
accoustumé d'avoir & prendre, le facions par le Receveur ou
Commis au payement des gaiges des Officiers de ladite Chambre
ou Changeur du Trésor, payer , bailler & délivrer audit Maistre
Simon Teste , par ses simples quittances, la somme de huit vingt
cinq livres tournois, qui est pour le droit de Robe de Pasques
soixante-quinze livres tournois , pour le droit de Busche soixante quinze livres tournois, & pour les menus droits de Touf-
sainct quinze livres tournois par an , à compter du jour de son
institution oudit Office , sur les deniers revenans & provenans
à cause des corrections, selon & ainsi qu'il est specifié & déclairé
ès Lettres Patentes que ledit Seigneur en a octroyé aux autres
Correcteurs de ladite Chambre le sixiéme de May mil cinq cens
dix-neuf, & par nous verifiées le huitiéme Juin ensuivant oudit
an ; & par les secondes desdites Lettres iceluy Seigneur nous
mande , & expressément enjoint, que de tous les gaiges , droits
d'épices , & autres quelconques que lesdits autres Correcteurs

ont accouftumé d'avoir & prendre, & prennent de prefent, &
fans aucune diminution d'iceux, & mefmement defdits droits
de Robe de Pafques, de Bufche & menus droits de Touffainct,
nous par le Receveur des gaiges & droits des Officiers de ladite
Chambre, ou Changeur dudit Tréfor prefent & à venir, facions
payer & contenter ledit Maiftre Simon Tefte, tant qu'il tiendra & exercera ledit Office de Correcteur, & à compter du jour
& inftitution en iceluy, & iceux gaiges & droits paffer & allouer ès comptes defdits Receveur ou Changeur refpectivement,
comme tout ce eft plus à plein contenu & déclairé efdites premieres & fecondes Lettres. Veuës auffi les Lettres Patentes dudit
Seigneur en forme de Chartres de la création dudit Office de
Correcteur d'iceluy Tefte, par nous vérifiées & expediées avec
les Lettres miffives à nous pour ce écrites par ledit Seigneur,
enfemble la Requefte prefentée par iceluy Tefte, & cy attachée
comme deffus, & confideré ce qui en cette partie faifoit à confiderer, nous confentons de l'exprès commandement du Roy
noftredit Seigneur, que ledit Maiftre Simon Tefte fuppliant
ait & preigne par maniere de don dorefnavant par chacun an,
fa vie durant feulement, la fomme de cent foixante & cinq livres tournois, à commencer du jour de fon inftitution audit
Office, pour le temps qu'il aura deffervy iceluy par les mains du
Changeur du Tréfor, des deniers provenans des corrections defdits comptes faites depuis le douziéme jour d'Octobre dernier
paffé, & qui proviendront & iftront cy-après du fait defdites
corrections, laquelle fomme luy fera payée par mandement expedié chacun an en ladite Chambre, pourveu que ce que deffus ne
tirera à confequence pour les fucceffeurs en femblable Office ;
lefquelles Lettres Patentes cy-deffus fpecifiées, enfemble ladite
Requefte & expedition faite fur icelle, avons ordonné eftre
tranfcrites & enregiftrées ès Regiftres de ladite Chambre : &
quant à la forme des cedules de debentur, qui feront baillées
& délivrées audit Suppliant de ladite fomme de cent foixante-
cinq livres tournois, oüy le Controlleur du Tréfor, fera pourveu fur ladite forme comme de raifon. Si vous mandons que
des deniers de voftre recette venus & iffus des corrections faites
des comptes dudit Seigneur depuis ledit douziéme Octobre dernier, ou qui viendront & iftront cy-après d'icelles corrections,

vous baillez & délivrez audit Maiftre Simon Tefte la fomme de
cent foixante-cinq livres tournois pour cette prefente année,
que ledit Sieur luy a donné & ordonné pour les caufes deffufdites , & par rapportant lefdites Lettres Patentes & Requête deffufdites , ou le vidimus deuëment collationné , avec quittance d'iceluy Tefte , fur ce fuffifant , ladite fomme de cent foixante-cinq livres fera allouée en vos comptes fans difficulté.
DONNE' fous nofdits Signes , le feptiéme jour de Juin l'an mil
cinq cens vingt· un , LE BLANC.

Extrait des Regiftres de la Chambre des Comptes de Paris , Memorial 2.
B. fol. 221.

LETTRES

Pour faire jouïr M. Jean Foucault, Conseiller Correcteur de la Chambre des Comptes, des droits de Robe, de Busche & de Toussaint.

Du seize Février 1521.

FRANÇOIS par la grace de Dieu Roy de France, à nos FRANÇOIS I. amez & feaux Gens de nos Comptes à Paris, SALUT ET DILECTION. Exposé Nous a esté par nostre amé & feal Conseiller Maistre Jean Foucault Correcteur de nos Comptes, que puis nagueres il a esté par Nous pourveu dudit Office de Correcteur que souloit tenir & exercer nostre amé & feal aussi Conseiller & Maistre de nos Comptes ordinaire, Nicole Viole dernier possesseur d'iceluy Office de Correcteur, vacant par sa promotion audit Office de nostre Conseiller & Maistre des Comptes, en pourvoyant lequel Exposant duquel Office de Correcteur Nous luy avons octroyé par nos Lettres Patentes qu'il puisse iceluy Office avoir, tenir & doresnavant exercer aux honneurs, libertez, franchises, prérogatives, prééminences, gaiges, droits, proufits, revenus & émolumens accoustumez, & audit Office appartenans, tels & semblables que les avoit & prenoit ledit Viole : mais pour ce que en procedant par vous à l'enterinement des Lettres du don par Nous fait à nos amez & feaux Conseillers Maistres François de Montmirel, Nicole Viole & à Christophe de Refuge, Chevaliers Correcteurs de nosdits Comptes, de huit vingt cinq livres tournois à chacun d'eux par an ; c'est à sçavoir, pour le droit de Robbe de Pasque soixante quinze livres tournois, pour le doit de Busche soixante quinze livres tournois par an, & pour les menus droits de Toussainct quinze livres tournois, vous ne leur avez enteriné lesdites Lettres que pour eux & chacun d'eux leur vie durant, ledit Exposant doubte que le Changeur de nostre Trésor soit refusant de luy payer lesdits droits montans à ladite somme de huit vingt cinq liv. tournois, comme dit est, ainsi que à nosdits autres

A

Correcteurs, & aussi que fassiez difficulté de les luy passer &
allouer sans nos Lettres de Provision & Déclaration, humblement requerant icelles. Pourquoy Nous inclinant liberalement
à sa supplication & requeste, avons en consideration des services
qu'il nous peut avoir fait depuis la reception audit Office, &
esperons que plus fera à l'avenir, dit, déclairé & ordonné, disons, déclarons & ordonnons par ces Presentes signées de nostre
main, que nostre vouloir & intention a esté, & encore est, que
outre & pardessus les gaiges & droits accoustumez, & que ses
prédecesseurs audit Office, ont eu & prins, il ait & preigne, &
soit payé & contenté desdits huit vingt cinq livres tournois par
an, ainsi que estoit nostredit Conseiller Maistre Nicole Viole
son prédecesseur. Si voulons, vous mandons & enjoignons par
cesdites Presentes, que en faisant joir nostredit Conseiller exposant de nos presens vouloir & déclaration, vous par ledit
Changeur de nostre Trésor luy faites bailler, payer & livrer
ladite somme de huit vingt cinq livres tournois par chacun an,
à compter du jour de son institution audit Office, & doresnavant tant qu'il tiendra & exercera iceluy Office, des deniers &
ainsi & en la forme & maniere que en sont payez nosdits autres
Correcteurs, & laquelle somme Nous voulons estre par vous
passée & allouée ès comptes dudit Changeur, & rabatuë de sa
recepte, en rapportant cesdites Presentes, ou copie d'icelles collationnée en nostre Chambre desdits Comptes, & quittances
dudit Exposant, sans aucune diminution, refus ou difficulté.
Car tel est nostre vouloir & plaisir. Et en tant que besoin seroit
luy avons octroyé & octroyons de grace speciale par ces Presentes, que Nous avons pour ce signées de nostre main, nonobstant
que ès premieres Lettres de l'octroy par Nous fait d'iceux droits
de Robbe de Pasque, de Busche & menus droits de Toussainct,
fussent seulement nommez Mes François de Montmirel, Nicole
Viole & Christophe de Refuge, & en la restrinction & modification par vous sur ce faite en vostre expedition, que ne voulons
nuire ne préjudicier audit Maistre Jean Foucault; mais en tant
que besoin seroit l'en avons relevé & relevons de notredite grace
par ces mesmes Presentes, nonobstant aussi que lesdits droits ne
soient chacun an nouvellement couchez & employez en l'estat
general de nosdites finances, que décharge n'en soit levée selon &

en enfuivant l'ordre d'icelles, & quelconques autres Ordonnances, Us, Stile, rigueur de comptes, Mandemens ou Deffenfes
à ce contraires. Donne' à Paris le feiziéme jour de Février, l'an
de grace mil cinq cens vingt-un, & de noftre Regne le huitiéme.
Ainfi figné, FRANCOIS; par le Roy, DE NEUFVILLE.

DE PAR LE ROY. Nos amez & feaux, fuivant ce que
par cy-devant vous avons écrit, & nos Lettres Patentes que Nous
avons décernées à noftre amé & feal Confeiller Maiftre Jean
Foucault Correcteur de nos Comptes, qui font à vous adreffans,
vous avez pû entendre le vouloir & intention que Nous avons
qu'il joiffe & foit payé de tels & femblables droits de Robbe de
Pafque, de Bufche & de Touffainct, comme joiffent & ont accouftumé d'eftre payé les autres Correcteurs de nofdits Comptes : néantmoins comme avons efté advertis, y avez fait difficulté, & n'avez obtemperé à nofdites Lettres Patentes & miffives ;
A CETTE CAUSE, & que defirons noftredit vouloir & intention
fortir fon plein & entier effet, vous MANDONS, commandons
& très-expreffément enjoignons, que vous faites, fouffrez &
permettez ledit Maiftre Jean Foucault eftre payé, contenté &
continué par chacun an, a commencer du jour de fon inftitution audit Office, de tous, tels & femblables droits de Robbe,
de Bufche, menus droits de Touffainct, & autres droits quelconques que ont accouftumé prendre & percevoir ; & dont joiffent nofdits autres Correcteurs, fans plus le mettre en frais, ne
luy donner aucune occafion d'en retourner plaintif devers Nous;
fi n'y faites faute. Donne' à Paris le premier jour de Septembre.
Ainfi figné, FRANCOIS, DE NEUFVILLE. Et au deffous eftoit
écrit : *Apportées le quatriéme Septembre mil cinq cens vingt-deux.*
Et fur lefdites Lettres eftoit auffi écrit : *A nos amez & feaux les*
Gens de nos Comptes à Paris.

Nous les Gens des Comptes du Roy noftre Sire à Paris. Vûës
les Lettres Patentes dudit Seigneur données à Paris le feiziéme
jour de Février l'an mil cinq cens vingt-un, fignées de fa main
& d'un Secretaire fignant en finances, enfemble la Requefte à
Nous prefentée par Maiftre Jean Foucault Confeiller dudit Seigneur & Correcteur en fa Chambre defdits Comptes, le tout

attaché fous l'un de nos Signez. Veuës auffi les deux Lettres miffives envoyées par ledit Seigneur en ladite Chambre, concernant le contenu efdites Lettres Patentes ; confentons de l'exprès mandement & commandement du Roy noftredit Seigneur, que ledit Suppliant preigne & reçoive chacun an la fomme de cent foixante-cinq livres tournois, à prendre du jour de fon inftitution audit Office de Correcteur, par les mains du Chàngeur du Tréfor, par maniere de don, des deniers, par la forme & maniere, & fous les conditions & reftrinctions contenuës & à plein déclairées en l'expedition par nous faite le huitiéme jour de Juin mil cinq cens dix-neuf, fur femblables Lettres de don octroyées par icelui Seigneur aux trois Correcteurs defdits Comptes. Si MANDONS par cefdites Prefentes audit Changeur du Tréfor, qu'il ait à payer dorefnavant par chacun an audit Foucault icelle fomme de cent foixante-cinq livres tournois, en enfuivant noftredite expedition, & par la forme & maniere contenuës en icelle. DONNE' fous nos Signez le dixiéme jour de Septembre l'an mil cinq cens vingt-deux.

Extrait des Regiftres de la Chambre des Comptes de Paris, Memorial 2. C. fol. 57.

LETTRES

*Concernant les droits de Robe , de Bufche & de Touffaint ,
attribuez aux Confeillers Correcteurs de la Chambre
des Comptes de Paris.*

Du vingt-quatre Juin 1527.

FRANCOIS par la grace de Dieu Roy de France, à François I.
nos amez & feaux Gens de nos Comptes , SALUT ET
DILECTION. Nos amez & feaux Confeillers les quatre Correcteurs de nofdits Comptes Nous ont fait expofer & remontrer, que defpieça pour bonnes, juftes & raifonnables caufes
qui Nous meuvent, nous avons par autres nos Lettres Patentes
voulu , déclairé & ordonné de grace efpecial, pleine puiffance
& autorité Royale, qu'ils & chacun d'eux preinent par chacun
an pour leurs droits de Robe, de Bufche & de Touffainct , la
fomme de huit vingt cinq livres tournois, qui eft pour le droit
de Robe foixante-quinze livres tournois, pour le droit de Bufche femblable fomme de foixante-quinze livres tournois , &
pour les menus droits de Touffainct quinze livres, & en tant
que befoin eftoit, leur feifmes à chacun d'eux don d'icelle fomme de huit vingt cinq livres par nofdites Lettres, pour en jouir
par eux & leurs fucceffeurs à toujours, & l'avoir & prendre par
leurs fimples quittances, & par les mains du Changeur de noftre
Tréfor, ou par les mains du Commis au payement des gaiges &
droits des Officiers de noftredite Chambre des Comptes, fur
les deniers qui par eux feroient trouvez bons, & à Nous revenans en faifant & exerçant leurfdits Offices, l'une année portant
l'autre, outre & par deffus les gaiges de cinq cens livres tournois par an, & tous autres droits qu'ils avoient & ont accouftumé avoir, & fans diminution d'iceux, & que en contrevenant
par vous à nos vouloir & intention, & à l'effet & teneur de
nofdites Lettres, en procedant à l'expedition d'icelles, auriez
confenti que chacun de nofdits Confeillers Correcteurs prendroient par maniere de don, & fous noftre bon plaifir, ladite

A

somme de huit vingt cinq livres dès lors en avant par chacun an, leur vie durant seulement, par les mains dudit Changeur de nostredit Trefor , des deniers provenans du fait des corrections, à faire pour mandement qui en feroit par chacun an expedié en nostredite Chambre, & pourveu que ce ne tournast à consequence par leurs successeurs en semblable Office , ainsi qu'il peut apparoir, & est contenu & déclairé en l'expedition par vous faite sur nosdites Lettres Patentes, pour ce par Nous octroyez à trois de nosdits Correcteurs, à Saint Germain en Laye le sixiéme jour de May l'an mil cinq cens dix-neuf, qui ont esté par vous expediées aux chargés, conditions & restrinctions cy-dessus déclaréés le huitiéme jour de Juin ensuivant audit an , & aussi par deux autres nos Lettres Patentes, qui depuis & pour semblables causes furent par Nous semblablement octroyées au quart Correcteur de nosdits Comptes, qui fut tost après par Nous de nouvel créé & estably en faisant la création & establissement d'un tiers Président, un Maistre Clerc, un Correcteur, & quatre Clercs Auditeurs de nosdits Comptes, outre le nombre des Présidens, Maistres , Correcteurs, Clercs Auditeurs qui y estoient auparavant ; lesquelles Lettres ont esté pareillement par vous expediées audit quart Correcteur, le septiéme jour de Juin l'an mil cinq cens vingt-un, en la forme & maniere, & sous les conditions & restrinctions contenuës & déclairées en la précedente expedition, pour ce par vous faite le huitiéme jour de Juin l'an mil cinq cens dix-neuf, sur lesdites Lettres par Nous octroyées auxdits trois autres nos Correcteurs desdit Comptes, comme dit est ; & combien que nosdites Lettres n'ayent esté par vous expediées & verifiées selon leur forme & teneur, qui estoit & est contrevenir à nostre vouloir & intention , neantmoins lesdits Exposans attendant de recouvrer sur ce autre Provision de Nous, auroient au moins aucuns d'eux obtenu mandement de Nous, pour estre payez de ladite somme de huit vingt cinq livres tournois par ledit Changeur de nostre Trésor , pour aucunes années écheuës depuis nostredit don & octroy ; au moyen de quoy ledit Changeur du Trésor auroit fait coucher & employer en la dépense de sesdits comptes des années finies mil cinq cens vingt-quatre & mil cinq cens vingt-cinq, qui ont esté puis nagueres rendus & clos pardevant vous

les parties & fommes de deniers contenuës en vofdits mandemens , toutesvoyes en procedant par vous à la clofture d'iceux
comptes, fous couleur de la derniere Ordonnance par Nous
faite fur le gouvernement, reception, adminiftration & diftribution de nos finances, à Blois le vingt-huitiéme jour de Decembre l'an mil cinq cens vingt-trois, qui a efté leuë, publiée
& enregiftrée en noftre Chambre des Comptes le dixiéme jour
de May mil cinq cens vingt-quatre, & que avez voulu dire &
entendre, que fuivant noftredite Ordonnance nofdits Confeillers & Correcteurs expofans devoient & doivent avoir & prendre le payement de leurfdits droits de Robe, de Bufche & de
Toufſainct, par les mains du Tréforier de noftre Epargne , n'a-
vez voulu paffer & allouer en la dépenfe defdits comptes icelles
parties, ains les en avez rayez & rejettez, fans avoir égard à la
recette que auroit fait ledit Changeur, tant efdites deux années,
que auparavant des deniers provenans des corrections faites par
lefdits Expofans , fouffifante pour porter en dépenfe lefdites
parties depuis noftre don & octroy jufqu'à prefent, parce que
lefdits deniers n'ont efté prins & levez par ledit Tréforier de
noftre Epargne, des mains dudit Changeur de noftre Tréfor, à
caufe dudit don & octroi,& affignation qui en avoit été par Nous
faite auxdits Expofans pour leurfdits droits de Robe, de Bufche
& de Toufſainct, comme deffus eft dit ; par quoy ils doubtent
que ledit Changeur vouluſt repeter & recouvrer fur eux leurfdites parties , & davantage, tant pour cette caufe , que parce que
nofdites Lettres ne leur ont efté par vous expediées & verifiées
felon leur forme & teneur , eux , chacun d'eux , & leurs fucceffeurs efdits Offices, ne puiffent eftre payez par chacun an de
ladite fomme de huit vingt cinq livres, ainfi que l'avons voulu
& ordonné, & que leur avons permis & octroyé par icelles nof-
·dites Lettres , lefquelles partant leur feroient illufoires & de
nul effet & valeur, qui feroit contre nofdits vouloir & intention, fans avoir de Nous autres Lettres de Provifion à eux fur
ce neceffaires , humblement Nous requerans icelles. Pour ce eft-
il que Nous ces chofes confiderées & entenduës par Nous &
noftre Confeil recordez & memoratifs des bonnes , juftes & raifonnables caufes & confiderations qui nous mûrent de donner & octroyer à nofdits Confeillers & Correcteurs expofans ,

& à chacun d'eux par chacun an, ladite fomme de huit vingt
cinq livres pour leurſdits droits de Robe, de Bufche & de
Touffainct, à l'avoir & prendre, ainſi & en la maniere que
deffus eſt dit; defirant favorablement les traiter en faveur des
bons & agréables ſervices qu'ils, & chacun d'eux, nous ont par
cy-devant fait, font & continuent de jour en jour, & efperons
qu'ils feront cy-après, tant au fait & exercice de leurſdits Offices, que autrement; voulant pour ce noſdites Lettres, qui pour
les caufes cy-devant déclairées leur ont eſté par Nous octroyées,
n'eſtre illuſoires, mais fortir leur plein & entier effet, & leur
eſtre expediées, vérifiées & enterinées, felon leur forme & té-
neur. Voulons, vous mandons, commandons & expreſſément
enjoignons par ces Preſentes, que vous faites noſdits Conſeillers
Correcteurs & leurs fuccefleurs efdits Offices, joir & ufer defdits don, déclaration & octroy qui leur a eſté par Nous fait par
noſdites Lettres, & que vous fouffrez, permettez & confentez
audit Changeur de noſtre Tréfor coucher & employer en la dépenfe de fes comptes enfuivans & prochains à rendre pardevant
vous leſdites parties qui par luy ont eſté payées à noſdits Confeillers & Correcteurs expofans, ou aucuns d'eux, que avez rayez
& rejettez de fefdits comptes defdites années mil cinq cens
vingt-quatre & mil cinq cens vingt-cinq, comme dit eſt; &
outre que par iceluy Changeur vous leur faites payer & bailler
ce qui leur eſt encore deu & écheu depuis ledit temps contenu
en noſtredit don & octroy juſqu'à prefent, à caufe de leurſdits
droits de Robe, de Bufche & de Touffainct, à ladite raifon de
huit vingt cinq livres pour chacun d'eux par chacun an, & ce
defdits deniers provenans des corrections qui ont eſté par eux
faites durant ledit temps, en exerçant leurſdits Offices, & l'une
année portant l'autre, felon & en enfuivant noſtredit don &
octroy, & tout ainſi que nous l'avons voulu & ordonné par iceluy, & par rapportant cefdites Preſentes ſignées de noſtre main,
enſemble noſdites autres Lettres qui leur ont eſté par Nous cy-
devant octroyées, pour eſtre payez d'iceux droits, ou les copies
d'icelles collationnées aux originaux en noſtre Chambre defdits Comptes pour une fois, avec les quittances de noſdits Confeillers Correcteurs fur ce fuffifantes tant feulement; Nous voulons les parties & fommes de deniers qui leur ont eſté & feront

payées par ledit Changeur de noſtre Tréſor , pour leurſdits droits de Robe , de Buſche & de Touſſainct , à ladite raiſon de huit vingt cinq livres pour chacun d'eux par an , pour ledit temps écheu depuis noſtredit don & octroy juſques à preſent , eſtre par vous paſſées & allouées ès comptes , & rabatuës de la recette d'iceluy Changeur de noſtredit Tréſor , deſdits deniers provenans d'icelles corrections , du temps & ainſi que deſſus eſt dit , & l'une année portant l'autre , ſans y faire aucune reſtrinction , modification ne difficulté ; Et pour le temps avenir Nous ordonnerons & ferons coucher & employer par chacun an ès eſtats generaux de nos finances leſdits droits de Robe , de Buſche & de Touſſainct , pour eſtre payez à noſdits Conſeillers & Correcteurs , ainſi que par Nous ſera aviſé ; CAR tel eſt noſtre plaiſir , & derechef , en tant que beſoin ſeroit , Nous avons à noſdits Conſeillers Correcteurs , & à leurs ſucceſſeurs eſdits Offices , fait & faiſons don par ces mêmes Preſentes , deſdits droits de Robe , de Buſche & de Touſſainct , à les avoir , prendre & percevoir pour le temps , ainſi & en la forme & maniere que dit eſt , nonobſtant la derniere Ordonnance par Nous faite ſur le fait de noſdites finances , & la radiation & rejet que au moyen d'icelle avez fait deſdites parties , qui pour ce en avoient eſté couchées & employées eſdits comptes d'iceluy Changeur de noſtredit Tréſor deſdites années mil cinq cens vingt-quatre & mil cinq cens vingt-cinq , & que l'on voulſiſt dire les parties & ſommes de deniers qui ont eſté & ſeront payées par ledit Changeur pour leurſdits droits du temps deſſuſdit juſqu'à preſent , n'eſtre paſſées par les mains dudit Tréſorier de noſtre Epargne , ſelon & en enſuivant l'ordre d'icelle Ordonnance , & nonobſtant auſſi leſdites modifications , reſtrinctions , charges & conditions contenuës & déclairées en voſtre expedition ſur noſdites Lettres que leur avons octroyées ſur la perception deſdits droits , & que on voudroit & pourroit dire leſdits Correcteurs expoſans avoir tacitement accordé ladite expedition & leſdites modifications , reſtrinctions , charges & conditions y contenuës & déclairées , en prenant & recouvrant de vous par eux , ou aucuns d'eux , vos mandemens afin d'avoir payement de ce que deſſus pour aucunes années , dont de ce , & de toutes autres difficultez que ſur ce en pourront faire & mouvoir , Nous les avons relevé & déchargé, relevons & déchargeons de noftre grace fpeciale, pleine puiffance & autorité Royale par cefdites Prefentes; & quant à ce avons dérogé & dérogeons à noftredite Ordonnance, fans préjudice d'icelle en autres chofes & quelconques autres Ordonnances, Us, Stile, rigueur de compte, Reftrinctions, Mandemens ou Deffenfes à ce contraires. Donné à Saint Denis en France le vingt-quatriéme jour de Juin, l'an de grace mil cinq cens vingt-fept, & de noftre Regne le treiziéme. Ainfi figné, FRANCOIS, par le Roy en fon Confeil, ROBERTET. Et fcellées en fimple queuë de cire jaulne.

A Nofleigneurs des Comptes. Supplient humblement François de Montmirel, Simon Tefte, Jean Foucault, & Guillaume Allegrain, Confeillers du Roy & Correcteurs en fa Chambre des Comptes à Paris, qu'il vous plaife voir & vifiter les Lettres Patentes dudit Seigneur à vous adreffans, aufquelles cette prefente Requefte eft attachée, & de vos graces les enteriner felon leur forme & teneur ; & vous ferez bien. *Et en la marge d'en haut de ladite Requefte eft écrit ce qui s'enfuit* : Vifis Litteris Patentibus Domini noftri Regis, fua manu & Magiftri Florimondi Robertet, fuarum Financiarum Secretarii fignatis, datis apud Sanctum Dionifium in Francia, vigefima quarta Junii millefimo quingentefimo vigefimo feptimo, quibus præfens Requefta affigitur ; vifa etiam expeditione præfentis Cameræ octavi diei Junii anni millefimi quingentefimi decimi noni fuper pluribus Litteris Patentibus præfati Domini noftri Regis præfens negotium concernentibus de expreffis juffu & mandato prælibati Domini noftri Regis facta ; Domini infequendo dictam expeditionem ordinaverunt Supplicantes exfolvi de fumma in præfentibus Litteris contenta percipienda, fuper denariis correctionum compotorum, durante tempore in dictis Litteris mencionato factarum, infequendo earumdem tenorem, & fuper his mandatum ex parte Cameræ confici. Actum ad Burellum decima fexta Augufti millefimo quingentefimo vigefimo feptimo, BADOUILLIER.

Les Gens des Comptes du Roy noftre Sire. A Maiftre Jacques Charmoluë Notaire & Secretaire dudit Seigneur, & Changeur de son Trésor, SALUT. Veuës les Lettres Patentes d'iceluy Seigneur, signées de sa main, & de Messire Florimond Robertet, Chevalier, Secretaire de ses Finances, données à Saint Denis en France le vingt-quatriéme jour de Juin dernier passé, impetrées & à Nous presentées de la partie des quatre Conseillers & Correcteurs en la Chambre desdits Comptes, avec leur Requête, le tout cy-attachée sous l'un de nos Signez ; Veu aussi l'expedition du huitiéme jour de Juin mil cinq cens dix-neuf sur plusieurs Lettres Patentes d'iceluy Seigneur, concernant le don de certains droits par ledit Seigneur octroyez ausdits Correcteurs, par Nous faite de l'exprès commandement & mandement dudit Seigneur. Nous en ensuivant nostredite expedition, VOUS MANDONS que des deniers provenans des corrections des comptes faites depuis ledit don & octroy jusqu'audit vingt-quatriéme Juin dernier jour & datte desdites Lettres, vous payez, baillez & délivrez à chacun desdits quatre Correcteurs, à raison de huit vingt cinq livres tournois par chacun an, ou ce qui leur en reste, & peut estre deu & écheu jusques audit temps, & par rapportant icelles Lettres, Requeste & expedition, ou vidimus d'iceux, avec quittance sur ce suffisante desdits quatre Correcteurs respectivement, & chacun en son regard, lesdites sommes à eux ainsi par vous payées que dit est, seront allouées en vos comptes sans difficulté. DONNE' sous nos Signez le seiziéme jour d'Aoust l'an mil cinq cens vingt-sept, CHEVALIER.

Extrait des Regiftres de la Chambre des Comptes de Paris, Memorial 2. D. fol. 294. verfo.

[illegible]

LETTRES

PORTANT Exemption de *Ban* & *Arriere-Ban en faveur des Officiers de la Chambre des Comptes de Paris.*

Du treize Mars 1533.

CE jour d'hui Mercredi dix-huitiéme jour de Mars mil cinq cens trente-trois, Maiftre Jean Morin Lieutenant Criminel de la Prevofté & Vicomté de Paris, eft venu au Bureau & a remontré qu'il avoit pieça reçû commiffion du Roy pour le Ban & Arriere-ban, qui fonnoit y contraindre exempts & non exempts, privilegiez & non privilegiez, avoit de fa part fait quelque remontrance audit Sieur pour les Bourgeois de la Ville de Paris, deuëment informé de leurs privileges, dont n'avoit eu réponfe categorique d'exemption, mais feulement que ledit Sieur y penferoit; toutesfois avoit depuis reçû Lettres miffives dudit Sieur, contenant entr'autres l'exemption des Cours Souveraines & Chambre des Comptes d'icelui Sieur, qu'il difoit avoir prefentées & montrées à la Cour de Parlement, & qu'il a communiquées audit Bureau, defquelles a été prins un double collationné à l'original par Maître Pierre Chevalier Notaire & Secretaire du Roy, & Greffier en la Chambre defdits Comptes, dont la teneur enfuit. HENRY II.

DE PAR LE ROY. Notre amé & feal, pour ce que par nos Lettres Patentes à vous adreffans, & n'agueres envoyées pour faire crier en notre Prevofté le Ban & Arriere-Ban d'icelle, & en faire les montres au quinziéme jour de May prochain, vous eft mandé y contraindre toutes gens de quelque eftat & condition qu'ils foient, privilegiez & non privilegiez, & que fous ombre de ce, vous y pourriez comprendre & contraindre les Officiers ordinaires & commenfaux de Nous, & de notre très-chere & très-amée Compaigne la Reine, & de nos très-chers & très-amez Enfans, qui fervent ordinairement Nous & eux, & font couchez aux Etats de nos Maifons, ceux de nos Cours Souveraines & Chambre des Comptes, & qui font de nos Ordonnances, & à

A

garde de nos Places , lefquels Nous voulons & entendons en être exempts & exemptez : Nous vous en avons bien voulu advertir, afin que les en excufez & exemptez, fans les y contraindre , ne à défaut de ce leur faire faifir les fiefs, & n'y faites aucune difficulté ; CAR tel eft noftre plaifir. DONNE' à Paris le treiziéme jour de Mars , l'an mil cinq cens trente-trois. Signées, FRANCOIS. DORNES. Et fur lefdites Lettres : *A noftre amé & feal le Prevoft de Paris ou fon Lieutenant.*

Extrait des Regiftres de la Chambre des Comptes de Paris, Memorial 2. G. fol. 102.

LETTRES

PORTANT confirmation des droits de Robbe, de Busche & de Toussaint, aux Conseillers Correcteurs de la Chambre des Comptes de Paris.

Du sept Octobre 1534.

FRANCOIS par la grace de Dieu Roy de France, à tous FRANÇOIS I. ceux qui ces presentes Lettres verront, SALUT. Nos amez & feaux Conseillers les quatre Correcteurs en nostre Chambre des Comptes à Paris, Nous ont humblement fait dire & remontrer, que comme dès le sixiéme jour de May mil cinq cens dixneuf Nous leur eussions octroyé nos Lettres Patentes de Déclaration & Ordonnance, pour estre payez chacun d'eux & leurs successeurs esdits Offices, de huit vingt cinq liv. tournois par an pour droits de Robe, de Busche & de Toussainct ; à sçavoir soixante-quinze liv. tournois pour lesdits droits de Robe, soixante-quinze livres tournois pour les droits de Busche, & quinze livres tournois pour don de Toussainct, par leurs simples quittances, par les mains du Changeur de nostre Trésor, ou par les mains du Commis au payement des gages & droits des Officiers de nostredite Chambre des Comptes, sur les deniers qui par eux seront trouvez à Nous revenans, en faisant & exerçant leursdits Offices, l'une année portant l'autre, leur faisant dès lors don & octroy desdits droits, outre & pardessus leurs gages de cinq cens livres par an, & tous autres droits qu'ils ont accoutumé avoir, sans diminution d'iceux, en procedant à l'expedition desquelles nos Lettres par nos amez & feaux les Gens de nos Comptes, & autrement par eux à l'effet & teneur d'icelles avoient ordonné que chacun de nosdits Conseillers Correcteurs prendroient par maniere de don, & sous nostre bon plaisir, ladite somme de huit vingt cinq livres dès lors en avant par chacun an, leur vie durant tant seulement, par les mains dudit Changeur de nostre Trésor, des deniers provenans du fait des

A

corrections à faire par mandemens, qui en feront par chacun expediez en noſtredite Chambre, & pourveu que ce ne tournaſt à conſequence pour leurs ſucceſſeurs en ſemblable Office, ainſi qu'il peut apparoir, & eſt contenu & déclaré en ladite expedition ; laquelle, combien qu'elle fuſt contre la teneur de noſdites Lettres, cy-attachées ſous le Contreſcel de noſtre Chancellerie, neantmoins noſdits Conſeillers & Correcteurs attendant ſur ce autres Lettres de Nous, auroient, ou aucuns d'eux, obtenu mandement de noſdits Gens des Comptes, pour eſtre payez de ladite ſomme de huit vingt cinq livres par ledit Changeur de noſtredit Tréſor, pour aucunes années écheuës depuis noſtredit don & octroy ; au moyen de quoy ledit Changeur du Tréſor auroit fait coucher & employer en la dépenſe de ſes comptes des années finies cinq cens vingt-quatre & vingt-cinq, qui ont eſté rendus & clos pardevant leſdits Gens des Comptes, les parties & ſommes de deniers contenus és mandemens par eux expediez ; toutefois en procedant par eux à la cloſture d'iceux comptes, ſous couleur de l'Ordonnance faite par Nous ſur le fait de nos finances, en l'année mil cinq cens trente-trois, & qu'ils ont voulu dire & entendre, que ſuivant noſtredite Ordonnance noſdits Correcteurs devoient percevoir leſdits droits, par les mains du Tréſorier de noſtre Epargne, n'ont voulu paſſer & allouer en la dépenſe de ſeſdits comptes icelles parties, ains les ont rayées & rejettées, ſans avoir égard à la recette qui en auroit eſté faite par ledit Changeur de noſtredit Tréſor, tant eſdites deux années, que auparavant, des deniers provenans des corrections faites par leſdits Correcteurs, ſuffiſans pour porter en dépenſe leſdites parties depuis noſtredit don & octroy ; au moyen duquel refus ont eſté depuis contraints noſdits Correcteurs, pour avoir payement d'iceux droits, lever pluſieurs mandemens de Nous, en vertu deſquels leur auroit eſté fait payement par le Changeur de noſtre Tréſor, par aucunes années, & ce juſqu'en l'année finie à la ſaint Jean-Baptiſte cinq cens trente-un, qui n'avoient pû faire pourſuite deſdits droits, au moyen de l'abſence de Nous, & l'occupation continuelle qu'ils ont à l'exercice de leurſdits Offices, ainſi comme du tout il nous eſt bien & deuëment apparu par certains Extraits, Lettres & Actes que avons

fait voir & entendre en noſtre Conſeil Privé , auſſi cy. attachez
ſous le Contreſcel de noſtre Chancellerie, Nous ſupplians &
requerans très-humblement noſdits Conſeillers & Correcteurs,
ordonner que , ſuivant noſdites Lettres ainſi à eux octroyées que
dit eſt audit an cinq cens dix-neuf, noſtre plaiſir ſoit leur octroyer derechef leſdits droits de Robe, de Buſche & de Touſſainct , montans à huit vingt cinq livres par an , pour chacun
d'eux , & leurs ſucceſſeurs eſdits Offices, à prendre ſur les deniers provenans des corrections l'une année portant l'autre , &
ſur ce leur octroyer & faire expedier nos Lettres de don &
Déclaration à ce convenables. SÇAVOIR FAISONS, que Nous ce
conſideré, & après que en noſtredit Conſeil Privé a eſté leurdite Requeſte bien entenduë , conſiderée & à Nous rapportée ;
deſirant auſſi bien favorablement les traiter , en faveur des bons,
grands & agréables ſervices qu'ils Nous ont par cy-devant faits,
font & continuent chacun jour au fait & exercice de leurſdits
Offices , tellement que au moyen de la bonne diligence &
des corrections par eux faites ſur les comptes rendus , en eſt
venu & tombé de groſſes parties & ſommes de deniers à notre profit, & eſperons qu'ils & leurs ſucceſſeurs eſdits Offices,
continueront de bien en mieux cy-après. POUR CES CAUSES & autres bonnes & raiſonnables conſiderations à ce Nous mouvans,
avons de nouvel & d'abondant dit, voulu , ordonné & déclaré ,
diſons , voulons , ordonnons & déclarons, de noſtre grace eſpecial , pleine puiſſance & autorité Royale , que doreſnavant noſdits Conſeillers Correcteurs , & leurs ſucceſſeurs eſdits Offices ,
à commencer du jour ſaint Jean-Baptiſte mil cinq cens trente-
un , ſeront payez deſdits droits de Robe, de Buſche & de Touſſainct, à ladite raiſon de huit vingt cinq livres chacun d'eux
par an , à prendre comme deſſus , deſquels droits Nous leur
avons derechef, en tant que beſoin ſeroit, fait & faiſons don
par ces Preſentes ſignées de noſtre main , & ce outre & pardeſſus
leurs gages ordinaires de cinq cens livres par an , & autres droits
qu'ils ont accouſtumé avoir , & ſans diminution d'iceux. SI
DONNONS EN MANDEMENT par ceſdites Preſentes à nos amez &
feaux les Gens de nos Comptes, que en faiſant noſdits Conſeillers
Correcteurs , & leurs ſucceſſeurs en leurs Offices, joïr & uſer

de nos prefens vouloir, Ordonnance, Déclaration & nouvel
don, ils leur facent par le Changeur de noftre Tréfor, Receveur ou Commis au payement des gages des Officiers de noftredite Chambre, des Comptes prefens & à venir, & des deniers provenans defdites corrections faites & à faire l'une année portant
l'autre par leurs fimples quittances, payer & contenter dorefnavant par chacun an, à commencer ledit jour faint Jean-Baptifte
mil cinq cens trente-un defdits droits, à la raifon de huit vingt
cinq livres, ainfi comme deflus eft dit, & par rapportant cefdites Prefentes, avec nos autres Lettres cy-attachées fous le Contrefcel de noftredite Chancellerie pour une fois, & quittance
de nofdits Confeillers & Correcteurs, Nous voulons ladite
fomme de huit vingt cinq livres, qui ainfi fera payée à chacun
d'eux par le Changeur de noftre Trefor, ou par le Receveur &
Commis au payement des gages des Officiers de noftredite
Chambre des Comptes, eftre paffées & allouées en leurs comptes par nofdits Gens des Comptes, aufquels derechef mandons
& enjoignons ainfi le faire fans aucune difficulté, modification,
ne reftrinction ; Car tel eft noftre plaifir, nonobftant ladite expedition par eux faite fur nofdites autres Lettres que on voudroit & pourroit dire lefdits Correcteurs avoir tacitement accordé ladite expedition, & lefdites modifications, reftrinctions,
charges & conditions y contenuës ci-deffus ès dites Lettres, en prenant & recouvrant de vous par eux, ou aucuns d'eux, vos mandemens, afin d'avoir payement de ce que deffus pour aucunes
années; l'Ordonnance par Nous faite fur le fait de nofdites finances en l'année cinq cens vingt-trois, au moyen de laquelle
avez fait rejet defdites parties, que pour ce en avoient efté couchées & employées efdits comptes d'iceluy Changeur de noftre
Tréfor efdites années finies cinq cens vingt-quatre & vingt-
cinq ; les mandemens qu'ils ent ont prins & obtenus pour le
payement des arrerages defdits droits de huit vingt cinq livres,
& l'Ordonnance auffi par Nous dernierement faite fur le fait &
diftribution de nos finances, par laquelle eft expreffément dit
& ordonné que tous les deniers de nofdites finances feront
portez & mis en nos coffres de noftre Chaftel du Louvre à Paris,
& illec diftribuez par le Tréforier de noftre Epargne, en la pre-

fence des Commiſſaires ſur ce par Nous ordonnez ; auſquelles , enſemble à toutes autres Ordonnances , tant anciennes que modernes , & à la dérogatoire de la dérogatoire Nous avons dérogé & dérogeons,& de ce & de toutes autres difficultez que ſur ce on leur pourroit faire & mouvoir , Nous les avons relevez & relevons de noſtredite grace eſpecial , pleine puiſſance & autorité Royale par ceſdites Preſentes , & quelconques autres Ordonnances , Us , Stile , Reſtrictions , Mandemens ou Deffenſes à ce contraires. En témoing de ce Nous avons fait mettre noſtre Scel à ceſdites Preſentes. ·Donne' à Amboiſe le ſeptiéme jour d'Octobre, l'an mil cinq cens trente-quatre , & de noſtre Regne le vingtiéme. Signé , FRANCOIS , & ſur le reply , par le Roy, vous Monſieur le Cardinal de Sens , Légat & Chancelier, & autres preſens, BOCHETEL. Et ſcellées en double queuë de cire jaulne.

Lecta , expedita & regiſtrata in Camera Compotorum Domini noſtri Regis , decima quinta die Januarii anno Domini milleſimo quingenteſimo trigeſimo quarto , CHEVALIER.

Extrait des Regiſtres de la Chambre des Comptes de Paris , Memorial 2. G. fol. 176.

LETTRES

Concernant le Chauffage des Officiers de la Chambre des Comptes de Paris.

Du vingt-quatre Octobre 1539.

FRANCOIS par la grace de Dieu Roy de France, à FRANÇOIS I. tous ceux qui ces prefentes Lettres verront, SALUT. Comme d'ancienneté nos amez & feaux les Gens de nos Comptes à Paris, euffent accouftumé avoir & prendre entre autres droits appartenans à leurs Eftats & Offices chacun an ; à fçavoir les Préfidens & Maiftres en noftredite Chambre, chacun d'eux un arpent de Bois, & les Clercs & Greffiers en icelle , demi arpent en nature de Bois en nos Forefts, pour ardoir & chauffer en leurs hoftels & maifons audit Paris , & depuis même en l'an mil trois cens trente nos Prédeceffeurs ayant regard à ce que nofdites Forefts eftoient aucunement endommagées & empirées pour raifon defdits droits, auroient pour & au lieu defdits arpent & demi arpent de Bois voulu, octroyé & ordonné que lefdits Préfidens & Maiftres de nos Comptes, & chacun d'eux, auroient & prendroient dès lors en avant par an pour leurfdits Chauffages douze carterons de mofle de bufche, & chacun defdits Clercs & Greffiers , fix carterons , ou la valeur d'iceux, au Port de Greve audit Paris, ainfi que de ce Nous ont deuement informés & advertis nofdits Gens des Comptes, nous remontrans que fuivant ce, dès & depuis ledit temps lefdits Préfidens & Maiftres des Comptes, felon qu'ils ont efté accrus au Corps d'icelle refpectivement, ont efté payez en deniers defdits douze carterons de mofle de bufche , & lefdits Clercs & Greffiers, de fix carterons, au prix que a vallu ladite bufche audit Port de Greve, & notamment dès l'année mil trois cens quatre-vingt jufques à prefent, à raifon de fix livres treize fols quatre deniers parifis pour carteron, qui eft au feur de cinq fols un denier obole parifis pour mofle de bufche ; que eu regard au prix & eftimation commun auquel fe vend de prefent le mofle

A

de bufche audit Port de Greve, qui eft de douze fols parifis, leurdit droit de bufche leur reviendroit à beaucoup moins, à leur grande charge, préjudice & dommage, Nous fupplians iceux Gens de nos Comptes les faire joir dudit droit de Chauffage, à la valeur & eftimation en quoy il eft de prefent, & fur ce impartir noftre grace, & décerner nos Lettres au cas requifes & neceffaires. POURQUOY Nous ce confideré, & que ledit prix de douze fols parifis pour mofle eft tout notoire, voulant non feulement relever de perte & dommage lefdits Gens de nos Comptes, fupplians en cet endroit, ains favorablement les traiter, multiplier & augmenter les bienfaits qu'ils ont eu, tant de Nous que de nofdits Prédeceffeurs, en confideration des bons, grands, recommandables & continuels fervices qu'ils Nous ont par cydevant fait & font chacun jour en leurfdits Eftats & Offices, & autres confiderations à ce Nous mouvans, avons voulu, déclaré & ordonné, voulons, déclarons & ordonnons, & Nous plaift, de grace efpecial, pleine puiflance & autorité Royale par ces Prefentes fignées de noftre main, que à commencer du premier jour de ce prefent mois d'Octobre, & dorefnavant par chacun an, lefdits Préfidens, Vi-Préfidens & Maiftres, & leurs fucceffeurs en leurfdits Eftats & Offices, foient, aux termes accouftumez, payez defdits douze carterons de mofle de bufche audit prix & valeur de douze fols parifis pour chacun mofle, & lefdits Clercs & Greffiers, & leurs fucceffeurs efdits Offices, de fix carterons audit prix. Et pour ce que nos Avocat & Procureur en notredite Chambre, font du Corps d'icelle, & continuellement occupez en nofdites affaires, & qu'il eft raifonnable qu'ils fe reffentent de nos liberalitez & bienfaits comme les autres, avec occafion de continuer de mieux en mieux à l'exercice de leurfdits Offices, auffi que au moyen de ladite augmentation de prix, il conviendra faire des frais pour le regard & recouvrement de l'affignation dudit droit de bufche, qui eft & fera à charge pour le Receveur & Payeur de nofdits Gens des Comptes, réfident ordinairement en ladite Chambre ainfi que les autres Officiers d'icelle, voulons & Nous plaift, que à commencer comme deffus & dorefenavant par chacun an, nofdits Avocat, Procureur & Receveur, & chacun d'eux, preignent telle & femblable quantité dudit Bois & Chauffages que lefdits Auditeurs &

Gréffiers , au prix de douze fols parifis pour mofle , auxquels en confideration de ce que deſſus, nous leur en avons fait & faifons don par cefdites Prefentes, par lefquelles MANDONS à nofdits Gens des Comptes & Generaux de nos Finances , qu'ils permettent audit Receveur & Payeur recevoir des Grenetiers des Greniers & Chambres à Sel , fur lefquels avons affigné les gages ordinaires des Officiers de noſtredite Chambre , la fomme de trois mil fept cens douze livres dix fols tournois , à laquelle monte la prefente crüe & augmentation defdits droits de bufche , outre le prix ancien qui eſtoit de cinq fols un denier obole parifis pour chacun mofle feulement,qui à prefent,comme dit eſt , vaut à commun prix lefdits douze fols parifis pour mofle , & icelle fomme payer & continuer aux termes accouſtumez,à commencer , comme deſſus , & dorefnavant par chacun an refpectivement à nofdits Préfidens , Vi-Préfidens , Maiſtres , Auditeurs , Avocat , Procureur & Greffiers , & retenir par fes mains la valeur de fix carterons de bufche au prix deſſufdit. Et outre noſtredite prefente Déclaration leüe , vérifiée & enregiſtrée , facent garder & entretenir de point en point felon fa forme & teneur , & en rapportant par iceluy Receveur cefdites Prefentes , ou le vidimus d'icelles pour une fois , & les quittances refpectivement fur ce fuffifantes de nofdits Préfidens , Maîtres & autres Officiers fufdits , Nous voulons ladite fomme de trois mil fept cens douze livres dix fols tournois que monte icelle augmentation & crüe , eſtre par vous Gens de nofdits Comptes paſſée & allouée en la dépenfe des comptes dudit Receveur & Payeur par tout où il appartiendra , & fans ce qu'il foit befoin chacun an avoir ou obtenir autre acquit , mandement ou Ordonnance de Nous que ces mêmes Prefentes ; CAR tel eſt noſtre plaifir , nonobſtant quelconques Ordonnances , Reſtrinctions , Mandemens ou Deffenfes à ce contraires. En témoing de ce Nous avons fait mettre notre Scel à cefdites Prefentes.DONNE' à Compiegne le vingt-quatriéme jour d'Octobre,l'an de grace mil cinq cens trente-neuf , & de notre Regne le vingtcinquiéme. Signé fous le reply , FRANCOIS , & fur le reply , par le Roy , le Seigneur de Montmorency Conneſtable de France , prefent. BOCHETEL Et fcellées fur double queüe de cire jaulne.

Lecta, verificata & registrata in Camera Compotorum Domini nostri Regis, vigesima prima Novembris anno Domini millesimo quingentesimo trigesimo nono, LE MAISTRE.

Extrait des Registres de la Chambre des Comptes de Paris. Memorial 2. I. fol. 230.

LETTRES

*Concernant les droits de Robe, de Busche & de Toussaint,
attribuez aux Conseillers Correcteurs de la Chambre
des Comptes de Paris.*

Du dix-huit May 1543.

FRANCOIS par la grace de Dieu Roy de France, à tous ceux qui ces presentes Lettres verront, SALUT. Comme nos amez & feaux Conseillers les quatre Correcteurs de notre Chambre des Comptes à Paris, ayent de tout temps & d'ancienneté accoustumé d'avoir & prendre par chacun an, à cause de leursdits Offices, la somme de huit vingt cinq livres tournois chacun pour leurs droits de Robe, de Busche & de Toussainct ; c'est à sçavoir, soixante-quinze livres tournois pour lesdits droits de Robe, quinze livres tournois pour lesdits droits de Toussainct, & soixante-quinze livres tournois pour lesdits droits de Busche ; & desquels droits, par nos Lettres Patentes données à Amboise le septiéme jour d'Octobre l'an mil cinq cens trente-quatre, leuës, publiées & enregistrées en nostre Chambre desdits Comptes le neuviéme jour de Janvier ensuivant, cy-attachées sous le Contrescel de nostre Chancellerie, Nous eussions voulu & ordonné, qu'ils & leurs successeurs esdits Offices fussent payez par chacun an, à commencer du jour de saint Jean-Baptiste mil cinq cens trente-un, par les mains du Changeur de nostre Trésor, ou Receveur & Commis au payement des gages des Officiers de nostredite Chambre des Comptes presens & à venir, & des deniers provenans du fait des corrections par eux faites & à faire, en faisant & executant leursdits Offices l'une année portant l'autre, & par leurs simples quittances seulement ; desquels gages nosdits Conseillers supplians ont esté payez depuis ledit jour saint Jean-Baptiste mil cinq cens trente-un jusqu'au dernier jour de Septembre mil cinq cens quarante-un, par les mains de vostredit Receveur ; & parce que au moyen de certain Edit par Nous fait à Congnac le septiéme jour de Decembre dernier passé mil cinq cens quarante-deux, leu, publié & enregistré en nostredite Chambre le dixiéme jour

A

de Février audit an, par lequel nous ayons voulu, ſtatué & ordonné tous nos deniers ordinaires & extraordinaires de quelque condition qu'ils ſoient, ou puiſſent eſtre, eſtre reçûs par nos Receveurs Generaux par Nous de nouvel créez & érigez en titre d'Office, pour après les faire apporter en noſtre Eſpargne, pour en eſtre ſecouru ſelon la commodité ou neceſſité de nos affaires, doutant noſdits Conſeillers Correcteurs, que ledit Receveur & Commis au payement de voſdits gages & droits, feiſt difficulté de leur payer leurſdits droits de huit vingt cinq livres tournois, attendu l'interdiction de ne recevoir les deniers provenans deſdites obmiſſions de recette, erreur de jet & autres parties mal employées ès comptes de noſdits Officiers comptables, s'ils n'avoient ſur ce nos Lettres de noſtre vouloir, ſur ce humblement requerans icelles ; Sçavoir faisons que Nous ce conſideré, deſirant favorablement traiter noſdits Conſeillers Correcteurs, en faveur & conſideration des bons & agréables ſervices qu'ils Nous ont fait & font chacun jour au fait & exercice de leurſdits Offices, dont ils ont fait venir à noſtre profit pluſieurs bonnes & groſſes ſommes de deniers, ainſi que deuëment avons eſté certiorez & advertis, & eſperons que eux & leurs ſucceſſeurs eſdits Offices continueront de bien en mieux cy-après. Pour ces causes, & autres bonnes & raiſonnables conſiderations à ce Nous mouvans, avons de nouvel & d'abondant dit & déclaré, voulons, diſons & déclarons par ces Preſentes, que Nous avons pour ce ſignées de noſtre main, n'avons entendu & n'entendons noſdits Conſeillers expoſans eſtre comprins en notredit Edit & Ordonnance, ains voulons leurſdits droits, qui ſont de huit vingt cinq liv. tournois par chacun an, eſtre payez à eux & leurs ſucceſſeurs eſdits Offices par ledit Receveur & Payeur des gages des Officiers de noſtredite Chambre des Comptes pour le paſſé juſqu'au dernier jour de Mars mil cinq cens quarante-trois après Paſques, & ce des deniers provenans des obmiſſions de recette, erreur de jet ou parties mal employées, que ledit Receveur pourra recevoir juſques à la concurrence de ce qui leur pourra eſtre deu juſqu'audit jour & pour l'avenir, à commencer du premier jour d'Avril dernier paſſé, des deniers de l'aſſignation des gages & droits deſdits Officiers, par leurs ſimples quittances, en laquelle aſſignation Nous voulons iceux droits eſtre comprins Si donnons en mandement par ces Preſentes à nos amez & feaux les Gens de nos Comptes, que en faiſant

nofdits Confeillers & Correcteurs , & leurs fucceffeurs en leurs
Offices , joir & ufer de nos prefens vouloir, Ordonnance, Déclaration & nouvel don , ils leur facent par le Receveur &
Commis au payement de leurs gages & droits, prefens & à venir , payer lefdits droits , ainfi & par la forme & maniere que
dit eft cy-deflus, en mandant au Tréforier de noftre Epargne
prefent & à venir , comprendre en l'affignation qui fera baillée
dorefnavant pour le payement des gages & droits des Officiers
de noftredite Chambre des Comptes , lefdits droits , à commencer du premier jour du mois d'Avril , & par rapportant cefdites Prefentes , ou vidimus d'icelles fait fous Scel Royal, pour
une fois feulement, avec nos autres Lettres Patentes cy-attachées fous le Contrefcel de noftre Chancellerie, & leurs quittances feulement , Nous voulons icelle fomme de huit vingt
cinq livres tournois, qui ainfi fera payée à chacun d'eux , eftre
paffée & allouée en la dépenfe des comptes dudit Receveur par
lefdits Gens des Comptes , aufquels Nous mandons ainfi le faire fans difficulté , fans ce qu'il foit befoin cy-après avoir autres
mandemens de Nous par chacun an que cefdites Prefentes ;
Car tel eft noftre plaifir , nonobftant les expeditions par vous
faites fur trois nos Lettres Patentes , auffi cy-attachées , & les
modifications , charges, reftrinctions & conditions y contenuës
& déclarées , nonobftant auffi l'Edit par Nous dernierement
fait fur le fait & ordre de nos finances , leu & publié en notredite Chambre des Comptes , comme dit eft , aufquelles &
audit Edit , enfemble audit Edit & Ordonnances tant anciennes que modernes , & à la dérogatoire de la dérogatoire d'icelles Nous avons dérogé & dérogeons , & en avons relevé lefdits
Correcteurs expofans , de noftredite grace fpeciale , pleine puiffance & autorité Royale par cefdites Prefentes , & quelconques
autres Ordonnances, Us , Stile , rigueur de comptes , Reftrinctions , Mandemens & Deffenfes à ce contraires. En témoin
de ce Nous avons fait mettre noftre Scel à cefdites Prefentes.
Donne' à Saint Germain en Laye le dix-huitiéme jour de May ,
l'an de grace mil cinq cens quarante-trois , & de noftre Regne le
vingt-neuviéme. Signé , F R A N C O I S , & fur le reply , par le
Roy , vous prefens, Bayard. Et fcellées en cire jaulne fur double queuë.

Les Gens des Comptes du Roy noftre Sire. Veuës les Lettres
Patentes dudit Seigneur , données à Saint Germain en Laye le

4

dix-huitiéme jour de ce prefent mois de May , fignées de fa
main, & d'un *Secretaire de fes Finances*, par lefquelles narration faite comme les quatre Confeillers & Correcteurs defdits
Comptes ayent de tout temps & d'anciennæté accouftumé d'a-
voir & prendre à caufe de leurfdits Offices, la fomme de huit
vingt cinq livres tournois chacun pour leurs droits de Robe, de
Bufche & de Touffainct ; c'eft à fçavoir, foixante-quinze livres
tournois pour lefdits droits de Robe, , foixante-quinze livres
tournois pour lefdits droits de Bufche, & quinze livres tournois pour lefdits droits de Touffainct , & que defdits droits ils
ayent efté payez jufqu'au dernier jour de Septembre mil cinq
cens quarante-un , ledit Seigneur déclare qu'il n'a entendu &
n'entend lefdits Correcteurs eftre comprins en l'Edit & Ordonnance par luy faite à Coignac le feptiéme jour de Decembre
dernier paffé, leuë, publiée & enregiftrée en la Chambre defdits Comptes le dixiéme jour de Février enfuivant, ains veut
leurfdits droits, qui font de huit vingt cinq livres tournois par
chacun an , eftre payez à eux & leurs fucceffeurs efdits Offices,
par le Receveur & Payeur des gages des Officiers d'iceux Comptes pour le paffé jufques au dernier jour de Mars mil cinq cens
qaurante-trois après Pafques , des deniers provenans des ob-
miffions de recette , erreurs de jet, ou parties mal employées
que ledit Receveur pourra recevoir jufques à la concurrence de
ce qui pourra leur eftre deu jufqu'audit jour , & pour l'avenir à
commencer du premier jour d'Avril dernier paffé, des deniers de
l'affignation des gages & droits defdits Officiers par leurs fimples quittances, en laquelle affignation il veut iceux droits eftre
comprins, comme plus à plein lefdites Lettres, aufquelles ces
Prefentes font attachées fous l'un de nos Signez, le contien-
nent. Veuë auffi la Requefte à Nous fur ce prefentée par Maiftres Clerambault le Clerc , Nicolas Barthelemy , Euftache
Allegrain , & Jacques le Lieur , Confeillers dudit Seigneur &
Correcteurs defdits Comptes , impetrans defdites Lettres, &
confideré ce qui fait à confiderer en cette partie, confentons
en enterinant lefdites Lettres , que lefdits Supplians foient
payez pour le paffé felon le contenu efdites Lettres , & pour l'a-
venir des deniers de l'affignation, pourveu que ladite affignation le puiffe entierement porter. DONNE' fous nos Signez le
vingt-cinquiéme jour de May l'an mil cinq cens quarante-trois.

Extrait des Regiftres de la Chambre des Comptes de Paris , Mem. 2. L. fol. 166.

LETTRES

*PORTANT exemption en faveur des Secretaires du Roy
& leurs Veufves, de tous Droits & Devoirs Seigneuriaux generalement quelconques, pour leur Terres nobles & roturieres, tenuës du Domaine du Roy, engagé
ou aliené, soit qu'ils les retirent par retrait lignager sur
un premier acquereur, ou autrement, vendeurs ou acheteurs.*

Du quatorze Avril 1545.

FRANCOIS par la grace de Dieu Roy de France, à tous FRANÇOIS I.
ceux qui ces presentes Lettres verront SALUT. Comme nos
prédecesseurs Rois de France, & Nous subsecutivement ayons à
plusieurs & diverses fois donné & octroyé à nos amez & feaux
Notaires & Secretaires de la Maison & Couronne de France
plusieurs beaux privileges, exemptions, droits, franchises, libertez & immunitez, & ce en consideration des grands, louables & recommandables services, & devoirs continuels qu'ils
font & doivent à Nous & à la chose publique, pour rediger
loyaument par écrit, & approuver par signature nos Mandemens, Arrests, Ordonnances, & ce qui concerne & dépend de
nos vouloir & autorité ; & par especial leur ayons octroyé qu'ils
pourront en cetuy nostre Royaume tenir & posseder Fiefs nobles & Seigneuries, soit que lesdits Fiefs & Seigneuries échéent
ou adviennent à eux, ou leurs femmes ou leurs veufves demou-
rées en viduité par succession, transport, échange, acquisition
ou autres titres quelconques, que pareillement eux ne leurs heritiers ne pourront estre contraints à vuider & mettre hors leurs
mains lesdits Fiefs, Seigneuries, ou portion d'icelles, ne pour
ce payer à Nous ou nos Successeurs finance, ou indemnité de
franc-fiefs & nouveaux acquests, lots & ventes, quints & requints, rachapts & autres droits & devoirs ; leur faisant dès lors
comme pour le present, don, transport & pleine quittance d'iceux

A

droits & devoirs, à quelque fomme de deniers qu'ils fe puiffent
monter, depuis lequel don & privilege fait & octroyé par nofdits Prédeceffeurs, & par Nous confirmé, plufieurs membres de
noftre Domaine & de ladite Couronne ont efté engagez ou alienez pour le fait de nos guerres, ou autrement ; au moyen defquelles alienations & changemens les acquereurs & détenteurs
de noftredit Domaine, dont dépendent plufieurs Fiefs & Seigneuries, pourroient demander & prétendre contre nofdits Notaires & Secretaires les droits, devoirs, rachapts, quints, requints, reliefs, treiziéme, lots & ventes defdits Fiefs, Seigneuries & chofes roturieres qui feront par eux acquifes, ou qui leur
écherront ou adviendront, ou à leurs femmes ou veuves demou-
rantes en viduité, tenuës, mouvantes & dépendantes des membres de noftredit Domaine engagé ou aliené ; auffi pourroient
revoquer en doute & mouvoir difficulté fur l'interpretation du
dit privilege, & don defdits droits & devoirs, en cas de retrait
lignager, foit que l'un de nofdits Notaires & Secretaires fuft retrayant, ou qu'il fuft convenu pour retrait, qui feroient voyes
pour vexer & travailler en longueur & involution de procès nofdits Notaires & Secretaires, & moyen de les faire éloigner &
diftraire de leur fervice actuel, contre noftre vouloir & intention, & au grand dommage de la chofe publique, diminution
defdits Eftats & Offices. Pour à quoy obvier, pourvoir & remedier, SÇAVOIR FAISONS que Nous deuëment informé des caufes
& raifons qui par cy-devant ont meu nos Prédeceffeurs & Nous
d'octroyer lefdits privileges, dons, franchifes, exemptions, libertez & immunitez à nofdits Notaires & Secretaires, le devoir
& faculté defquels a requis & merité, requiert & merite augmentation du bienfait & faveur, pluftoft que diminution ou rigueur d'interpretation defdits privileges, attendu que l'octroy
d'iceux leur a efté donné pour profit, émolument & augmentation de leurfdits Eftats & Offices, qui leur feroient autrement
de peu de profit & valeur ; & pour autres grandes caufes, raifons
& confiderations à ce Nous mouvans, & afin d'ofter tout doubte,
difficultés & interpretations quelconques, que l'on pourroit
faire contre lefdits privileges, exemptions, franchifes & libertez
denofdits Notaires & Secretaires, avons en interprétant plus
particulierement les fufdits privileges, de noftre certaine fcien-

ce, pleine puiſſance & autorité Royale, par Edit, Statut & Ordonnance perpetuelle & irrévocable, dit, ſtatué, ordonné &
déclaré par ces Preſentes, que pour ce Nous avons ſignées de
noſtre main, diſons, ſtatuons, ordonnons & déclarons que notre vouloir & intention a toujours eſté, comme encore eſt, que
nos amez & feaux Notaires & Secretaires de la Maiſon & Couronne de France, ne ſeront tenus & ne pourront être contraints
en aucune maniere de payer aucun relief, rachapt, quint & requint, lots & ventes, treiziéme, & autres droits & devoirs
Seigneuriaux quelconques qui ſe pourroient trouver eſtre deus,
à cauſe des Terres ou choſes nobles ou roturieres par eux ou
leurs femmes & veufves demeurantes en viduité, tenuës, poſſe-
dées, & qu'ils ont acquis & acquerront, & qui leur adviendront
en quelque maniere que ce ſoit, tenuës & mouvantes d'aucuns
des membres de noſtredit Domaine engagez ou alienez à quelque perſonne, ou pour quelque cauſe que ce ſoit ; ains voulons
& Nous plaiſt qu'ils en demeurent quittes, francs & immunes,
enſemble deſdits droits & devoirs, quints & requints, reliefs,
rachapts, treiziémes, lots & ventes qui en pourroient eſtre dûs
pour raiſon des Terres nobles ou roturieres par eux retirées par
retrait lignager ſur un premier acquereur ; & pareillement que
tous droits & devoirs, quints & requints, reliefs, treiziémes,
lots & ventes, ſoient entierement & ſans contradiction aucune
acquis à noſdits Notaires & Secretaires, dés lors & ſi-toſt qu'ils
auront fait & preſté leſdits foy & hommage deus pour raiſon
deſdits Fiefs qui ſeront par eux acquis, ou qu'ils ſeront enſaiſi-
nez des choſes roturieres ſemblablement par eux acquiſes, encore que après y euſt un retrayant lignager ; & ce afin que ledit
privilege & don irrévocable deſdits droits & deniers ſorte ſon
plein & entier effet, & demeure en ſa force & vertu ſans aucune interprétation, reſtriction ou modification, ſoit que noſdits
Notaires & Secretaires ſoient vendeurs, achepteurs, retrayans,
convenus par retrait lignager, ou autrement, en quelque maniere que ce ſoit, pourvû qu'il n'y ait dol ou fraude, dont les
parties ſeront tenuës ſoy purger par ſerment, & ſur peine du
quadruple, impoſant, quant aux choſes deſſuſdites, ſilence perpetuel à noſtre Procureur General, & à nos Receveurs ordinaires preſens & à venir, & à tous autres. SI DONNONS EN MAN-

DEMENT par ces mêmes Presentes à nos amez & feaux les Gens de nos Comptes, Tresoriers de France, & autres nos Justiciers & Officiers qu'il appartiendra, que cette presente Ordonnance ils fassent respectivement lire, publier & enregistrer, garder & observer inviolablement sans y contrevenir, cessans & faisant cesser tous troubles & empêchemens au contraire; lesquels, si faits, mis ou donnez leur avoient esté ou estoient, fassent incontinent & sans délay mettre à pleine & entiere délivrance, & au premier estat & deub, nonobstant oppositions ou appellations quelconques; CAR tel est nostre plaisir, nonobstant les Statuts, Edits & Ordonnances de Nous & de nos Prédecesseurs faites sur le fait & ordre de nos finances, & dons desdits droits & devoirs Seigneuriaux, ausquelles & à la dérogatoire de la dérogatoire d'icelles, Nous avons, quant à ce, & pour le regard de nosdits Notaires & Secretaires tant seulement, dérogé & dérogeons par cesdites Presentes, & quelconques autres Ordonnances, Edits & Lettres à ce contraires. En témoin de ce Nous avons fait mettre nostre Scel à cesdites Presentes. DONNE' à Chenonceaux le quatorziéme jour d'Avril mil cinq cens quarante-cinq après Pâques, & de nostre Regne le trente & uniéme. Signé, FRANCOIS; & sur le reply, par le Roy en son Conseil, ROBERTET. Et scellées du grand Sceau.

Lecta, publicata in Camera Compotorum Domini nostri Regis, Procuratore dicti Domini in eadem Camera hoc requirente, prout in Registro decima die hujus mensis facto cavetur vigesima die Junii anno Domini millesimo quingentesimo quadragesimo quinto, sic signatum, LE MAISTRE.

Extrait du Recueil des Privileges des Secretaires du Roy, fol. 99.

LETTRES

PORTANT confirmation des Officiers de la Chambre des Comptes de Paris dans leurs Offices, lors du joyeux Avenement.

Du vingt-fept Septembre 1547.

DE PAR LE ROY. Nos amez & feaux, Nous avons com- Henry II. mandé la confirmation de vos Offices, & néantmoins auffi commandé l'expedition en general en eftre encore differée jufques après la fefte faint Martin prochaine, pour aucunes caufes qui à ce Nous meuvent : toutesfois où il y auroit aucuns de vous qui pluf-toft voudront particulierement lever leur confirmation, ils fe pourront retirer pardevers le General de la Chefnaye, lequel leur en fera faire l'expedition, felon la charge que luy en avons don-née, & que Nous avons chargé le Préfident Poncher & Maiftre de nos Comptes Pomereu, vos députez envers Nous pour le fait de ladite confirmation, vous faire entendre; & à tant nos amez & feaux Noftre-Seigneur vous ait en fa garde. A Fontainebleau le cinquiéme jour d'Octobre, l'an mil cinq cens quarante-fept. Signé, HENRY. Et plus bas, CLAUSSE. Et à cofté : *Apportées le huitiéme dudit mois oudit an.* Et au dos : *A nos amez & feaux les Gens de nos Comptes à Paris.*

Dix-neuviéme Rolle des Confirmations commandées par le Roy, lefquelles il veut eftre expediées fans taxe, & fans payer finance.

PREMIEREMENT.

A Maiftres Aimard Nicolas & Dreux Hennequin fon gendre, confirmation & furvivance de l'eftat & Office de premier Prefi-dent en la Chambre des Comptes à Paris.

A Maiftres Jehan Briçonnet & Robert Dannet fon gendre, confirmation & furvivance de l'eftat & Office de Préfident Lay

A

en ladite Chambre, à la charge que ledit Dannet exercera ledit Office actuellement.

A Maiſtre Jehan Lhuillier, de l'Office de tiers Préſident en ladite Chambre.

A Maiſtre Nicolas de Poncher, de l'Office de quart Préſident en ladite Chambre des Comptes.

A Maiſtre Claude de la Croix, de l'Office de Maiſtre en ladite Chambre des Comptes.

A Maiſtre Claude de Hacqueville, de pareil Office.

A Maiſtres Jehan Viole & Nicolas Viole, confirmation & ſurvivance de pareil Office de Maiſtre en ladite Chambre, à la charge que ledit Maiſtre Jean Viole exercera ledit Office.

A Maiſtre Jehan de Pommereu, de pareil Office de Maiſtre en ladite Chambre.

A Maiſtre Michel Tambonneau, de pareil Office.

A Maiſtre Anthoine Petremol, de pareil Office.

A Maiſtre Pierre Fraguier, de pareil Office.

A Maiſtre Triſtan du Val, de pareil Office.

A Maiſtre Geofroy Luillier, de pareil Office.

A Maiſtre Euſtache Allegrin, de l'Office de Correcteur en ladite Chambre des Comptes.

A Maiſtre Nicolas Barthelemi, de pareil Office.

A Maiſtre Jacques le Lieur, de pareil Office.

A Maiſtre Jacques Gobelin, de pareil Office.

A Maiſtre Jehan de Riveron, de l'Office de Auditeur en ladite Chambre des Comptes.

A Maiſtre Denys Picot, de pareil Office.

A Maiſtre Claude Pagemin, de pareil Office.

A Maiſtre Jehan Courtin, de pareil Office.

A Maiſtre Pierre Parent, de pareil Office.

A Maiſtre Euſtache Puillois, de pareil Office.

A Maiſtre Pierre du Hamel, de pareil Office.

A Maiſtre Anthoine du Lion, de pareil Office.

A Maiſtre Jehan le Comte, de pareil Office.

A Maiſtre Anthoine Potarde, de pareil Office.

A Maiſtre Paris Heſſelin, de ſemblable Office.

A Maiſtre Nicolas Barthelemi, de pareil Office.

A Maiſtre Louis Bourgeois, de pareil Office.

A Maiſtre René de Caulers , de pareil Office.

A Maiſtre Guillaume le Sueur , de pareil Office.

A Maiſtre Jacques Luillier , de pareil Office.

A Maiſtre Pierre Marentin , de pareil Office.

A Maiſtre Guillaume de Marſeilles , de pareil Office.

A Maiſtre Eſtienne Bouchard , de l'Office d'Avocat du Roy en ladite Chambre.

A Maiſtre Gervais du Moulinet , de l'Office de Procureur du Roy en ladite Chambre.

A Maiſtre Pierre Chevalier , de l'Office de Greffier en ladite Chambre.

A Maiſtre Pierre le Maiſtre , de pareil Office.

A Maiſtre Anthoine le Moine , de l'Office de Controlleur du Tréſor.

A Maiſtre Pierre Talon , de l'Office de Receveur & Payeur de ladite Chambre.

A François Godard , de l'Office de Porteur des Livres de ladite Chambre.

Fait à Fontainebleau le vingt-ſeptiéme jour de Septembre, l'an mil cinq cens quarante-ſept. Signé , H E N R Y.

Collation de cette copie a eſté faite à l'original d'icelle , ſignée de la main du Roy, par moy Notaire & Secretaire dudit Seigneur ſouſſigné , MAHIEU.

Extrait des Regiſtres de la Chambre des Comptes de Paris, Memorial 2. O. fol. 68. verſo.

AUTRES LETTRES

Du vingt-ſept Septembre 1547.

H ENRY par la grace de Dieu Roy de France , à tous ceux HENRY II qui ces preſentes Lettres verront , SALUT. Comme l'une des choſes que depuis noſtre nouvel advenement à la Couronne, avons eu & avons en plus grande & ſinguliere recommandation , ſoit de conſerver & entretenir les choſes qui ont eſté avecques grandes &

A ij

meures déliberations,& pour le bien de Nous & de la chofe publique eftablies,entre lefquelles eft la Cour & Chambre des Comptes
de tout temps & ancienneté créée & ordonnée en noftre Ville de
Paris, laquelle nos prédeceffeurs Rois de France ont compofé de
plufieurs perfonnes, eftats & Offices , & en tel nombre qu'il leur
a femblé eftre requis pour la confervation de nos Droits domaniaux , & Finances de nos Royaume, Pays & Seigneuries, oir ,
clorre & affiner les comptes de tous les Officiers comptables ayans
maniement & adminiftration, avec la totale cohertion , juftice &
jurifdiction à ce requife & neceffaire , & de ce qui en dépend ; laquelle Cour & Chambre Nous defirons, comme il eft très-requis
& neceffaire, entretenir & conferver,à l'imitation de nofdits Prédeceffeurs. SÇAVOIR FAISONS que Nous, les chofes fufdites confiderées, & les bons, vertueux , agréables & recommandables fervices que nos amez & féaux les Préfidens , Confeillers, Maiftres
ordinaires, Correcteurs, Auditeurs, Greffiers & autres Officiers
eftans de prefent en noftredite Chambre des Comptes,ont fait par
cy-devant à feu noftre très-honoré Seigneur & Pere le Roy dernier
décedé,que Dieu abfoille , en l'exercice de leurfdits Offices, & en
plufieurs autres louables manieres, & efperons qu'ils Nous feront
de bien en mieulx cy-après. POUR CES CAUSES , & pour l'entiere
& parfaite confiance que Nous avons de leurs perfonnes , & de
leurs fens, fouffifance, droiture , loyaulté , prudhommie & bonne diligence,avons pour l'entretenement d'icelle notredite Chambre des Comptes , & par l'advis & déliberation de plufieurs Princes & Seigneurs de noftre Sang & Gens de noftre Confeil Privé ,
iceux Préfidens qui font au nombre de quatre , douze Confeillers Maiftres ordinaires, quatre autres Confeillers Correcteurs,
vingt Clercs & Auditeurs , ung Advocat, ung Procureur & deux
Greffiers , le Contrerolleur de noftre Tréfor, ung Receveur &
Payeur des gaiges & droits de ladite Chambre , & ung Porteur de
Livres d'icelle Chambre , continuez & confirmez, continuons &
confirmons efdits eftats & Offices qu'ils ont tenus & exercez du vivant de feu notredit Seigneur & Pere, tenoient & exerçoient lors
de fon trépas, comme ils font encore de prefent; lefquels,en tant
que befoing eft ou feroit , & qu'on les voudroit dire vaccans par
le trépas de feu notredit Seigneur & Pere, les leur avons donnez
& octroyez, donnons & octroyons , & à chacun d'eulx en droit

foy, de grace especiale par ces Presentes, pour en joir & user, &
les tenir & exercer doresnavant aux honneurs, autoritez, prérco-
gatives, prééminences, franchises, libertez, gaiges, droits, épi-
es, prouffits, revenus & émolumens accoustumez , & qui y appartiennent, & tout ainsi qu'ils les avoient & prenoient, & en
joissoient au jour du trépas de feu notredit Seigneur & Pere. Desquels Présidens, Conseillers Maistres ordinaires , Correcteurs,
Auditeurs & autres Officiers susdits, les noms & surnoms s'ensuivent; c'est assavoir desdits Présidens , Maistre Aymard Nicolas
& Dreux Hennequin son gendre, pourveus de l'estat de premier Président en ladite Chambre, au survivant d'eux deux ; Maîtres Jehan Briçonnet & Robert Dannet son gendre, pourveus
de l'estat de Président Lay , à semblable condition de survivance,
à la charge que ledit Dannet exercera ledit Office ; Maistres Jehan
Luillier tiers, & Nicolas de Poncher quart Présidens. Desdits
Conseillers & Maistres ordinaires , Maistres Claude de la Croix ,
Claude de Hacqueville, Jehan & Nicolas Viole pere & fils, &
le survivant d'eux d'eux , à la charge que ledit Maistre Jehan Viole fils exercera ledit Office ; Jehan de Pommereu , Michel Tambonneau , Antoine Petremol, Pierre Fraguier, Tristan du Val ,
Nicolas Seguier & Geofroy Luillier : & quant à Maistre Guy Ar-
baleste & Etienne Lallemant, faisant ledit nombre de douze
Maistres ordinaires , ils ont eu de Nous confirmacion à part. Desdits Correcteurs , Maistres Eustace Allegrin , Nicolas Barthelemi,
Jacques de Lieur & Jacques Gobelin. Desdits Clercs & Auditeurs, Maistres Jehan de Riveron, Denys Picot, Claude Page-
vin , Jehan Courtin, Pierre Parent , Eustace Puillois, Pierre du
Hamel, Anthoine du Lion , Jehan le Conte , Anthoine Potarde,
Paris Hesselin, Nicolas Barthelemi, Loys Bourgeois, René de
Caulers, Guillaume le Sueur, Jacques Luillier, Pierre Marentin, Guillaume de Marseilles : Et au regard de Maistres Simon
de Machault & Pierre Pignard , faisant ledit nombre de vingt
Clercs & Auditeurs , ils ont semblablement eu confirmacion à
part. De nostredit Advocat, Maistre Etienne Bouchard. De notredit Procureur , Maistre Gervais du Molinet. Desdits deux
Greffiers, Maistres Pierre Chevalier & Pierre le Maistre. Dudit
Controlleur du Trésor, Maistre Anthoine le Moine. Dudit Receveur & Payeur, Maistre Pierre Talon ; & dudit Porteur de

Livres, François Gaudart : fans que pour ce la jouïffance defdits Offices & perception defdits gaiges, droits, épices, proufits & émolumens, felon qu'il eft dit cy-deffus, tous les deffus nommez Officiers de notredite Chambre des Comptes foient tenus faire autre nouveau ferment que celuy qu'ils en ont particulierement fait cy-devant, & du vivant de feu notredit Seigneur & Pere, ne prendre autre nouvelle inftitution, verification ny expedition, que cellesqu'ils en ont ja euës & prinfes, & cefdites Prefentes, aufquelles en témoing de ce Nous avons fait mettre noftre Scel. DONNE' à Fontainebleau le vingt-feptiéme jour de Septembre, l'an de grace mil cinq cens quarante-fept, & de notre Regne le premier. Et plus bas fous le reply eft écrit : Sans taxe, par commandement du ROY, DE LA CHESNAYE. Signé fur ledit reply, par le Roy, DE L'AUBESPINE. Et fcellées fur double queuë de cire jaune.

Sur la difficulté meuë au Bureau ce jourd'huy dix-neuviéme Decembre mil cinq cens quarante-fept, de renvoyer devers le Roy pour obtenir dudit Seigneur l'expedition finale de la confirmation & continuation pieça commandée par iceluy Seigneur, des Officiers de ceans en l'exercice de leurs Offices, fuivant le Rolle qui en a efté dreffé, après que par aucuns defdits Officiers a efté remontré, que par une copie dudit Rolle qu'ils ont vûë, les noms & qualitez d'aucuns defdits Officiers y font prepofterement écrits & nommez, doubtoient ceux qui font ainfi enrollez en ordre, autre que celuy auquel ils prétendent devoir eftre, que ce leur puft eftre en l'advenir préjudiciable, & tourner à quelque diminution de leurs prééminences ; l'affaire toutesfois mife en déliberation, ayant la Chambre deuëment affemblée, confideration à la confequence qui pourroit furvenir, de plus avant tirer en longueur le recouvrement de l'expedition de ladite confirmation generale, a efté concluëment advifé & déliberé, que fans préjudice des qualitez, droits, prééminences & prérogatives refpectivement prétenduës, lefdits Officiers, ou aucun d'eux fera renvoyé devers ledit Seigneur & Meffieurs de fon Confeil privé, afin de recouvrer, obtenir & apporter les Lettres en forme de ladite confirmation, efquelles foient éctits & nommez tous les Officiers en icelle Chambre, felon l'ordre & nomination contenuë audit Rolle, qui ja en a esté arresté , comme l'on dict, & que le Roy notredit Seigneur en a par cy-devant écrit à ladite Chambre, lesdits Officiers demourans néantmoins, chacun en droit soy, en tels degrez, droits & prérogatives qu'ils ont esté & sont de present.

Extrait des Regiftres de la Chambre des Comptes de Paris, Memorial 2. O. fol. 160. verso.

LETTRES

*Concernant les droits de Busche & de Chauffage attribuez
aux Conseillers Correcteurs de la Chambre des Comptes
de Paris.*

Du vingt-trois Juillet 1548.

HENRY par la grace de Dieu Roy de France , à nos Henry II.
amez & feaux les Gens de nos Comptes à Paris , Generaux de nos Finances , & Tréforier de noftre Epargne, prefens
& à venir, SALUT ET DILECTION. Nos amez & feaux Confeillers les quatre Correcteurs en noftre Chambre defdits Comptes,
Nous ont fait dire & remontrer , comme feu noftre très-honoré
Seigneur & Pere , que Dieu abfoille , par fes Lettres Patentes
données à Compiegne au mois d'Octobre mil cinq cens trente-
neuf, & pour plufieurs bonnes & juftes caufes & confiderations
y contenuës , auroit voulu & ordonné que les Préfidens , Vi-
Préfidens , Maiftres , Auditeurs , Greffiers & autres nos Officiers en la Chambre de nofdits Comptes , dénommez efdites
Lettres , enfemble leurs fucceffeurs efdits Eftats & Offices ,
chacun en leur regard , fuffent & foient dorefnavant par chacun an , à commencer du premier jour dudit mois d'Octobre,
payez de leurs droits de Bufche & Chauffage , à raifon de douze
fols parifis pour chacun moufle de bois qu'ils fouloient auparavant avoir & prendre à caufe de leurfdits Offices , à raifon de
cinq fols un denier obole pour moufle feulement ; Et pour autant que par inadvertance ou autrement , lefdits Correcteurs ne
furent comprins & nommez efdites Lettres , combien que de
tout temps ils ayent efté & foient du Corps d'icelle Chambre,
ils n'ont toutefois aucunement joi de la liberalité faite par
noftredit feu Seigneur & Pere aux Officiers de noftredite
Chambre pour le regard & l'augmentation dudit droit de Bufche & Chauffage ; au moyen de quoy ils fe feroient retirez par
devers Nous pour Nous remontrer & faire entendre ladite ob-

A

miſſion, Nous requerant très-humblement vouloir ſur ce déclarer nos vouloir & intention, & leur octroyer nos Lettres de
Proviſions à ce neceſſaires. Pourquoy Nous deſirant favorablement traiter noſdits Conſeillers & Correcteurs, leſquels,
comme il eſt vray-ſemblable, noſtredit feu Seigneur & Pere a
entendu eſtre comprins & participans dudit bienfait, comme
eſtant du Corps d'icelle Chambre, ayant auſſi égard à la qualité & conſequence dont Nous ſont leſdits Eſtats & Offices de
Correcteurs, & meſmement aux grands & laborieux ſervices
qu'ils Nous ont par cy-devant fait, font encore par chacun
jour, & eſperons que plus feront à l'avenir en la correction
des comptes de nos Officiers comptables, tant en la recherche
des obmiſſions de recette & erreurs de jet, que parties employées
deux fois en iceux, & mal prinſes ſur Nous & ſur nos finances,
deſquelles corrections nous peut venir grandes ſommes de deniers, pour ſubvenir à nos urgentes affaires ; & voulant iceux
ſervices, comme il eſt bien raiſonnable, reconnoiſtre envers
eux, pour toujours leur donner occaſion de travailler & perſe-
verer de bien en mieux à l'exercice de leurſdits Offices, avons
POUR CES CAUSES, & autres conſiderations à ce Nous mouvans,
de noſtre grace ſpeciale, pleine puiſſance & autorité Royale,
dit, déclaré & ordonné, diſons, déclarons & ordonnons par
ces Preſentes ſignées de noſtre main, que noſtre vouloir & intention eſt que leſdits Correcteurs, comme eſtant du Corps de
ladite Chambre, joiſſent & ſoient participans de la grace & liberalité faite par noſtredit feu Seigneur & Pere aux autres Officiers d'icelle Chambre ; & en ce faiſant, qu'ils & chacun d'eux
reſpectivement, & enſemble leurs ſucceſſeurs eſdits Offices,
ſoient doreſnavant par chacun an, à commencer du jour &
datte de ces Preſentes, payez de leur droit de Buſche & Chauffage, à ladite raiſon de douze ſols pariſis pour chacun mouſle
de bois qu'ils ont accouſtumé avoir & prendre par chacun an,
à cauſe de leurſdits Offices, comme les autres Officiers de notredite Chambre, & ce outre & pardeſſus les gages & autres
droits à leurſdits Offices appartenans, ſans aucune diminution
d'iceux, nonobſtant qu'ils ne ſoient comprins & nommez ès
Lettres de Proviſions de noſtredit feu Seigneur & Pere, comme

dit eſt, que ne voulons leur nuire ne préjudicier en aucune maniere, ains en tant que meſtier eſt ou ſeroit, les en avons relevé & relevons, & d'icelle cruë & augmentation de droit de
Buſche en faveur & conſideration des choſes deſſuſdites, leur
en avons fait & faiſons don par ceſdites Preſentes, par leſquelles vous MANDONS, & à chacun de vous en ſon regard, que en
faiſant noſdits Conſeillers & Correcteurs, & chacun d'eux, enſemble leurs ſucceſſeurs eſdits Offices, joïr & uſer de nos preſens don, grace & octroy, vous ſouffrez & permettez au Receveur & Payeur des gages & droits des Officiers de noſtredite
Chambre, preſens & à venir, prendre & recevoir doreſnavant
par chacun an, à commencer comme deſſus, par ſes ſimples
quittances, des deniers par Nous ordonnez pour le payement
des gages & droits des Officiers de noſtredite Chambre, par les
mains des Receveurs ou Fermiers de nos Magazins, ou autres
nos Officiers comptables, ſur leſquels Nous avons & pourrions
cy-après aſſigner les gages & droits des Officiers d'icelle Chambre, la ſomme de trois cens livres pariſis, à laquelle monte par
chacun an ladite cruë & augmentation du droit de Buſche deſdits quatre Correcteurs, à raiſon de ſoixante-quinze livres pariſis pour chacun d'eux, & laquelle ſomme Nous voulons eſtre
comprinſe & incorporée par vous Generaux & Treſoriers de
noſtre Epargne préſens & à venir, en l'aſſignation ordinaire du
Receveur & Payeur deſdits gages & droits, outre & pardeſſus
ladite aſſignation ordinaire, & tout ainſi que l'augmentation
dudit droit de Buſche faite & accordée par noſtredit feu Seigneur & Pere, aux autres Officiers d'icelle Chambre; Et iceux
Correcteurs & chacun d'eux, enſemble leurs ſucceſſeurs eſdits
Offices, en eſtre doreſnavant par chacun an, aux termes accoutumez, payez par leurs ſimples quittances par le Receveur deſdits
gages & droits, comme les autres Officiers de ladite Chambre,
ſans ce qu'il leur ſoit beſoin en avoir & recouvrer de Nous par
chacun an autre acquit que ceſdites Preſentes, leſquelles Nous
voulons eſtre par vous Gens de noſdits Comptes, vérifiées, enterinées & enregiſtrées ſelon leur forme & teneur, & ſervir envers vous auſdits Correcteurs d'acquit & décharge ſur les comptes dudit Receveur & Payeur pour le regard de l'augmenta-

A ij

tion dudit droit de Bufche , jufqu'à concurrence de ladite fomme de trois cens livres parifis , en rapportant par luy fur iceux cefdites Prefentes , ou le vidimus d'icelles fait fous Scel Royal, pour une fois , avec les quittances defdits Corredeurs fur ce fuffifantes tant feulement ; C a r tel eft noftre plaifir, nonobftant ladite erreur ou obmiffion , & quelconques autres Ordonnances , tant anciennes que modernes , Reftrindions , Mandemens ou Deffenfes à ce contraires. Donne' à Mafcon le vingt-troifiéme jour de Juillet, l'an de grace mil cinq cens quarante-huit, & de noftre Regne le fecond. Signé, H E N R Y , par le Roy , B o c h e t e l. Et fcellées de cire jaulne fur fimple queuë.

Les Gens des Comptes du Roy noftre Sire. Veuës par Nous les Lettres Patentes dudit Seigneur, données à Mafcon le vingt-troifiéme jour de Juillet dernier paffé , fignées de fa main & de l'un des Secretaires fignant en fes finances , impetrées & à Nous prefentées de la partie des quatre Corredeurs efdits Comptes ; par lefquelles narration faite de la cruë & augmentation du droit de Bufche odroyée par le feu Roy, que Dieu abfolve, en l'an mil cinq cens trente-neuf, aux Officiers de la Chambre defdits Comptes , ès Lettres de laquelle augmentation lefdits Impetrans par inadvertance , ou autrement , ne furent lors comprins , le Roy noftredit Seigneur , pour les caufes déclarées en fefdites Lettres, veut que les quatre Corredeurs fupplians , comme eftant du Corps de ladite Chambre , joiffent & foient participans de la grace & liberalité dudit feu Sieur ; & en ce faifant, ils & leurs fucceffeurs efdits Offices , foient dorefnavant par chacun an , à commencer au jour & datte de fefdites Lettres, payez de leur droit de Bufche & Chauffage, à la raifon de douze fols parifis pour chacun moufle de bois, qu'ils fouloient auparavant prendre , à raifon de cinq fols un denier obole pour moufle feulement , & ce outre & pardeffus les gages & autres droits à leurfdits Offices appartenans , & fans aucune diminution d'iceux ; Nous mandant permettre au Receveur & Payeur des gages & droits des Officiers de ladite Chambre , prefens & à venir , prendre & recevoir dorefnavant par chacun an , à commencer comme deſſus, par ſes ſimples quittances, par les mains des Receveurs ou Fermiers des Magazins, ou autres Officiers comptables, ſur leſquéls ledit Seigneur pourroit cy·après aſſigner les gages & droits des Officiers deſdits Comptes, la ſomme de trois cens livres pariſis, à laquelle monte chacun an ladite cruë de Buſche deſdits Impetrans, à raiſon de ſoixante-quinze livres pariſis pour chacun d'eux, & ladite cruë allouée ſur les comptes dudit Receveur & Payeur, juſques à la concurrence deſdites trois cens livres pariſis, nonobant l'obmiſſion ſuſdite, & quelconques Ordonnances à ce contraires. Veuë auſſi la Requeſte à Nous ſur ce preſentée de la part deſdits Impetrans, & conſideré ce qui en cette partie faiſoit à conſiderer, conſentons en tant que à Nous eſt, l'enterinement deſdites Lettres, ſelon leur forme & teneur. Donne´ ſous nos Signez le le neuviéme jour de Janvier mil cinq cens quarante-huit, LE MAISTRE.

Extrait des Regiſtres de la Chambre des Comptes de Paris, Memorial 2.O. fol. 371. verſo.

DECLARATION

*Portant exemption & décharge de Tutelle & Curatelle en
faveur des Conseillers Auditeurs de la Chambre des
Comptes de Paris.*

Du onze Octobre 1556.

HENRY par la grace de Dieu, Roy de France, à tous Henry III.
ceux qui ces presentes Lettres verront, SALUT. Notre Procureur General en notre Chambre des Comptes de Paris Nous
a fait dire & remontrer que pour le continuel & assidu service
que Nous font tenus faire les Officiers en notre Chambre des
Comptes au fait & exercice de leurs Estats & Offices, tant pour
l'examen, closture & expedition des Comptes de nos Officiers
comptables, que pour les autres grandes & urgentes affaires qui
de jour en jour surviennent en notredite Chambre, & qui par
Nous leur sont renvoyées & commises, ne doivent estre nommez
& élûs aux Tutelles & autres charges personnelles qui pourroient
les détourner & divertir du service qu'ils nous doivent ; ce néantmoins il est averti qu'aucuns particuliers se font forcez d'élire
pardevant notre Prevost de Paris aucuns de nos amez & feaux
Conseillers & Auditeurs de nosdits Comptes, pour estre Tuteurs
& Curateurs à des Mineurs, qui est un des plus grands moyens
pour retarder nos affaires, & donner occasion à nosdits Conseillers Auditeurs de desemparer & délaisser notre service, pour vacquer & entendre au fait & negoce des particuliers ; ce qui Nous
a semblé estre du tout alicné de droit & de raison : Sur quoy
notredit Procureur General soigneux du bien, profit & utilité
de Nous, l'expedition de nosdits comptes, & autres nos affaires,
Nous a supplié vouloir pourvoir de nos Lettres à ce necessaires ;
Nous, ces choses considerées, connoissant de quelle importance
nous feroit, si telles élections avoient lieu, ne voulant préferer
les affaires des particuliers aux nostres & publiques ; Avons de

notre grace fpeciale, pleine puiffance & autorité Royale, dit, déclaré & ordonné, difons, déclarons, voulons, ordonnons & Nous plaift, qu'aucuns de nofdits Officiers, même de nofdits Confeillers & Auditeurs de nofdits Comptes ne foient & ne puiffent eftre tenus ny chargez de Tutelles & Curatelles de Mineurs de quelque élection qui en foit & pourra eftre faite, & defquelles tant pour le paffé que pour l'avenir les avons exemptez & déchargez, exemptons & déchargeons, fans que pour raifon des élections qui en pourroient avoir été faites, ils puiffent eftre contraints recevoir & accepter lefdites charges de Tutelles, & où par le paffé aucuns de nofdits Confeillers & Auditeurs auroient été élûs Tuteurs & Curateurs à aucuns Mineurs, lefquels, comme dit eft, pour le fervice qu'ils Nous doivent, ne peuvent entendre au fait & charges defdites Tutelles, voulons & Nous plaift, qu'ils en foient & demeurent déchargez, & lefquels de notredite grace fpeciale, pleine puiffance & autorité Royale, avons déchargez & déchargeons par cefdites Prefentes, en pourvoyant toutefois par nos Juges & Officiers des lieux où lefdites élections font & auront été faites d'autres perfonnes capables Tuteurs & Curateurs aufdits Mineurs, leurs parens & amis convoquez & appellez en la maniere accoutumée, pourvû qu'ils ne fe foient immifcez efdites Tutelles & Curatelles, & n'ayent icelles acceptées. Si donnons en mandement à notre Prevoft de Paris, ou fon Lieutenant, à tous Baillifs, Sénéchaux & autres Officiers, & à chacun d'eux, fi comme à luy appartiendra, que nos prefentes Déclaration, vouloir & intention, ils faffent lire, publier & enregiftrer où befoin fera, garder & obferver, & entretenir de point en point felon fa forme & teneur : Car tel eft noftre plaifir, nonobftant quelconques Lettres, Ordonnances, Reftrictions, Mandemens ou Défenfes à ce contraires. Donné à Paris le onziéme jour d'Octobre, l'an de grace mil cinq cens cinquante-fix, & de notre Regne le dixiéme. Signée, par le Roy, Me Michel Vialart, Maiftre des Requeftes ordinaire de l'Hoftel, prefent, DE LAUBESPINE. Et fcellée.

Lûë, publiée en Jugement en l'Auditoire Civil du Chaftelet de Paris, en la prefence & du confentement du Procureur du Roy notre

Sire audit Chaſtelet, & ordonné eſtre enregiſtrée aux Regiſtres or-
dinaires, ſans préjudice des actions des particuliers pour le paſſé
contre ceux qui par cy-devant ſe ſont immiſcez eſdites Tutelles &
Curatelles. Fait ce Jeudy vingt-deuxiéme jour d'Octobre, l'an mil
cinq cens cinquante-ſix, Noble Homme & ſage Me Jean Muſnier,
Conſeiller du Roy notre Sire, & Lieutenant Civil de la Prevoſté de
Paris, tenant le Siege, Signé, Trouve'.

Enregiſtrée au ſeptiéme volume de Banieres Regiſtre ordinaire
du Chaſtelet de Paris aux neuf vingts 18. & 19. feuillets. Signé,
Remy. *Collationné par moy Conſeiller du Roy & Auditeur de ſes*
Comptes, Aidel. *Collationné par moy Greffier en la Chambre des*
Comptes de Normandie. Signé, Tesson.

[illegible]

LETTRES

PORTANT confirmation d'Exemptions des Logis en faveur des Officiers de la Chambre des Comptes de Paris.

Du six Mars 1556.

HENRY par la grace de Dieu Roy de France, à tous ceux qui ces presentes Lettres verront, SALUT. Combien que de tout temps & ancienneté nos amez & féaux Conseillers les Présidens, Maistres, Correcteurs & Auditeurs, Avocat & Procureur Generaux, Greffiers & autres Officiers de notre Chambre des Comptes à Paris, ayent esté & soient privilegiez & exempts de ne loger en leurs maisons tant audit Paris que ailleurs, aucuns Princes, Prélats, Gentilshommes, Officiers, Ambassadeurs ni autres personnes de quelque qualité & condition qu'ils soient. Toutefois les Gens de nosdits Comptes Nous ont remontré, que les Maréchaux de nos Logis & Fouriers marquent & logent ordinairement en leurs maisons qui bon leur semble, & si elles se trouvent assises ès ruës & quartiers qu'ils baillent & départent tant pour les Officiers de notre très-chere & très-amée Compaigne la Reine, & de nos très chers & très-amez Enfans, que pour les Princes estant ordinairement à la suite de notredite Cour, & aussi pour les deux cens Gentilshommes de notre Hostel, & quatre cens Archers de nos Gardes, lesdits Maréchaux & Fouriers n'exceptent ni réservent leursdites maisons, au moyen dequoy les autres Maréchaux & Fouriers de notredite Compaigne & Enfans, & pareillement ceux desdits Princes, Gentilshommes & Archers de notre Garde y marquent, & logent aussi de leur part tous ceux qu'il leur plaist. Nous requerans à cette cause nosdits Gens des Comptes, attendu le devoir & service continuel qu'ils nous font en leursdits estats, que en continuant la grace, faveur

A

& exemptions dont ils ont toujours joüi du temps de nos Prédeceffeurs, & encore depuis notre avenement à la Couronne, fous notre bon plaifir foit vouloir fur ce déclaré notre vouloir : Sça-voir faisons que Nous defirant bien & favorablement traiter tous & chacun les Officiers du Corps de notredite Chambre des Comptes en confideration mêmement des bons, grands, laborieux & recommandables fervices qu'ils font ordinairement à Nous & à la chofe publique de notre Royaume, pour reconnoiffance defquels nos Prédeceffeurs & Nous les avons toujours tenus, cenfez & reputez, tenons, cenfons & reputons du nombre de nos Officiers ordinaires & commenfaux : Pour ces causes & autres bonnes & raifonnables confiderations à ce nous mouvans, avons dit & déclaré, voulu, ftatué & ordonné, difons, déclarons, voulons, ftatuons, ordonnons & Nous plaift, de notre certaine fcience, pleine puiffance & autorité Royale par ces Prefentes, que lefdits Préfidens, Maiftres, Correcteurs & Auditeurs, Avocat & Procureur Generaux, Greffiers & autres Officiers de notredite Chambre des Comptes prefens & avenir, foient & demeurent perpetuellement exempts de loger en leurs maifons tant audit Paris que ailleurs, aucuns Princes, Prélats, Gentilshommes, Officiers, Ambaffadeurs & autres perfonnes eftant de prefent & qui feront cy-après à la fuite de notre Cour, de quelque qualité & condition qu'ils foient, & lefquels nofdits Officiers & chacun d'eux tant en general que particulier, nous avons de ce exempté & exemptons à toujours de notre grace fpeciale, pleine puiffance & autorité Royale par cefdites Prefentes, en commandant & défendant très-expreffément, c'eft à fçavoir aufdits Maréchaux & Fouriers de nos Logis, & chacun d'eux prefens & avenir, que dorefnavant ils n'ayent à marquer ne loger, ne fouffrir marquer, ne loger aucunes perfonnes de quelque qualité qu'elles foient, comme dit eft, ès maifons defdits Préfidens, Maiftres, Correcteurs, Auditeurs, Avocat & Procureur Generaux, Greffiers & autres Officiers de notredite Chambre des Comptes, tant audit Paris que ailleurs : & quand aucunes defdites maifons fe trouveront ès rües & quartiers qui ont efté & feront par eux cy-après départis & diftribuez, tant pour les Officiers de notredite Compaigne & Enfans, que defdits Princes, Gentilshommes de notre Hoftel & Archers de notre Garde, ils ayent à icelles excepter &

referver ; Et baillant & afleyant lefdits quartiers à leurs Maréchaux & Fouriers des Compagnies de nos Ordonnances, Chevaux-Legers, Ban & Arriere-ban, tant de cheval que de pied, de ne loger ès maifons que nofdits Officiers & chacun d'eux ont & pourront avoir aux champs, fous peine d'eftre caffez de notre fervice, foulde & eftats, & punis comme infracteurs & tranfgreffeurs de nos Ordonnances. Si DONNONS EN MANDEMENT aux Gens de nos Comptes, que notre prefent vouloir, déclaration, ftatut & Ordonnance, ils faffent lire, publier & enregiftrer en notredite Chambre, garder & obferver, fans fouffrir y eftre contrevenu en aucunè maniere. CAR tel eft notre plaifir. Et pour ce que de cefdites Prefentes nofdits Gens des Comptes & Officiers, & chacun d'eux pourroit avoir à faire en plufieurs & divers lieux, Nous voulons que au vidimus d'icelles dûëment collationnées par l'un de nos amez & feaux Notaires & Secretaires, ou fait fous le Scel Royal, foy foit ajoutée comme à ce prefent original, auquel en témoin de ce Nous avons fait mettre notre Scel. DONNE' à Paris le fixiéme jour de Mars l'an de grace mil cinq cens cinquante-fix, & de notre Regne le dixiéme. Et fur le reply defdites Lettres eft écrit, Par le Roy, Meffieurs le Cardinal de Lorraine, Duc de Montmorency Pair & Connétable de France, & autres prefens. Ainfi figné, BOURDON. Et fcellées fur double queuë de cire jaune.

Lûës, publiées & enregiftrées en la Chambre des Comptes du Roy notre Sire, ouy & ce confentant le Procureur General dudit Seigneur en icelle, le dernier jour de Mars l'an 1556. avant Pâques. Ainfi figné, FORMAGET.

Lûës, publiées & regiftrées en la Prevofté de l'Hoftel du Roy, ouy & confentant le Procureur dudit Seigneur en icelle, le dernier Jour de Novembre, 1557. Signé, PANOUZE.

Lûës, publiées & regiftrées au Siege & Jurifdiction de la Connétablie & Maréchauffée de France à la Table de Marbre du Palais à Paris, ouy & confentant le Procureur du Roy en icelle Jurifdiction, le quatriéme jour de Janvier l'an 1557. Signé, DELORE.

Extrait des Regiftres de la Chambre des Comptes de Paris, Memorial 2. X. fol. 282. verfo.

AUTRES LETTRES
Du vingt-fept Novembre 1557.

HENRY par la grace de Dieu Roy de France, à nos amez & féaux Connétables & Maréchaux de France ou leurs Lieutenans à la Table de Marbre de notre Palais à Paris, & Prevoft de notre Hoftel, prefens & avenir, SALUT ET DILECTION. Il Nous a efté remontré de la part de nos amez & féaux Confeillers, Préfidens, Maiftres, Correcteurs, Auditeurs, Advocat & Procureur Generaux, Greffiers & autres Officiers de notre Chambre des Comptes audit Paris, que par nos Lettres Patentes du fixiéme jour du mois de Mars dernier, avons dit, voulu, déclaré, ftatué & ordonné qu'ils & autres Officiers de notredite Chambre prefens & avenir, feront & demoureront perpetuellement exempts de loger en leurfdites maifons tant audit Paris que ailleurs, aucuns Princes, Prélats, Gentilshommes & autres perfonnes generalement quelconques qui font de prefent & qui pourront eftre cy-après à l'avenir de notre Cœur, ainfi qu'il eft plus à plein déclaré en nofdites Lettres, lefquelles par inadvertance ne vous ont efté adreffées, au moyen de quoy voulfiffiez faire difficulté de proceder à la verification d'icelles, s'il ne vous eftoit par Nous mandé à faire ; pour ce eft-il que Nous voulons, vous mandons & à chacun de vous, comme il luy appartiendra, expreffément enjoignons, que vous ayez à proceder à l'enterinement & verification de nofdites Lettres d'exemptions de Logis y attachées fous le Contrefcel de notre Chancellerie, de point en point felon leur forme & teneur, tout ainfi que fi elles eftoient à vous adreffans, en faifant joüir & ufer nofdits Officiers, & chacun d'eux de ladite exemption pleinement & paifiblement, fans y contrevenir, ne foffrir y eftre contrevenu en aucune maniere. MANDONS en outre au premier notre Huiffier ou Sergent fur ce requis, fignifier le contenu en nofdites Lettres d'exemption & cefdites Prefentes à nos Maréchaux de nos Logis, Fouriers & autres qu'il appartiendra, à ce qu'ils n'en prétendent cy-après caufe d'ignorance, & que de leur part ils ayent fuivant nofdits vou-

A

loir & intention, à garder, obſerver & entretenir le contenu
en noſdites Lettres ſur les peines y contenuës. CAR ainſi Nous
plaiſt-il être fait, nonobſtant que noſdites premieres Lettres ne
ſoient à vous adreſſants, comme dit eſt, & quelconques Lettres
à ce contraires. DONNE' à Saint Germain en Laye le vingt-ſeptiéme jour de Novembre l'an de grace 1557. & de notre Regne
l'onziéme. Signé par le Roy en ſon Conſeil, HURAULT, & ſcellées ſur ſimple queuë de cire jaune.

Extrait des Regiſtres de la Chambre des Comptes de Paris, Memorial 2. X.
fol. 445.

LETTRES

PORTANT confirmation des Officiers de la Chambre des Comptes de Paris dans leurs Offices, lors du joyeux Avenement.

Du vingt-huit May 1560.

FRANCOIS par la grace de Dieu Roy de France, à tous François II. ceux qui ces presentes Lettres verront, SALUT. Comme l'une des choses que depuis nostre advenement à la Couronne avons eu & avons en plus grande & singuliere recommandation, soit de conserver & entretenir les choses qui ont esté avec grandes & meures déliberations pour le bien de Nous & de la chose publique establies, entre lesquelles est la Cour & Chambre des Comptes de tout temps & ancienneté créée & ordonnée en nostre Ville de Paris, laquelle nos prédecesseurs Rois de France ont composée de plusieurs personnes, estats & Offices, en tel nombre qu'il leur a semble estre requis pour la conservation de nos Droits, Domaines & Finances de nos Royaume, Pays & Seigneuries, oir, clorre & affiner les comptes de tous les Officiers comptables, ayant maniement & administration, avec la totale cohertion, justice & jurisdiction à ce requises & necessaires, & de ce qui en dépend, laquelle Cour & Chambre Nous desirons, comme il est très-requis & necessaire, entretenir & conserver, à l'imitation de nosdits Prédecesseurs. SÇAVOIR FAISONS que Nous les choses dessusdites considerées, & les bons, agréables & recommandables services que nos amez & feaux les Présidens, Conseillers Maistres ordinaires, Correcteurs, Auditeurs, Advocat & Procureur Generaux, Greffiers, Contrerolleur de nostre Trésor, premier Huissier, Receveur & Payeur des Gaiges & Droits des Officiers de nostredite Chambre, Porteurs des Livres & Huissiers d'icelle, estans de present en nostredite Chambre, ont fait par cy-devant à feu nostre très-honoré Seigneur & Pere, que Dieu absolve, en l'exercice de leursdits Offices, & en plusieurs autres louables manieres, & esperons qu'ils Nous fe-

A

ront de bien en mieux par cy-après : Pour ces causes, & pour l'entiere & parfaite confiance que Nous avons de leurs perfonnes & de leurs fens, fuffifance, loyaulté, preudhommie & bonne diligence, avons pour l'entretenement d'icelle noftredite Chambre, & par l'advis & déliberation de plufieurs Princes de noftre Sang & Gens de noftre Confeil privé, iceux Préfidens qui font au nombre de fix, Maiftres des Comptes qui font au nombre de vingt-huit, Correcteurs qui font au nombre de huit, Clercs & Auditeurs qui font au nombre de trente-deux, Avocat & Procureur Generaux, deux Greffiers & Contrerolleur de noftre Tréfor, ung Receveur & Payeur des gaiges & droits de ladite Chambre, deux Porteurs de Livres, vingt-trois Meflagers & Huiffiers, continuez & confirmez, continuons & confirmons efdits eftats & Offices qu'ils ont tenus & exercez du vivant de notredit feu Seigneur & Pere, tenoient & exerçoient lors de fon trépas, comme ils font encore de prefent; & lefquels, en tant que befoing eft ou feroit, & qu'on les voudroit dire vaccans & impétrables par le trépas de feu notredit Seigneur & Pere, leur avons donné & octroyé, donnons & octroyons, & à chacun d'eulx en droit foy, de grace fpecial par ces Prefentes, pour en jouir & ufer, & les tenir & exercer aux honneurs, autoritez, prérogatives, prééminences, franchifes, libertez, gaiges, droits d'épices, prouffits, revenus & émolumens accouftumez, & qui y appartiennent, & tout ainfi qu'ils les avoient, prenoient & en jouiffoient au jour du trépas de noftredit feu Seigneur & Pere; defquels Préfidens, Confeillers Maiftres ordinaires, Correcteurs, Clercs & Auditeurs, Advocat & Procureur Generaux, Greffiers, Contrerolleur de noftre Tréfor, Huiffier, Receveur & Payeur des gaiges & droits de noftredite Chambre des Comptes, Porteurs des Livres, Meflagers & Huiffiers d'icelle, les noms & furnoms s'enfuivent; c'eft à fçavoir defdits Préfidens, Maiftre Anthoine Nicolai premier Préfident, Maiftre François Alamant, Maiftre Jehan Luillier, Maiftre Guillaume Bailly, Maiftre Guy Arbalefte, Maiftre Michel Tambonneau. Maiftres des Comptes, Maiftre Claude de la Croix, Maiftre Jehan Viole, Maiftre Pierre Fraguier, Maiftre Triftan du Val, Maiftre Nicolas Seguier, Maiftre Geofroy Luillier, Maiftre Pierre Pignard, Maiftre Paris Heflelin, Maiftre Claude Guyot, Maiftre Jehan

Hennequin , Maiſtre Claude le Roux , Maiſtre Nicolas le Jay , Maiſtre Guillaume de Reilhac , Maiſtre Jehan le Comte, Maiſtre François Hacqueville , Maiſtre Guillaume Chevalier , Maiſtre Nicolas Cotton , Maiſtre Guillaume Gelinard , Maiſtre Jehan Bellot , Maiſtre Guillaume Marillac , Maiſtre Pierre de Valles , Maiſtre Anthoine Poart , Maiſtre Benoiſt le Grand , Maiſtre Anthoine Barillon , Maiſtre François d'Eibene , Maiſtre Jehan Aimeret , Maiſtre Jehan Morin & Maiſtre François Gaudart. Correcteurs , Maiſtre Euſtace Allegrin , Maiſtre Jacques le Lieur , Maiſtre Jacques Gobelin , Maiſtre Richard le Pelletier , Maiſtre Simon de Neufville , Maiſtre Charles Pichon , Maiſtre Nicolas d'Aurillot & Maiſtre Denis d'Auran. Auditeurs, Maiſtre Denis Picot , Maiſtre Pierre Parent , Maiſtre Euſtace Puillois, Maiſtre Pierre du Hamel , Maiſtre Nicolas Barthelemy , Maiſtre René de Caulers , Maiſtre Guillaume le Sueur , Maiſtre Guillaume le Sueur , Maiſtre Jacques Luillier , Maiſtre Jacques Chevalier , Maiſtre André le Roux , Maiſtre Charles le Prevoſt , Maiſtre Charles Hotman , Maiſtre Leon Fuzée , Maiſtre Hubert le Febvre , Maiſtre Antoine Michon , Maiſtre Jacques Scopart , Maître Denis de Bezançon , Maître Guillaume Poart , Maître Loys Doulcet , Maître Georges Danés , Maître Jean Jouſſelin, Maître Jehan Parent , Maître Jehan Duderé , Maître François Lambert, Maître Jehan Hennequin , Maître Denis de Saint-Germain , Maître Guillaume Lotin , Maître Pierre Sanguin, Maître Robert Mallenault, Maître Antoine le Coigneux & Maître Pierre Charlet. Advocat & Procureur Generaux , Maître Jehan Prevoſt notre Advocat, & Maître Guillaume du Molinet notre Procureur. Maîtres Pierre le Maiſtre & Hugues Fromaget, Greffiers. Maître Anthoine le Moine , Contrerolleur du Tréſor. Maître Nicolas Pinon , Huiſſier Receveur & Payeur des gaiges & droits de noſdits Officiers, Maître Loys le Fevre Receveur general des reſtes des Comptes. Maîtres Pierre Collé & Jehan le Royer, Gardes & Porteurs des Livres. Jehan Lamoureux , Michel Mareille, Jacques Nivert , Gilles des Noz, Noel de Beuzeville, Robert Guillart, Pierre le Febvre, Jacques Roger , Pierre le Maire, Jacques de Compiegne , Balthazar de Champigni , André le Clerc, Hieroſme Simon , Mathurin le Clerc , Guillaume Oudineau, François Pelletier, Claude Cherré , François Gouſſelin ,

Anthoine Gilbert, Chriſtophe le Denois & Etienne Dinonceau, Huiſſiers, Meſſagers. Tous leſdits Préſidens, Conſeillers Maîtres ordinaires, Correcteurs, Auditeurs, Advocat & Procureur Generaux, Greffiers, Receveur, Contrerolleur, Gardes des Livres, Meſſagers & Huiſſiers en ladite Chambre des Comptes, avons confirmez & confirmons de grace ſpeciale par ces Preſentes, ſans que les deſſuſdits Officiers ſoient tenus faire autre nouvel ſerment que celuy qu'ils ont particulierement fait cy-devant du vivant de feu notredit Seigneur & Pere, ne prendre autre nouvelle inſtitution, ne vérification que celles qu'ils ont ja euës & priſes, & ceſdites Preſentes, auſquelles en témoing de ce Nous avons fait mettre notre Scel. DONNE' à Romorantin le vingt-huitiéme jour de May, l'an de grace mil cinq cens ſoixante, & de noſtre Regne le premier. Signé ſur le reply, par le Roy, FIZES. Et ſcellées ſur double queuë de cire jaune.

Regiſtrata in Camera Compotorum Domini noſtri Regis, vigeſimo nono Maii, anno Domini milleſimo quadringenteſimo ſexageſimo, FROMAGET.

Extrait des Regiſtres de la Chambre des Comptes de Paris, Memorial 3. A. fol. 186. verſo.

AUTRES LETTRES

Du vingt-quatre Septembre 1560.

FRANCOIS par la grace de Dieu Roy de France, à tous ceux qui ces préfentes Lettres verront, SALUT. Nos amez & feaux les Gens de nos Comptes à Paris Nous ont remontré que feu notre très-cher Seigneur & Pere, que Dieu abfolve, leur octroya fes Lettres Patentes données à Paris le fixiéme jour du mois de Mars 1556. par lefquelles il auroit voulu & ordonné que les Préfidens, Maiftres, Correcteurs, Auditeurs, Avocat & Procureur Generaux, Greffiers, Receveurs & autres Officiers de notre Chambre defdits Comptes, fuffent privilegiez & exempts de loger en leurs maifons tant audit Paris que aux champs, aucuns Princes, Prélats, Gentilshommes, Officiers, Ambafladeurs, & autres perfonnes de quelque qualité & condition qu'ils fuffent : Toutefois les Maréchaux de nos Logis, & Fouriers marquent & logent ordinairement en leurs maifons qui bon leur femble, & fi elles fe trouvent affifes ès ruës, quartiers ou villages qu'ils baillent & départent tant pour les Officiers de notre très-honorée & très-chere Dame la Reine notre Mere, & notre très-honorée & très-amée Compaigne la Reine, & de nos très-chers & très-amez Freres, que pour les Princes eftant ordinairement en la fuite de notre Cour, & auffi pour les deux cens Gentilshommes de notre Hôtel & quatre cens Archers de nos Gardes, lefdits Maréchaux & Fouriers n'exceptent & ne refervent leurfdites maifons, au moyen de quoi les autres Maréchaux des Logis de notredite Mere, Compaigne & Freres, & pareillement ceux defdits Princes, Gentilshommes & Archers de notre Garde, y marquent & logent auffi de leur part tous ceux qu'il leur plaift ; Nous requerant à cette caufe nofdits Gens des Comptes, attendu le devoir & fervice continuel qu'ils Nous font en leurfdits eftats, que en continuant la grace & faveur, & exemption dont ils ont toujours joui aux temps de nos predeceffeurs Rois, notre bon plaifir foit fur ce declarer notre vouloir : SÇAVOIR FAISONS que Nous defirant bien & favorablement traiter tous & chacun les Officiers eftant du

A

Corps de notredite Chambre, en confideration même des laborieux, grands & recommandables fervices qu'ils font ordinairement à Nous, à la chofe publique de notre Royaume, pour reconnoiffance defquels notredit feu Pere & Nous les avons toujours tenus, reputez, tenons & reputons du nombre de nos Officiers ordinaires & Commenfaux. Pour ces causes & autres
bonnes & raifonnables confiderations à ce Nous mouvans, avons
dit & declaré, voulu, ftatué & ordonné, difons, declarons,
voulons, ftatuons & ordonnons & Nous plaift, de notre certaine
fcience, pleine puiffance & autorité Royale par ces Prefentes, que
lefdits Prefidens, Maiftres, Correcteurs, Auditeurs, Avocat &
Procureur Generaux, Greffiers, Receveurs & autres Officiers de
notredite Chambre prefens & avenir, foient & demeurent perpetuellement exempts de loger en leurs maifons tant audit Paris
que aux champs, Ambaffadeurs, ne autres perfonnes eftant de
prefent & qui feront ci-après à la fuite de notredite Cour, de
quelque qualité & condition qu'ils foient, & lefquels nofdits
Officiers tant en general que en particulier, Nous avons de ce
exemptez & exemptons à toujours, de notredite grace fpeciale,
pleine puiffance & autorité Royale par cefdites Prefentes, en
commandant & défendant très-expreffément, c'eft à fçavoir aufdits Maréchaux & Fouriers de nos Logis & chacun d'eux prefens
& avenir, que dorénavant ils n'aient à marquer ne loger, ne fouffrir marquer & loger aucunes perfonnes de quelque qualité qu'-
elles foient, comme dit eft, ès maifons defdits Prefidens, Maiftres,
Correcteurs, Auditeurs, Avocat & Procureur Generaux, Greffiers,
Receveurs & autres Officiers de notredite Chambre, tant audit
Paris qu'aux champs : Et quand aucunes defdites maifons fe trouveront affifes ès ruës, quartiers & villages qui ont efté ou feront
ci-après départis & diftribuez tant pour les Officiers de nofdits
Mere, Compaigne & Freres, que defdits Princes, Gentilshommes
& Archers de notre Garde, ils aient à icelles excepter & referver
en baillant & affeyant lefdites ruës, quartiers ou villages à leurs
Maréchaux & Fouriers, aufquels Nous faifons femblables inhibitions & défenfes, & pareillement à tous autres Maréchaux &
Fouriers des Compagnies de nos Ordonnances, Chevaux-Legers, Ban & Arriere-ban tant de cheval que de pied, de loger ès
maifons que nofdits Officiers & chacun d'eux ont & pourront

avoir tant à Paris que aux champs, fur peine d'eftre caffez de notre fervice, foulde & eftats, & punis comme infracteurs & tranfgreffeurs de nos Ordonnances. Si DONNONS EN MANDEMENT aux Gens tenans notre Cour de Parlement, Gens de nofdits Comptes, nos amez & féaux les Connêtable, Maréchaux de France , ou leurs Lieutenans à la Table de Marbre de notre Palais à Paris, & Prevoft de notre Hoftel prefent & avenir, que nos prefens vouloir, Déclaration , Statut, Ordonnances, ils faffent lire, publier & enregiftrer en leurs Regiftres, garder & obferver fans fouffrir y eftre contrevenu en aucune maniere. CAR tel eft notre plaifir. Et pour ce que de cefdites Prefentes nofdits Gens des Comptes & chacun d'eux pourront avoir à faire en plufieurs & divers lieux , nous voulons qu'au vidimus d'icelles dûëment collationnées par l'un de nos amez & féaux Notaires & Secretaires, ou fait fous le Scel Royal , foy foit ajoutée comme en ce prefent original. En témoin de ce Nous avons fait mettre notre Scel à cefdites Prefentes. DONNE' à Saint Germain en Laye le vingt-quatriéme jour de Septembre l'an de grace mil cinq cens foixante, & de notre Regne le deuxiéme. Signées fur le reply, Par le Roy, Monfeigneur le Cardinal de Lorraine prefent, DE L'AUBESPINE. Et fcellées fur double queuë de cire jaune.

Lûës , publiées , regiftrées en la Chambre des Comptes du Roy notre Sire , ouy & ce requerant le Procureur dudit Seigneur en icelle , le vingt-feptiéme jour de Septembre 1560. Signé , FORMAGET.

Lûës , publiées & regiftrées en la Prevofté de l'Hoftel du Roy , à ce prefent & confentant le Procureur dudit Seigneur en icelle Prevofté , le vingt-feptiéme jour de Septembre 1560. Signé , RICHARD.

Lûës , publiées & enregiftrées au Siege de la Connétablie & Maréchauffée de France , le requerant le Procureur du Roy audit Siege , le onziéme Octobre 1560. Signé , MARTIN.

Extrait des Regiftres de la Chambre des Comptes de Paris, Memorial 3. B. fol. 118.

(
de
M:
rau
de
pr
P:
ra
Ge
de
G
cl
n
vi
ni
cl
di
ce:
de
le
F
r
n
le
C
fe
P
I
b
ti
vc

AUTRES LETTRES

Du vingtiéme Avril 1561.

CHARLES par la grace de Dieu Roy de France. A tous ceux qui ces presentes Lettres verront, SALUT. Combien que de tout temps & ancienneté, nos amez & féaux les Présidens, Maiſtres, Correcteurs, Auditeurs, Avocat & Procureur Gene-raux, Greffiers, premier Huiſſier, Receveur & autres Officiers de notre Chambre des Comptes à Paris, ayent eſté & ſoient privilegiez & exempts de ne loger en leurs maiſons, tant audit Paris que ailleurs, ès champs & fermes & cenſes, qu'ils y peu-vent avoir, ni ſur leurs Fermiers, aucuns Princes, Prélats, Gentilshommes, Officiers, Ambaſſadeurs & autres perſonnes de quelque qualité & condition qu'ils ſoient. Toutefois les Gens de noſdits Comptes Nous ont remontré, que les Maré-chaux de nos Logis & Fouriers marquent, & logent ordinaire-ment en leurs maiſons qui bon leur ſemble ; & ſi elles ſe trou-vent aſſiſes ès ruës & quartiers qu'ils baillent, & départent à notre très-chere & très-honorée Dame & Mere, & à nos très-chers & amez Freres & Sœurs, que pour les Princes eſtans or-dinairement à la ſuite de notredite Cour, & auſſi pour les deux cens Gentilshommes de notre Hoſtel, & quatre cens Archers de nos Gardes, leſdits Maréchaux & Fouriers ne réſervent leurſdites raiſons, au moyen de quoy, les autres Maréchaux & Fouriers de notredite Dame Mere, & Freres & Sœurs, & pa-reillement ceux deſdits Princes, Gentilshommes & Archers de notre Garde, y marquent & logent auſſi de leur part tout ce qui leur plaiſt. Nous requerans à cette cauſe noſdits Gens des Comptes, attendu le devoir & ſervice continuel qu'ils nous font en leurs eſtats, qu'en continuant la grace, faveur & exem-ption dont ils ont toujours joüi du temps de nos prédeceſſeurs Rois, & encore depuis notre avenement à la Couronne ; notre bon plaiſir ſoit, vouloir ſur ce déclarer nos vouloirs & inten-tions. SÇAVOIR FAISONS que Nous deſirant bien & fa-vorablement traiter tous & chacuns les Officiers eſtans du Corps

A

de ladite Chambre des Comptes, en confideration mêmement des bons, grands, laborieux & recommandables fervices qu'ils font ordinairement à Nous & à la chofe publique de notre Royaume, pour reconnoiffance defquels nos prédeceffeurs Rois & Nous les avons toujours tenus & reputez, tenons, c nfons & reputons du nombre de nos Officiers ordinaires & commenfaux. Pour ces causes & autres bonnes & raifonnables confiderations à ce Nous mouvans, avons dit & déclaré, voulu, ftatué & ordonné, difons, déclarons, ftatuons, ordonnons & Nous plaift, de notre certaine fcience, pleine puiffance & autorité Royale par ces Prefentes, que lefdits Préfidens, Maîtres, Correcteurs, Auditeurs, Avocat & Procureur Generaux, Greffiers, premier Huiffier, Receveur & autres Officiers de notre Chambre des Comptes, prefens & avenir, foient & demeurent perpetuellement exempts de loger en leurs maifons féans audit Paris que ailleurs, aucuns Princes, Prélats, Gentilshommes, Officiers, Ambaffadeurs & autres perfonnes eftant de prefent & qui feront cy-après à la fuite de notredite Cour, de quelque qualité & condition qu'ils foient; & lefquels nofdits Officiers & chacun d'eux, tant en general que particulier, Nous avons de ce exemptez & exemptons à toujours de nofdites grace, puiffance & autorité, par cefdites Prefentes, en commandant & défendant très-expreffément, c'eft à fçavoir, aufdits Maréchaux & Fouriers de nos Logis, & à chacun d'eux prefens & avenir, que dorénavant ils n'ayent à marquer & loger, ni fouffrir marquer & loger aucunes perfonnes de quelque qualité qu'elles foient, comme dit eft, ès maifons defdits Préfidens, Maiftres, Correcteurs, Auditeurs, Avocat & Procureur Generaux, Greffiers, premier Huiffier, Receveur & autres Officiers de notredite Chambre, tant audit Paris qu'ailleurs & ès champs, fermes & cenfes qu'ils y peuvent avoir, ni fur leurs fermiers; Et quand aucunes defdites maifons en ladite Ville fe trouveront affifes ès ruës & quartiers qui ont efté & feront cy-après départis & diftribuez, tant pour les Officiers de notre très-honorée Dame & Mere, nos très-chers Freres & Sœurs, que defdits Princes, Gentilshommes & Archers de notre Garde, ils ayent à icelles excepter & referver; En baillant & affeyant lefdits quartiers à leurs Maréchaux & Fouriers, aufquels Nous faifons femblables inhibitions & défenses, & pareillement à tous autres Maréchaux & Fouriers des Compagnies de nos Ordonnances, Chevaux-Legers, Ban & Arriere-ban, tant de cheval que de pied, de ne loger ès maisons que nosdits Officiers & chacun d'eux on & pourront avoir aux champs, fous peine d'estre cassez de notre service, solde & estats, & punis comme infracteurs & transgresseurs de nos Ordonnances. Et à cette fin avons permis & permettons à nosdits Officiers des Comptes, faire mettre & apposer ès portes de leursdites fermes & censes & de leursdits Fermiers, nos pannonçaux, armouis à nos armes, ausquels pannonçaux Nous défendons à toutes personnes quelles qu'elles soient, toucher ni transgresser en aucune maniere, sur peine de la vie ; défendant très-expressément à tous autres nosdits sujets, d'user desdits pannonçaux, & de eux en aider s'ils ne font privilegiez. Si donnons en mandement à nos amez & feaux les Connêtable & Maréchaux de France ou leurs Lieutenans à la Table de Marbre de notre Palais à Paris, Prevost de notre Hôtel, present & à venir, & ausdits Gens de nos Comptes, & à chacun d'eux, si comme il leur appartiendra, que nos presens Déclaration, Statuts & Ordonnance, ils fassent lire, publier & enregistrer, garder & observer, sans souffrir y estre contrevenu en aucune maniere. Car tel est notre plaisir. Et pour ce que de cesdites Presentes les Gens des Comptes & Officiers, & chacun d'eux pourront avoir à faire en plusieurs & divers lieux, Nous voulons que au vidimus d'icelles düement collationnées par l'un de nos amez & feaux Notaires & Secretaires, foy soit ajoutée comme au present original, auquel en témoin de ce Nous avons fait mettre notre Scel. Donne' à Fontainebleau le vingtiéme jour du mois d'Avril l'an de grace 1561. après Pâques, & de notre Regne le premier, signées sur le repli, par le Roy, Vous & autres presens, Bourdin. Et scellées sur double queuë de cire jaune.

Lûës, publiées & enregistrées en la Chambre des Comptes du Roy notre Sire, ouy & ce requerant le Procureur General dudit Seigneur en icelle, le 24 desdits jour, mois & an. Signé, Formaget.

Lûës, publiées & enregistrées au Greffe de la Prevofté de l'Hoftel le Procureur du Roy en ladite Prevofté ce requerant. A Paris, le

Roy estant à Saint Germain des Prez , le sixiéme jour de Juin mil cinq cens soixante-un. Signé, DE PAVOYE.

Lûës , publiées & enregistrées au Siege de la Connétablie & Maréchaussée de France à la Table de Marbre au Palais à Paris , ce requerant le Procureur du Roy audit Siege , le dixiéme jour de Juin l'an mil cinq cens soixante-un. Signé, MARTIN.

Extrait des Regiftres de la Chambre des Comptes de Paris, Memorial 3. B. fol. 482.

BREVET.

Du cinquiéme Octobre 1561.

AUjourd'huy vingt-uniéme Septembre mil cinq cens soi-xante-un au Conseil Privé du Roy à S. Germain en Laye, sur la remontrance faite ledit jour de la part de Messieurs des Comptes à Paris par Maistre Nicolas le Jay Conseiller dudit Sei-gneur, & Maistre ordinaire en ladite Chambre, CONTENANT qu'il a plû au Roy par privilege special, lû, publié & enregistré tant en la Maréchaussée de France, que en la Prevosté de l'Hostel dudit Seigneur, les exempter de tout Logement. Ce neantmoins que au prejudice dudit privilege & exemption, il y a de present plusieurs Palefreniers, Muletiers & Chevaux appartenans à Mon-sieur le Duc de Nemours, logez en la maison de Maistre Nicolas Seguier aussi Conseiller dudit Seigneur, & l'un desdits Maistres des Comptes, assise au Village de Saint Cyr ou Val-de-Gallye di-stant dudit Saint Germain de deux lieuës; requerant à cette cause ledit le Jay de la part d'icelle Chambre, qu'il plaise au Roy & à Nosseigneurs dudit Conseil, les faire joüir d'iceluy privilege en faveur des services qu'ils font actuellement audit Seigneur. Et at-tendu que de tout temps & ancienneté ils ont été tenus & repu-tez du nombre des Officiers domestiques & commensaux dudit Seigneur, ledit Conseil ayant égard aux bonnes & justes causes pour lesquelles ledit privilege a esté donné au profit de ladite Chambre, a ordonné & ordonne que les Maréchaux des Logis & Fouriers du Roy bailleront autre logis aux gens & train dudit Sieur Duc de Nemours, lesquels en ce faisant délogeront de la maison & fermes dudit Seguier, assise audit Saint Cyr : & outre que suivant ledit privilege ils n'y logeront à l'avenir aucunes per-sonnes & train, ni pareillement aux autres maisons appartenans ausdits sieurs des Comptes, assises tant à Paris que aux champs; & que à cette fin le present Brevet sera signifié ausdits Maréchaux des Logis & Fouriers dudit Seigneur. Signé, DE L'AUBESPINE. Et au dos est écrit ce que s'ensuit.

A

Le cinquiéme jour d'Octobre 1561. en ce lieu de Saint Germain en Laye, le Roy y estant, le present Brevet a esté montré & signifié à Monsieur de Saint-Denis Maréchal des Logis dudit Seigneur, & à Fauvelle l'un des Fouriers dudit Seigneur, estant de present en quartier, parlant à leurs personnes, à ce qu'ils n'en prétendent cause d'ignorance, & qu'ils ayent à obéir & satisfaire audit Brevet selon & ainsi qu'il est contenu par iceluy, lesquels ont fait réponse qu'ils ont satisfait, & que les gens de mondit Sieur le Duc de Nemours sont hors du logis de Monsieur Seguier, & qu'ils sont cottez sur le Registre, & leur a esté baillée copie dudit Brevet, & autant de mon present Procès verbal, par moi premier Huissier du Privé Conseil du Roy. Signé, DORFEUIL.

Extrait des Regiſtres de la Chambre des Comptes de Paris, Memorial 3. C. fol. 25.

LETTRES EN FORME D'EDIT,

PORTANT Confirmation des Privileges des Officiers de la Chambre des Comptes de Paris, & Exemption de payer aucuns Droits Seigneuriaux & Féodaux pour les Terres qui relevent du Roy.

Du mois de Septembre 1570.

CHARLES par la grace de Dieu Roy de France, à tous presens & avenir, SALUT. Nos prédecesseurs Rois voulant donner tel ordre en la conduite & direction de leurs Finances, qu'elles fussent si bien maniées & administrées par leurs Officiers comptables, qu'ils en puissent tirer le secours qui étoit & est necessaire au bien, repos & soulagement d'eux & du pauvre peuple, auroient establi la Chambre de leurs Comptes en notre bonne Ville de Paris, & icelle composée de Présidens, Maistres, Correcteurs & Auditeurs, pour vacquer chacun en son regard selon la fonction qui leur est ordonnée par la provision & institution de l'estat auquel ils ont esté pourvûs, & soit ainsi qu'à nos Présidens & Maistres tenans les premiers lieux de notredite Chambre pour les grands, vertueux, dignes & recommandables services qu'ils ont ci-devant faits à nos prédecesseurs Rois, & nous font, & continuent encore chacun jour tant à la conduite & direction de nosdites Finances, qu'autres grandes & importantes Charges esquelles ils ont esté employez, leur ont esté donnez & accordez plusieurs beaux Privileges desquels ils ont toujours joüi & usé, joüissent & usent encore à present. Et desirant plustost iceux accroistre & augmenter que diminuer, pour les causes que dessus & autres justes & raisonnables considerations à ce Nous mouvans, avons de notre certaine science, grace speciale, pleine puissance & autorité Royale, loüé, ratifié, confirmé, émologué & approuvé, loüons, ratifions, confirmons, émologuons & approuvons tous & chacuns les Privileges, Immunitez & Exemptions que Nous & nos

A

Prédecesseurs avons à eux , & chacun d'eux , & leurs successeurs esdits Estats & Offices , concedez & octroyez tout ainsi & par la même forme & maniere qu'ils en ont joüi & usé , joüissent & usent encore à present , & davantage voulu , statué & ordonné , voulons , statuons & ordonnons & Nous plaist par Edit perpetuel & irrévocable , que tous nosdits Présidens & Maîtres soient tenus francs , quittes & exempts , eux & leurs successeurs esdits estats , de tous les droits , devoirs , profits feodaux & seigneuriaux à Nous appartenans , comme droits de relief , rachapt , quint & requint , deniers , treiziéme , lots & ventes , & autres droits & devoirs quelconques , pour & à cause des Terres & Seigneuries tenuës & mouvantes de Nous , ou d'aucun des membres de notre Domaine en fief ou censive , dont les droits , devoirs & profits Nous appartiennent ou eussent appartenus , & sont dûs selon la diversité des coutumes & usances des lieux & Pays où lesdites Terres ou heritages roturiers sont assis , soit à cause d'acquisitions , titres successifs , dons ou autre maniere que ce soit , tout ainsi que sont nos amez & feaux Notaires & Secretaires de notre Maison & Couronne de France , sans que pour raison d'iceux , eux & leurs successeurs ausdits estats soient contraints de payer aucune chose , & qu'ils puissent tenir & posseder les Terres par eux acquises & échuës , franches & quittes desdits droits , sans en ce estre empêchez en quelque sorte ou maniere que ce soit ; lesquels droits & devoirs à telle valeur , somme & estimation qu'ils soient & se puissent monter , leur en avons & à leursdits successeurs esdits estats de Présidens & Maîtres , donné , quitté & remis , donnons , quittons & remettons de nosdites grace , puissance & autorité , par ces Presentes signées de notre main , voulant que nos Tréforiers , Receveurs ordinaires , ou Fermiers en soient tenus quittes & dechargez en leurs comptes par-tout où il appartiendra , ainsi & par la forme & maniere que si tous lesdits droits & devoirs de fief ou de censive à Nous dûs , à cause desdites acquisitions ausdits titres & moyens , ou pour tenir & posseder lesdits lieux , estoient cy déclarez & specifiez , dont en tant que besoin est ou seroit , avons nosdits Présidens & Maîtres , relevé & dispensé , relevons & dispensons par cesdites Presentes , levant & ostant tous arrests & empêchemens qui pourroient sur ce intervenir , & imposant pour ce regard silence perpetuel à notre Procureur General. Si donnons en mandement à nos amez & feaux les Gens tenans notre Cour de Parlement à Paris, & autres nos Cours quelque part qu'elles foient & puiſſent eſtre ſituées, Gens de nos Comptes, Tréſoriers de France, Baillifs, Sénéchaux, & à tous nos autres Juſticiers & Officiers, ou à leurs Lieutenans préſens & avenir, & chacun d'eux en leur regard, ſi comme à eux appartiendra, que de nos préſens Edit, privileges & exemptions, dons, quittances & octrois, ils faſſent noſdits Préſidens, Maiſtres & leurs ſucceſſeurs eſdits eſtats, joüir & uſer en la même forme & maniere que joüiſſent & uſent leſdits Notaires & Secretaires de notre Maiſon & Couronne de France, comme deſſus eſt dit, pleinement, perpetuellement & paiſiblement : ceſſans & faiſant ceſſer tous troubles, main-miſes & autres empêchemens quelconques, qui leur ſeroient à cette occaſion faits, mis ou donnez au contraire ; Car tel eſt notre plaiſir, nonobſtant quelconques Ordonnances, Reſtrictions, Mandemens, Défenſes & Lettres à ce contraires. Et pour ce que de ceſdites Préſentes l'on pourra avoir à faire en pluſieurs & divers lieux, Nous voulons qu'au vidimus d'icelles, fait ſous Scel Royal, ou dûëment collationnées, foi ſoit ajoutée comme au preſent original ; auquel, afin que ce ſoit choſe ferme & ſtable à toujours, Nous avons fait mettre notre Scel, ſauf en autres choſes notre droit & l'autruy en toutes. Donne' à Paris au mois de Septembre l'an de grace mil cinq cens ſoixantedix, & de notre Regne le dixiéme. Signé ſur le reply, par le Roy en ſon Conſeil, de Neufville, viſa Contentor *gratis*, Signé, Dornes, & ſcellé du grand Scel de cire verte ſur lacs de ſoye rouge & verte.

Lûës, publiées & enregiſtrées, oüy ſur ce le Procureur General du Roy après très-humbles remontrances faites audit Seigneur, & avoir oüy la créance des Seigneurs par luy envoyez, pour par les Gens des Comptes joüir & uſer des Privileges dont juſtement & legitimement ils joüiſſent à preſent, & par les Préſidens & Maiſtres deſdits Comptes qui ſont de preſent, & non leurs ſucceſſeurs, joüir des autres privileges mentionnez eſdites Lettres à vie, & tant qu'ils tiendront leurs eſtats ſeulement, & qu'il plaira au Roy, leurdite vie durant, & ſans aucune diminution du Domaine & patrimoine de

la Couronne de France, & à la charge de faire réïterer la lecture
& publication defdites Lettres, le Parlement féant au premier jour
plaidoyable d'après la Saint Martin prochainement venant. A Paris
en la Chambre ordonnée au temps des Vacations, le vingtiéme jour
d'Octobre 1570. Signé, Du TILLET.

Lûës, publiées & enregiftrées, pour par les Préfidens, Maiftres
des Comptes, Correcteurs & Auditeurs defdits Comptes joüir &
ufer des Privileges confirmez, ainfi que bonnement & raifonnablement ils en ont cy-devant joüi & ufé, joüiffent & ufent de
prefent, & par les Préfidens & Maiftres des Comptes, de l'augmentation qu'il a plû au Roy leur faire par lefdites Lettres, oüy
fur ce fon Procureur General. A Paris en Parlement le huit Janvier
1571. Signé, BUDE.

Lûës femblablement, publiées & enregiftrées, oüy & ce requerant le Procureur General en la Chambre des Comptes du Roy notre
Sire, pour par les Préfidens & Maiftres defdits Comptes joüir &
ufer de l'effet contenu en icelles felon leur forme & teneur. Le
vingt-quatriéme jour de Janvier 1571. Signé, GRAND.

Extrait des Regiftres de la Chambre des Comptes de Paris, Memorial 3. L.
fol. 28. verfo.

LETTRES

PORTANT confirmation des Officiers de la Chambre des Comptes de Paris dans leurs Offices, lors du joyeux Avenement.

Du premier Septembre 1574.

Rolle des noms & furnoms des Prefidens, Confeillers Maiftres, Correcteurs, Auditeurs, Avocat & Procureur Generaux, Greffiers, premier Huiffier Concierge de la Chambre, Receveur & Payeur d'icelle, Controlleur du Trefor, Gardes des Livres, qui fe trouvent à prefent pourveus defdits Eftats en la Chambre des Comptes à Paris.

PRESIDENS.

Maiftres Anthoine Nicolai, premier; Guillaume Bailly, Jehan Tambonneau, François Dolu, Nicolas Luillier & Nicolas Luillier pere & fils, & au furvivant d'eux deux fuivant l'Edit, ayant pour ce payé finance; René Crefpin, Pierre le Venier, Claude Guiot & Anthoine Guiot pere & fils, & au furvivant d'eux deux, ayant pour ce payé finance.

MAISTRES.

Maiftres Triftan du Val & François du Val pere & fils, & au furvivant d'eux deux, ayant pour ce payé finance, Geofroy Luillier & Jehan Luillier oncle & neveu, & au furvivant d'eux deux en pareil, Pierre Pignard & Gui Pignard pere & fils, & au furvivant d'eux deux en femblable; Paris Heffelin, Pierre de Valles, François d'Elbene, Jehan Aimeret, François Gellinart, Robert Miron, Odart Hennequin, Nicolas Aurillot, Jacques de Pleurre, Charles d'Argiliere, Charles de Dormans, Guillaume de Baillon, Charles Hotman, Pierre Thibault, Guillaume Lotin,

Helie du Tillet, Jacques de Baugi, François de Marseilles, François d'Alesso, Christophe de Thou, André Baillet, Jehan le Lieur, Alexis le Bon, Loys du Hamel, Anthoine le Coigneux, de Longueil, Acarie, Denis de Saint Germain, Anthoine Michon, Loys Dodieu, Charles le Comte, Jacques Everard, Jehan le Grand, de Mesgrigny, Jacques le Jay, Jehan Josselin, Jehan Varlet.

CORRECTEURS.

Maistres Charles Pichon, François Godet, François Leschassier, le Jay, André Catin, Guillaume Sevin, François le Gras, Michel le Tellier, René Vivian, Jacques de Bragelonné, Germain le Gros, de Hacqueville.

AUDITEURS.

Maistres Guillaume le Sueur, Guillaume Chevalier, André le Roux, Jehan Duderé & Jehan Duderé pere & fils, & au survivant d'eux deux, Charles Gasteau, Hugues le Fevre, Guillaume Poart, Georges Danés, Pierre Charlet, Claude Giles, Pierre Laubigeois, Jehan Chanterel, Esme Coiffart, Jehan Vion, Leonard de Kerguifineu, Denis Barthelemy, Jehan Amiot, François Mallet, Jehan Bureau, Jehan Scopart, Chauvelin, Coinart, Wilart, Rouillé, Anthoine Arnaud & Anthoine Arnaud pere & fils au survivant d'eux deux, Vincent Gelée, Tristand, Goret, Estienne Brice, Daniel, le Beauclerc, Guillaume Martin, Mathieu, de Saint Germain, Loys le Cocq, Maucinneau, Boucherat, le Clerc, Jehan Drouet, Jehan Coquart, Pierre Pollaer, Guillaume Cousinet, Michel Crozon, Louis Gellin, Anthoine Berruyer, Philibert Buron, Fallou.

AVOCAT ET PROCUREUR GENERAUX DU ROY.

Maistres Jehan Bertrand, Guillaume du Moulinet.

GREFFIERS.

Maistres Robert Danés, Hugues de la Fontaine.

Premier Huissier Concierge de la Chambre.

Maiſtre Simon de la Vergne, qui exercera juſqu'à ce que Pineau ſoit en âge de pouvoir exercer, ſelon les Lettres de Proviſion.

Receveur et Payeur.

Maiſtre Henry Simon.

Controlleur du Tresor.

Maiſtre Denis le Moine.

Gardes des Livres.

Maiſtres Anthoine le Noir, Jehan Rabiot.

Huissiers, *Neant.*

Depuis, par Arreſt de la Chambre du douziéme jour de Janvier mil cinq cens ſoixante-ſeize, intervenu ſur la vérification des Lettres de confirmation, depuis le deuxiéme Septembre mil cinq cens ſoixante-quinze précedent, octroyées par le Roy auſdits Huiſſiers en leurſdits Eſtats & Offices, comme ayant eſté obmis en la confirmation par Sa Majeſté, octroyée à ladite Chambre, a eſté entre autres choſes ordonné que leſdits Huiſſiers ſeroient adjouſtez & compris au preſent Rolle, deſquels partant les noms enſuivent.

Jacques Nivert, Noel Beuzeville, Balthazar de Champigny, François Goſſelin, Mathurin le Clerc, Chriſtophe le Denois, Guillaume Oudineau, Robert le Mareſchal, Pierre Quinault, Macé Cothereau, Jehan Brigallier, Nicolas Baudeſſon, Michel du Vivier, Pierre Loiſon, André Couldrai, Philippes Gautier, Loys de Raines, Jehan Courtois, Philippes Belin, Jehan Baudouin, René Richardier, Mathieu Vinot, Pierre Daſnieres, Pierre Cocquelei, Charles Daſne, François Darbonne & Thibault.

Receveurs Generaux des Restes des Comptes, *Neant.*

Fait en la Chambre des Comptes le ſeptiéme jour d'Aouſt l'an mil cinq cens ſoixante-quatorze, D A N E's.

A ij

Regiſtré en la Chambre des Comptes du Roy noſtre Sire, ce reque-
rant ſon Procureur General en icelle, le dixiéme jour de Septembre
l'an mil cinq cens ſoixante & quatorze, DE LA FONTAINE.

HENRY III.　HENRY par la grace de Dieu Roy de France & de Pologne, à tous ceux qui ces preſentes Lettres verront, SALUT. Comme l'une des choſes que depuis noſtre nouvel advenement à la Couronne, Nous avons eu & avons en plus grande & ſinguliere recommandation, ſoit de conſerver & entretenir les choſes qui ont été avec grande & meure déliberation, & pour le bien de Nous & de la choſe publique eſtablies, entre leſquelles eſt la Cour & Chambre des Comptes, de tout temps & ancienneté créée & ordonnée en noſtre Ville de Paris, laquelle nos prédeceſſeurs Rois de France ont compoſée de pluſieurs perſonnes, eſtats & offices, & en tel nombre qu'il leur a ſemblé être requis pour la conſervation de nos Droits, Domaines & Finances de nos Royaumes, Pays & Seigneuries, oir, clorre & affiner les comptes de tous les Officiers comptables, ayant maniement & adminiſtration, avec la totale cohertion, juſtice & juriſdiction à ce requiſe & neceſſaire, & de ce qui en dépend, laquelle Cour & Chambre Nous déſirons, comme il eſt très-requis & neceſſaire, entretenir & conſerver, à l'imitation de noſdits Prédeceſſeurs; SÇAVOIR FAISONS, que Nous les choſes ſuſdites conſiderées, & les bons, vertueux, agréables & recommandables ſervices que nos amez & feaux les Préſidens, Conſeillers Maiſtres ordinaires, Correcteurs, Auditeurs, Avocat & Procureur Generaux, Greffiers & autres Officiers eſtant de preſent en noſtredite Chambre des Comptes, ont par cy-devant faits à feu noſtre très-honoré Seigneur & Frere le Roy Charles dernier décedé, que Dieu abſolve, en l'exercice de leurſdits eſtats & offices, & en pluſieurs autres louables manieres, & eſperons qu'ils Nous feront de bien en mieux cy-après. POUR CES CAUSES, & pour l'entiere & parfaite confiance que Nous avons de leurs perſonnes, & de leurs ſens, ſuffiſance, litterature, preudhommie & bonne diligence, avons pour l'entretenement d'icelle noſtredite Chambre, & par l'avis & déliberation de pluſieurs Princes & Seigneurs de noſtre Sang & Gens de noſtre Conſeil, prins iceux Préſidens, Conſeillers Maiſtres ordinaires, Correcteurs,

Auditeurs, Avocat & Procureur Generaux, Greffiers & autres Officiers d'icelle noftredite Chambre, denommez au rolle & cahier cy-attaché, continuez & confirmez, continuons & confirmons efdits eftats & Offices, qu'ils ont tenus & exercez du vivant de feu noftredit Seigneur & Frere, tenoient & exerçoient lors de fon trépas, comme ils font encore de prefent, lefquels, en tant que befoin eft ou feroit, & qu'on les voudroit dire vacans par le trépas de noftredit feu Seigneur & Frere, les leur avons donnez & octroyez, donnons & octroyons, & à chacun d'eux en droit foy de grace fpeciale par ces Prefentes, pour en jouir & ufer, les tenir & exercer aux honneurs, autoritez, prérogatives, prééminences, franchifes, libertez, gaiges, droits, épices, profits, revenus & émolumens accouftumez & qui y appartiennent, & tout ainfi qu'ils les avoient & prenoient, & en jouiffoient au jour du trépas de feu noftredit Seigneur & Frere, fans que pour la jouiffance defdits Offices & perception defdits gaiges, droits, épices, profits & émolumens, felon qu'il eft dit cy-deffus, tous lefdits Officiers de noftredite Chambre des Comptes, dénommez audit rolle, foient tenus faire autre nouveau ferment que celuy qu'ils ont particulierement fait cy-devant, ne prendre autre nouvelle inftitution, vérification ny expedition, que celles qu'ils ont ja euës & prinfes, & cefdites Prefentes, aufquelles en témoin de ce Nous avons fait mettre noftre Scel. DONNE' à Lyon le premier jour de Septembre, l'an de grace mil cinq cens foixante & quatorze, & de noftre Regne le premier. Signé fur le reply, par le Roy en fon Confeil, BRULART. Et fcellées fur double queuë du grand Scel de cire jaune.

Regiftrées en la Chambre des Comptes, ce requerant le Procureur General du Roy, le dixiéme jour de Septembre l'an mil cinq cens foixante-quatorze, DE LA FONTAINE.

Extrait des Regiftres de la Chambre des Comptes de Paris, Memoria'. 5. O. fol. 320. verfo.

ARREST

DE LA CHAMBRE DES COMPTES

DE PARIS,

Portant que l'Ordre du Saint Esprit jouira de l'exemption des Droits Seigneuriaux, ainsi que les Officiers de la Chambre, & les Secretaires du Roy.

Du dix-sept May 1582.

SUR ce que Alphonse de Maugary a requis qu'en l'expedition de foy & hommage faite au Bureau pour le Sieur Duc de Guise, Chevalier de l'Ordre du Saint Esprit, la clause de l'exemption des droits Seigneuriaux y soit inserée & mentionnée, par le Privilege de l'Ordre du Saint Esprit.

LA CHAMBRE a ordonné que la clause sera mise ausdites Lettres telles & semblables qu'il est accoustumé pour les Présidens, Maistres & Officiers d'icelle, & pour les Conseillers Secretaires du Roy. FAIT ce dix-septiéme May mil cinq cens quatre-vingt-deux, DE LA FONTAINE.

Extrait du Plumitif de la Chambre des Comptes de Paris de 1582.

LETTRES

PORTANT exemption de Tutelle & Curatelle en faveur
des Secretaires du Roy.

Du vingt-trois Decembre 1594.

HENRY par la grace de Dieu Roy de France & de Na- HENRY I V.
varre, à tous ceux qui ces prefentes Lettres verront, SALUT.
L'occafion principale qui a mû nos prédecefleurs Rois à conceder
& octroyer au College de nos amez & feaux Confeillers Notaires & Secretaires de la Maifon & Couronne de France les beaux
& grands privileges, defquels de toute ancienneté ils ont efté
honorez & gratifiez, & dont ils jouiffent à prefent, a efté le
continuel & affidu fervice qu'ils leur ont toujours rendu & rendent au public, tant à la fuite de leurs Perfonnes & de leurs
Confeils en la Chancellerie de France, Cours Souveraines, qu'en
nos Chancelleries ordinaires eftablies en icelles ; & le peu de
commodité qu'en ce faifant ils reçoivent en leurs Offices, qui
leur font plus pénibles que profitables, ainfi qu'il eft tout notoire ; ce que nos Prédecefleurs ayant fort bien confideré, & que
par ce moyen ils ne peuvent vacquer à aucun autre exercice, ont
entr'autres chofes par exprès voulu, ordonné & ftatué par Edits
perpetuels & irrévocables qu'ils fuffent à toujours exempts de
toutes charges & fervitudes quelconques, & de toutes autres
indifferemment qui les pourroient divertir, & empêcher de rendre ledit fervice deub à caufe de leurfdits Offices, defquelles
exemptions ils ont toujours joui pleinement & paifiblement ; &
en ce faifant eftre indubitablement tenus, cenfez & reputez
francs & exempts de toutes Tutelles & Curatelles, fans aucun
contredit ou empêchement. Néantmoins ils Nous ont fait entendre que fous prétexte que ces mots de Tutelles & Curatelles ne
font expreffément & difertement exprimez & fpecifiez par lefdits privileges, encore qu'ils foient fuffifamment entendus &
compris fous la qualité de toutes cefdites charges, aucuns s'y ar-
reftant les pourroient à l'avenir troubler & empêcher en la jouif-

A

fance de leurs exemptions de Tutelles & Curatelles, s'il ne leur
eftoit par Nous fur ce pourvû, Nous fupplians très-humblement
ce faire, & à ces fins leur octroyer nos Lettres à ce neceffaires.
A CES CAUSES, defirant ofter tous les troubles qui pourroient fur
ce en cet endroit naiftre, avons de l'avis de noftre Confeil, &
interprétant en tant que befoin feroit lefdits privileges de nofdits Secretaires, dit, déclaré & ordonné, & de noftre grace fpeciale, pleine puiffance & autorité Royale, difons, déclarons &
ordonnons par ces Prefentes, que fous la qualité de cefdits mots,
exempts de toutes charges & fervitudes quelconques, lefdites
Tutelles & Curatelles y font comprifes & entenduës : Voulons
& Nous plaift, que tous nofdits Secretaires & Succeffeurs efdits
Offices à cette fin foient & demeurent à toujours francs, quittes
& exempts d'icelles charges de Tutelles & Curatelles, ainfi que
par le paffé, & que fi cefdits mots de Tutelles & Curatelles
étoient nommément exprimez & fpecifiez par leurfdits privileges. Si DONNONS EN MANDEMENT à nos amez & feaux Confeillers tenans nos Cours de Parlement, que cefdites Prefentes ils
faffent enregiftrer, & du contenu jouir & ufer nofdits Secretaires & leurs fucceffeurs aufdits Offices pleinement & paifiblement, ceffans & faifant ceffer tous troubles & empêchemens au
contraire; CAR tel eft noftre plaifir. En témoin de quoy Nous
avons fait mettre noftre Scel à cefdites Prefentes. DONNE' à Paris
le vingt-troifiéme jour de Decembre, l'an de grace mil cinq cens
quatre-vingt-quatorze, & de noftre Regne le fixiéme. Signé par
le Roy, FORGET. Et fcellé.

LETTRES DE JUSSION

Pour la vérification des précedentes.

Du quatre Aouft 1601.

HENRY par la grace de Dieu Roy de France & de Navarre, à nos amez & feaux Confeillers les Gens tenans notre Grand Confeil, SALUT. Par nos Lettres Patentes du vingt-
trois Decembre mil cinq cens quatre-vingt-quatorze, & pour les
confiderations y contenuës, Nous en déclarant le vray fens des

privileges octroyez au College de nos amez & feaux Confeillers
Notaires & Secretaires de la Maifon & Couronne de France,
vous avons mandé de les faire jouir de l'exemption de toutes
Tutelles & Curatelles ; puifqu'il n'eft pas raifonnable que ceux
qui fervent affiduëment à Nous & au bien public de nos Sujets,
foient diftraits au foin particulier de la direction & conduite
des perfonnes & biens de ceux dont la Tutelle pourroit leur
eftre commife : ce que vous auriez deub ordonner, puifque c'é-
toit & eft encore noftre vouloir & intention ; confiderant qu'il
eft plus utile que le bien public & le fervice que nofdits Secretaires y rendent, dont ils font tenus bailler atteftation de
mois en mois., foit entretenu & continué, & non pas interrom-
pu & arrefté pour la commodité d'une ou plufieurs familles par-
ticulieres. Toutefois lorfque lefdites Lettres vous ont efté prefentées, vous avez par voftre Arreft du cinq May mil cinq cens
quatre-vingt-quinze limité ladite exemption de Tutelle pour
ceux des Secretaires dudit College qui Nous fervent en noftre
Chancellerie de France feulement, qui eft avoir fruftré ledit
College de l'effet de nofdites Lettres Patentes : ce qui les a contraint recourir à Nous, pour avoir fur ce nos Lettres, humblement requerans icelles. A CES CAUSES, Nous vous mandons, &
de noftre grace fpeciale, certaine fcience, pleine puiffance &
autorité Royale, très-expreffément enjoignons par ces Prefentes fignées de noftre main, que fans vous arrefter à la modification portée par voftredit Arreft dudit cinquiéme May mil cinq
cens quatre-vingt-quinze, vous ayez à verifier purement & fimplement nofdites Lettres Patentes du vingt-troifiéme Decembre
mil cinq cens quatre-vingt-quatorze , fans attendre de Nous
autre juffion ou déclaration de noftre volonté. De ce faire vous
donnons plein pouvoir, puiffance , autorité, ou mandement
fpecial. Mandons en outre à tous nos Jufticiers , Officiers & Sujets qu'à vous ce faifant ils obéïffent; CAR tel eft noftre plaifir.
DONNE' à Paris le quatriéme jour d'Aouft, l'an de grace mil
fix cens un , & de noftre Regne le treiziéme. Signé par le Roy,
POTIER. Et fcellées fur fimple queuë du grand Scel de cire
jaune.

Enregiftrées ès Regiftres du Grand Confeil du Roy , fuivant l'Arreſt donné en iceluy. Ce jourd'huy vingt-cinquiéme Octobre mil ſix cens trois, TIELEMENT.

Extrait du Recueil des Privileges des Secretaires du Roy, fol. 230.

Ces Lettres, de même que les précedentes, ſont relatives à celles du mois de Septembre 1570. portant confirmation des Privileges des Officiers de la Chambre des Comptes de Paris.

ARREST
DU GRAND CONSEIL,

Portant décharge de Tutelle en faveur de Jerôme Baudoüin
Conseiller Auditeur en la Chambre des Comptes
de Roüen.

Du vingt-trois Novembre 1607.

HENRY par la grace de Dieu, Roy de France & de Na- HENRY IV.
varre, à tous ceux qui ces presentes Lettres verront, SALUT.
SÇAVOIR FAISONS, que comparans en Jugement en notre Grand
Conseil nos bien amez Mᵉ Pierre le Pesant notre Conseiller
Notaire & Secretaire Maison & Couronne de France, appellant d'une Sentence contre luy donnée par le Vicomte de Roüen,
le vingt-deuxiéme jour de Septembre dernier ; & à ces fins impetrant commission de notredit Conseil du premier d'Octobre aussi
dernier, contenant relief dudit appel, à ce que suivant & conformément aux privileges de nos Secretaires, il soit déclaré franc,
quitte & exempt de la charge de Tutelle des enfans de feu Guillaume Allot vivant Bourgeois de Roüen, en laquelle Mᵉ Hierô-
me Baudoüin Conseiller Auditeur en notre Chambre des Comptes à Roüen, prétend avoir nommé & élû ledit le Pesant, avec
dépens, dommages & interests, d'une part,

Et Esther d'Orge, veuve de feu Guillaume Allot, intimée audit
appel, & ledit Baudoüin, Défendeur & assigné à notredit Conseil, pour y proceder suivant & aux fins de ladite commission,
d'autre ;

Et entre ledit Baudoüin, pareillement appellant d'autre Sentence donnée par ledit Vicomte le   jour de Septembre audit an, de l'élection & nomination faite de sa personne pour Tuteur ausdits enfans, & requerant que suivant & conformément
aux privileges par Nous accordez aux Maîstres & Auditeurs de
notre Chambre des Comptes de Paris, à l'*instar* desquels celle de
Roüen a été établie, aux mêmes honneurs, privileges, exemptions

A

& libertez, qu'il foit déchargé de ladite Tutelle, d'une **part**, Et ladite Efther Dorge Intimée audit appel, d'autre;

Et entre nos amez & feaux Confeillers Notaires & Secretaires Maifon & Couronne de France du College ancien, Demandeurs en Requefte par eux prefentée à notredit Confeil le vingt-deux du prefent mois de Novembre mil fix cens fept, aux fins d'eftre reçûs parties aufdites Inftances, pour foutenir, comme ils font, qu'attendu leurs privileges, ledit le Pefant doit eftre déchargé de ladite charge de Tutelle aufdits enfans, avec dépens, dommages & interefts, d'une part;

Et ledit Baudoüin & ladite Dorge, Défendeurs, d'autre, ou leurs Avocats & Procureurs:

Après que Boutraye pour lefdits Secretaires & le Pefant, Camus pour ledit Baudoüin, Joly pour ladite Dorge & Foullé pour notre Procureur General, ont été oüis:

Iceluy notredit Grand Confeil par fon Arreft a reçû & reçoit lefdits Secretaires parties aufdites Inftances, a mis & met lefdites appellations, & ce dont eft appellé, au néant, fans dépens; Et faifant droit fur les Conclufions de notre Procureur General, a déchargé & décharge lefdits le Pefant & Baudoüin de ladite Tutelle & Curatelle; Et néantmoins a ordonné & ordonne que dans quinzaine pour tout délay, à la diligence, frais & dépens d'iceux, le Pefant & Baudoüin feront affembler les parens, & élire un Tuteur & Curateur aufdits Mineurs pardevant le Vicomte de Roüen, à peine de tous dépens, dommages & interefts.

Sɪ ᴅᴏɴɴᴏɴs ᴇɴ ᴍᴀɴᴅᴇᴍᴇɴᴛ, & commettons par ces Prefentes au premier des Huiffiers de notredit Grand Confeil, ou autre notre Huiffier ou Sergent fur ce requis, qu'à la requefte dudit Baudoüin le prefent Arreft ils mettent incontinent & fans délay à dûë & entiere execution, réellement & de fait, de point en point felon fa forme & teneur, en ce qu'execution y eft ou fera requife, & pour ce faire tous Exploits de fignification & autres requis & neceffaires, de ce faire luy avons donné & donnons pouvoir. Mandons & commandons à tous nos Jufticiers, Officiers & Sujets, qu'à notredit Huiffier ou Sergent, fans pour ce demander aucunes Lettres de Placet, Vifa ny Pareatis, en ce faifant, foit obéi; En témoin de quoy Nous avons fait mettre &

appofer notre Scel à cefdites Prefentes. DONNE' & prononcé en l'Audiance de notre Grand Confeil à Paris, le vingt-troifiéme jour de Novembre, l'an de grace mil fix cens fept, & de notre Regne le dix-neuviéme. Signé, par le Roy à la relation des Gens de fon grand Confeil, THIELEMENT. Et fcellé du grand Sceau de cire jaune.

Collationné à l'original par moy Greffier en la Chambre des Comptes de Normandie. Signé, TESSON.

p[illegible]

Ro[illegible]

m[illegible]

p[illegible]

LETTRES

PORTANT confirmation des Offices de la Chambre des Comptes de Paris dans leurs Offices, lors du joyeux Avenement.

Du douze Juillet 1611.

Rolle des noms & surnoms des Presidens, Conseillers Maistres, Correcteurs, Auditeurs, Avocat & Procureur Generaux, Greffiers, premier Huissier Concierge de la Chambre, Receveurs & Payeurs des Gages d'icelle, Controlleur du Tresor, Gardes des Livres, & Huissiers qui se trouvent à present pourveus desdits Estats en la Chambre des Comptes du Roy à Paris.

PRESIDENS.

Maistres Jehan Nicolai, premier ; Charles Bailly, Jacques Danés, Claude de l'Aubespine, Olivier le Febvre, Balthazar Gobelin, Michel Tambonneau, Jehan-Jacques de Mesmes, Charles Duret.

MAISTRES.

Maistres Pierre Thibault, Charles le Comte, Jehan le Grand, Jacques de Bragelongne, Jehan de Longueil, Louis Hesselin, Jehan Lescuier, Pierre de Pleurre, Nicolas le Lievre, Charles Amelot, Louis de Machault, Barnabé de Serizieres, Jehan le Picart, Jacques Hallé, Pierre Melissant, Jehan Larcher, Nicolas Vivien, Nicolas le Prevost, Raoul Feron, Anthoine Michon, Germain Texier, Jerosme Barthelemy, Ezechiel Vuyon, Louis le Bigot, Charles Benoise, Aubin Lesné, Salomon Phelypeaux, Louis Guibert, Jacques Barthelemy, Nicolas Rouillart, Pierre Poncher, Jehan Chaillou, Rolland de Neufbourg, Paul Aimeret, Claude de Baillon, Nicolas Thibault, Gilbert Chappelle,

A

Bernard de Refuge, Nicolas le Clerc, Simon le Boſſu, François Briçonnet, Benigne Bernard, Anthoine Brandon, Pierre Maupeou, Iſaac le Maiſtre, François Larcher, Marin le Pelletier, Henry Philippes, Bon de Series, Jehan de la Croix, Pierre du Lac, Jehan du Gué, Claude de Viole, Guillaume de Crevecœur,   Perrochel, Jehan Rouillé, Jehan de Meſgrigny, Marc de Brion, Pierre de Hodicq, Galliot Mandat.

CORRECTEURS.

Maiſtres Nicolas Choart, Guillaume Mauvalet, Nicolas Seguier, Nicolas de Gives, François Liedet, Jacques Morin, Guillaume de Caen, Claude de Neufbourg, Louis Lambert, Hieroſme de Bragelongne, Jehan de Villemontée, Pierre Hinſſelin, Jacques Sevin, Pierre de Verton, André Marchant, Nicolas Couſinet, Abraham Guerin, Simon Chevalier, Noel Renouart, Proſper de Chizelles,   de Valles.

AUDITEURS.

Maiſtres Jehan Chaterel, François Mallet, Germain Fallaiſe, Hilaire de la Haye, Denis le Brun, Jehan Guillemin, Euſtache Coſſart, Jehan Caille, Claude le Clerc, Claude Merault, Jehan le Preſtre, Claude le Sergent, Charles le Tellier, Nicolas le Breton, Mathias Poncet, Jacques Charpentier, Pierre Voyon, Mathurin Geſlain, Jehan-Jacques le Maiſtre, Denis le Febvre, Jacques Goury, Vincent Nevelet, Hugues Iver, Jehan de Moncy, Gabriel Jacquet, Guy Paſquier, Nicolas Daniel, Louis Deſcamin, Nicolas de Paris, Geofroy Laubigeois, Iſaac le Lievre, Jehan Boucherat, Sebaſtien Fontenu, Mathieu Bourlon, Nicolas de Baigneaulx, Antoine Lamy, Gabriel d'Aubeterre, Jehan Luillier, François Hubert, Mathurin Raganne, Claude de Moncy, Pierre Roddes, Antoine Joſſier, Michel Boette, Baltazar de Valles, Gilles Aubery, Nicolas de Buiſſon, B.   de Breuillet,   le Jau, Jacques de Bugnons, Eſtienne Brice, Coignet,   de Flexelles,   le Queſne, Jehan Quatreſols, René Luthier, Thomas Gobelin, Robert Feron, Habert, Vincent Phelipes, Antoine le Tonnelier.

AVOCAT ET PROCUREUR GENERAUX DU ROY.

Maiſtres Simon Dreux, Hieroſme Lhuillier.

3

Greffiers.

Maiftres Jehan Bourlon , Edmond Berthelin.

Premier Huissier Concierge de la Chambre.

Maiftre Ferrant le Febvre.

Receveurs et Payeurs des Gages.

Maiftres Guillaume de Bourdeaulx , Jehan de Loines.

Controlleur du Tresor.

Maiftre   Brigard.

Gardes des Livres.

Maiftres Jehan Goffet , Guillaume Robichon.

Huissiers.

Laurent Aimart , Nicolas Quinot , Louis Trudelle , Didier du Tour , Jacques Lambert , Antoine Soubrier , Bertrand Cordier , Charles Menouft , Nicolas Blondeau , Nicolas le Breton , Henry Tireul , Claude Boivert , Gilles Thomas , Eftienne Cuiffot , Pierre Brigallier , Pierre Cadot , Pierre Heliot , François Mangrain , Mathurin Regnault , Gedeon le Pelletier , Jacques Turquet , Pierre Mallot , Efine Boucher , Adriant Marchant , Eftienne Landry , Charles Bouches , Robert Fontaine , Anthoine Brigallier , &   Jourdan.

Fait en la Chambre des Comptes le vingt-cinquiéme jour de Juin mil fix cens onze , BOURLON.

Regiftré en la Chambre des Comptes , ouy & ce requerant le Procureur General du Roy , le dix-huitiéme jour de Juillet mil fix cens onze , BOURLON.

LOUIS par la grace de Dieu Roy de France & de Navarre , Louis XIII. à tous ceux qui ces prefentes Lettres verront, SALUT. Comme l'une des chofes que depuis noftre nouvel advenement à la Couronne, Nous avons eu & avons en plus grande & finguliere

A ij

recommandation, foit de conferver & entretenir les chofes qui
ont été avecque grande & meure déliberation,& pour le bien de
la chofe publique eftablies, entre lefquelles eft la Cour & Chambre des Comptes, de tout temps & ancienneté créée & ordonnée en noftre bonne Ville de Paris, laquelle nos prédeceffeurs
Rois de France ont compofée de plufieurs perfonnes, eftats &
offices, & en tel nombre qu'il leur a femblé être requis pour la
confervation dé nos Droits, Domaines & Finances de nos
Royaumes, Pays, Terres & Seigneuries, oir, clorre & affiner
les comptes de tous les Officiers comptables, & autres ayant maniement & adminiftration, avec la totale cohertion, juftice & jurifdiction à ce requife & neceffaire, & de ce qui en dépend, laquelle Cour & Chambre Nous défirons, comme il eft très-requis & neceffaire, entretenir & conferver, à l'imitation de nofdits Prédeceffeurs; SÇAVOIR FAISONS, que Nous les chofes deffufdites confiderées, & les bons, vertueux, agréables & recommandables fervices que nos aimez & feaux les Préfidens, Confeillers Maiftres ordinaires, Correcteurs, Auditeurs, Avocat &
Procureur Generaux, Greffiers & autres Officiers eftant deprefent
fent en noftredite Chambre des Comptes, ont par cy-devant faits
au feu Roy noftre très-honoré Seigneur & Pere, que Dieu abfolve, en l'exercice de leurfdits eftats & offices, & en plufieurs autres louables affaires, & efperons qu'ils Nous feront de bien en
mieux cy-après. POUR CES CAUSES, & pour l'entiere & parfaite
confiance que Nous avons de leurs perfonnes, & de leur fens,
fuffifance, litterature, preudhommie & bonne diligence, avons
pour l'entrenement d'icelle noftredite Chambre, & par l'avis &
déliberation de la Reine Regente noftre très-honorée Dame &
Mere, des Princes de noftre Sang & Gens de noftre Confeil,
iceux Préfidens, Confeillers Maiftres ordinaires, Correcteurs,
Auditeurs, Avocat & Procureur Generaux, Greffiers & autres
Officiers d'icelle noftredite Chambre, dénommez au rolle &
cahier en parchemin cy-attaché, continuez & confirmez, continuons & confirmons efdits eftats & Offices, qu'ils ont tenus &
exercez du vivant de feu noftredit Seigneur & Pere, tenoient &
exerçoient lors de fon trépas, comme ils font encore de prefent,
aufquels, en tant que befoin eft ou feroit, & qu'on les voudroit
dire vacans par le trépas de noftredit feu Seigneur & Pere, les

leur avons donnez & octroyez , donnons & octroyons , & à chacun d'eux en droit foy de grace fpeciale par ces Prefentes , pour en jouir & ufer , les tenir & exercer aux honneurs, autoritez, prérogatives , prééminences, franchifes , libertez , privileges, gaiges , droits , épices , profits , revenus & émolumens accouftumez & qui y appartiennent , & tout ainfi qu'ils les avoient & prenoient , & en jouiffoient au jour du trépas de feu noftredit Seigneur & Pere , fans que pour la jouiffance defdits Offices & perception defdits droits, gaiges, profits & émolumens, felon qu'il eft dit cy-deffus , tous lefdits Officiers de noftredite Chambre des Comptes , dénommez audit rolle , foient tenus faire autre nouveau ferment que celuy qu'ils ont particulierement fait cydevant , ne prendre autre nouvelle provifion ou autres expeditions, que celles qu'ils ont euës & prinfes , & cefdites Prefentes , aufquelles en témoin de ce Nous avons fait mettre noftre Scel. DONNE' à Paris le douziéme jour de Juillet, l'an de grace mil fix cens onze , & de noftre Regne le deuxiéme. Signé, LOUIS, & fur le reply, par le Roy, la Reine Regente fa Mere prefente, DE LOMENYE. Et fcellées fur double queuë du grand Scel de cire jaune.

Regiftrées en la Chambre des Comptes , oüy & ce requerant le Procureur General du Roy , le dix-huitiéme jour de Juillet mil fix cens onze , BOURLON.

Extrait des Regiftres de la Chambre des Comptes de Paris, Memorial 5. E. fol. 265.

ARREST DU PARLEMENT
DE PARIS,

Qui maintient M. le Prevoſt Maiſtre des Comptes dans l'exemption des Droits Seigneuriaux.

Du neuf May 1617.

VEU par la Cour la Requeſte à elle preſentée le quatriéme Febvrier par M. Nicolas le Prevoſt Conſeiller du Roy & Maiſtre des Comptes, par laquelle attendu que par les Lettres Patentes vérifiées le huitiéme Janvier mil cinq cens ſoixante-onze, lui & tous les Maiſtres ſont exempts des Droits Seigneuriaux deubz au Roy ; néantmoins voulant eſtre nanty ſur la Principauté de Tingry pour la rente de deux mille deux cens cinquante livres, par luy acquiſe du feu Sieur de Luxembourg, le Subſtitut du Procureur General du Roy l'a empêché ſans payer les droits, au moyen de ce jugé differé, requeroit luy eſtre enjoint de ce faire, ſuivant l'Exploit du quatriéme Febvrier mil ſix cens quatorze, leſdites Lettres, Arreſt, Exploit & Pieces attachées à la Requeſte, Concluſions du Procureur General du Roy : Tout conſideré. LADITE COUR ayant égard à la Requeſte & Concluſions du Procureur General du Roy, en conſequence des Lettres Patentes & Arreſt de vérification du huit Janvier mil cinq cens ſoixante-onze, a ordonné & Ordonne qu'il ſera procedé au decret & nantiſſement, ſans pour ce par le Suppliant payer aucuns droits deſquels l'a déclaré exempt. Fait en Parlement le neufviéme jour de May mil ſix cens dix-ſept, GALLARD.

Regiſtré en la Chambre des Comptes , ſuivant l'Arreſt écrit au Plumitif , ce ſixiéme Septembre mil ſix cens dix-huit.

Du Jeudy ſix Septembre mil ſix cens dix-huit.

Ce jour la Chambre a ordonné que l'Arreſt de la Cour de Parlement donné au profit de Mᵉ Charles le Prevoſt Conſeiller & Maiſtre le neuviéme jour de May mil ſix cens dix-ſept pour les droits de nan-

A

tiſſement deubz au Roy, en conſequence des Lettres de privileges attribuez aux Conſeillers Preſidens & Maiſtres en icelle, du hui-tiéme Janvier mil cinq cens ſoixante-onze, ſera regiſtrée pour y avoir recours quand beſoin ſera, BOURLON.

Extrait des Regiſtres de la Chambre des Comptes de Paris, Memorial. 5 M. fol. 40.

LETTRES

PORTANT confirmation des Privileges des Gardes des Livres de la Chambre des Comptes de Paris.

Du mois de Mars 1621.

LOUIS par la grace de Dieu Roy de France & de Navarre, à tous presens & à venir, SALUT. Nos chers & bien amez Guillaume Robichon & Philippe Canto Gardes des Livres de de noſtre Chambre des Comptes Nous ont fait remontrer que par les Edits de leurs créations des mois d'Aouſt 1520. & Février 1551. il leur fut octroyé mêmes honneurs, prérogatives, prééminences, privileges, exemptions, franchiſes & libertez, qu'aux autres Officiers de ladite Chambre, dont leurs prédeceſſeurs ont toujours paiſiblement joui, & eux jouiſſent encore à preſent, tant pour l'exemption de tous droits & profits féodaux & ſeigneuriaux à Nous appartenans, lots & ventes, quints & requints, deniers, treiziéme, & autres devoirs, ſubſides & impoſitions, que pour la décharge de toutes Tutelles, Curatelles, Commiſſions, Capitaineries, Guet, Gardes des portes, murailles & autres charges publiques; & d'autant qu'ils craignent à l'avenir qu'on les voulût révoquer en doute, ils Nous ont trés-humblement fait ſupplier & requerir qu'ayant égard au grand travail & exercice perſonnel auquel leurſdites Charges les obligent, & que pour l'aſſiduité d'icelui, ils ne peuvent vaquer, ni s'entremettre à autre choſe, il Nous plût leur pourvoir, & octroyer nos Lettres de Déclaration & confirmation neceſſaires; A CES CAUSES déſirant gratifier, & favorablement traiter leſdits Expoſans en conſideration de leurs ſervices, & leur donner moyen de continuer à l'avenir ſans divertiſſement, & avec la même aſſiduité qui y eſt requiſe, de l'avis de noſtre Conſeil, qui a vû les Extraits deſdits Edits de création & privileges cy attachez ſous le Contreſcel de notre Chancellerie, de nos certaine ſcience, grace ſpeciale, pleine puiſſance & autoritéRoyale, avons de nouveau conſirmé les Expoſans en la jouiſſance de leurſdits droits & privileges anciens, voulons

Louis XIII.

A

que conformément à iceux ils jouiſſent ores & pour l'avenir de
toutes les Immunitez, Exemptions, Committimus & Privileges
dont jouiſſent nos autres Officiers de noſtredite Chambre, &
nos Officiers domeſtiques & Commenſaux, du nombre deſquels
ils ont toujours eſté cenſez & réputez, & tout ainſi qu'ils en
ont, comme dit eſt, ci-devant bien & dûëment joui & uſé,
jouiſſent & uſent encore de preſent. SI DONNONS EN MANDEMENT
à nos amez & feaux Conſeillers les Gens tenans nos Cours de
Parlement, Chambre des Comptes & Cour des Aydes, que ces
Preſentes ils facent enregiſtrer, & du contenu jouïr & uſer leſdits Expoſans pleinement & paiſiblement, ceſſans & faiſant
ceſſer tous troubles & empêchemens au contraire, nonobſtant
tous Edits, Ordonnances, Reglemens, Deffenſes ou Lettres
à ce contraires, auſquelles & aux dérogatoires d'icelles, Nous
avons dérogé & dérogeons par ceſdites Preſentes ſignées de
noſtre main ; CAR tel eſt noſtre plaiſir. Et afin que ce ſoit choſe
ferme & ſtable à toujours, Nous avons fait mettre noſtre Scel à
ceſdites Preſentes, ſauf en autres choſes noſtre droit & l'autruy
en toutes. DONNE' à Paris au mois de Mars, l'an de grace mil ſix
cens vingt-un, & de noſtre Regne le onziéme. Signé, LOUIS,
& ſur le reply, par le Roy, DE LOMENYE. Et à coſté, Viſa. Et ſcellées ſous lacs de ſoye du grand Scel de cire verte.

*Regiſtrées, oüy le Procureur General du Roy, pour joüir par les
Impetrans de l'effet & contenu en icelles. A Paris en Parlement le
douziéme jour de May mil ſix cens vingt-un,* DU TILLET.

*Regiſtrées en la Chambre des Comptes, ouy le Procureur General
du Roy, pour joüir par les Impetrans de l'effet & contenu en icelles,
à la reſerve des droits Seigneuriaux ſeulement ; le treiziéme jour
de Juillet mil ſix cens vingt-un,* BOURLON.

Extrait des Regiſtres de la Chambre des Comptes de Paris, Memorial 5.
P. fol. 271. verſo.

EXEMPTION

Du Droit d'Immatricule & enregiſtrement de ſaiſie en faveur des Officiers de la Chambre des Comptes de Paris.

Du Vendredy vingt Novembre 1637.

CE jour les Receveurs & Payeurs des Rentes aſſignées ſur l'Hoſtel de cette Ville de Paris, ont apporté & preſenté au Bureau l'Acte ſigné d'eux, en datte du onziéme de ce mois, par lequel ils déclarent qu'ils ne prétendent prendre aucune choſe des Officiers d'icelle, des droits d'Immatricules de leurs Rentes, ny des Saiſies, Arreſts & main-levées qui ſeront faits à leurs requeſtes ; lequel Acte la Chambre a ordonné eſtre mis au Greffe, & enregiſtré au Dépoſt de l'un des Greffiers d'icelle, ce qui a eſté à l'inſtant fait en celuy de Maiſtre Jean Bourlon Greffier ſous la cotte 593.

Nous ſouſſignez Receveurs generaux & Payeurs des Rentes conſtituées par Meſſieurs les Prevoſt des Marchands & Eſchevins de la Ville de Paris , tant des anciennes que nouvelles Conſtitutions, DECLARONS à Noſſeigneurs les Préſidens, Conſeillers & Maiſtres, Correcteurs & Auditeurs de la Chambre des Comptes à Paris, & à Meſſieurs les Avocat & Procureur General & Greffiers en icelle, qu'en conſideration des obligations que nous leur avons , nous n'entendons & ne prétendons qu'ils payent aucune choſe ſur les Rentes à eux appartenantes des droits d'Immatricules, Regiſtremens des Saiſies, Arreſts & main-levées à nous attribuez par Arreſt du Conſeil du dix-huit Septembre mil ſix cens trente-cinq, & Edit du mois de Decembre audit an, verifié en la Chambre, & pour raiſon de quoy nous avons financé ès coffres de Sa Majeſté. En témoin de quoy nous avons ſigné la Preſente. A Paris ce onziéme jour de Novembre

A

mil fix cens trente-fept. Signé, Petit, du Noyer, Parent, Colbert, Tournet, Dubois, Dumars, Lombert, Marfollier, Jolly, le Boiteux, Leflez, Grongnet & Jolly.

Extrait du Plumitif de la Chambre des Comptes de Paris, 1637.

LETTRE DE CACHET

POUR continuer par les Officiers de la **Chambre** *des Comptes de Paris leurs fonctions.*

Du Vendredy quatorze May 1643.

DE PAR LE ROY. Nos amez & feaux, la perte que Nous Louis XIV. venons de faire du feu Roy noftre très-honoré Seigneur & Pere, Nous touche d'un regret fi extrême, qu'il Nous feroit impoffible d'avoir à prefent d'autres penfées que celles que la pieté & l'amour Nous demandent pour le falut & repos de fon ame, fi le devoir à quoy Nous oblige l'intereft que Nous avons par droit de fucceffion, de maintenir la grandeur de la Couronne, & de conferver nos Sujets dans une bonne union, ne Nous forçoit de furmonter ces juftes fentimens, pour prendre le foin de leur repos, & de la conduite de cet Eftat, & parce que l'établiffement d'un bon ordre en toutes chofes eft le meilleur moyen dont Nous puiffions nous fervir; pour Nous en acquitter dignement, Nous vous ordonnons & exhortons, autant qu'il Nous eft poffible, qu'après avoir fait à Dieu les prieres que vous devez pour le falut de notredit Seigneur & Pere, ayez, nonobftant cette mutation, à continuer les fonctions de vos Charges, ainfi que le devoir & l'integrité de vos confciences vous y obligent, jufqu'à ce que vous en ayez pris de Nous la confirmation accouftumée. Cependant Nous vous affurons que vous Nous trouverez tel envers vous en general & en particulier, qu'un bon Roy doit eftre envers fes bons & fideles Sujets & ferviteurs. DONNE' à Saint Germain en Laye le quatorziéme jour de May mil fix cens quarante-trois. Signé, LOUIS, & au bas, DE GUENEGAUD. Au dos eft écrit : *A nos amez & feaux Confeillers les Gens tenans noftre Chambre des Comptes à Paris.*

LETTRES PATENTES

PORTANT exemption en faveur des Secretaires du Roy, des Droits des Immatricules & Greffes de l'Hoftel de Ville de Paris.

Du mois de Septembre 1643.

LOUIS par la grace de Dieu Roy de France & de Navarre, à tous prefens & à venir, SALUT. Bien que par les privileges de nos amez & feaux Secretaires de Nous, Maifon, Couronne de France & de nos Finances, ils foient francs, quittes & exempts du payement des droits des Greffes, tant en nos Cours fouveraines, qu'autres Jurifdictions ordinaires & extraordinaires & fubalternes de noftre Royaume, qu'ils ne foient tenus de payer aux Greffiers defdits Greffes & leurs Commis, aucuns émolumens ny falaires pour les expeditions, & que lorfqu'on les a voulu troubler en la poffeffion de ladite exemption des droits des Greffes, ils y ayent toujours efté maintenus & confervez, même contre les Greffiers des Prefentations, Infinuations, Notifications, & Controlleurs des Titres, lefquels ayant voulu obliger nofdits Secretaires au payement des droits à eux attribuez par les Edits de leurs créations, ils en auroient par plufieurs Sentences & Arrefts, & notamment des vingt-un Octobre mil cinq cens quatre-vingt trois, quinze Juin mil cinq cens quatre-vingt cinq, deux Mars mil fix cens trente-cinq, efté déchargez & déclarez exempts, avec deffenfes aufdits Greffiers des Prefentations, Infinuations, Notifications & Controlleurs des Titres, de prendre & exiger d'eux aucune chofe; néantmoins les Greffiers des Immatricules & des feuilles des Rentes de l'Hoftel de Ville, les veulent à prefent affujettir & contraindre au payement des droits qui leur font attribuez par leurs Edits de création : C'eft pourquoy ils requeroient qu'il Nous pluft les maintenir en leurfdits privileges ; & ce faifant les déclarer exempts du payement des droits defdits Greffiers des Immatricules & des feuilles dudit Hoftel de Ville

A

de Paris. A ces causes, après avoir fait voir en noſtre Conſeil les Edits de création des Officiers des Greffiers des Immatricules & des feuilles dudit Hoſtel de Ville du mois de Janvier mil ſix cens trente-quatre & mil ſix cens quarante ; les Sentences & Arreſts des vingt-un Octobre mil cinq cens quatre-vingt-trois, quinze Juin mil cinq cens quatre-vingt cinq, & deux Mars mil ſix cens trente-cinq, de l'avis de noſtre Conſeil, où aſſiſtoient la Reine Regente noſtre très-honorée Dame & Mere, noſtre très-cher Oncle le Duc d'Orleans, noſtre très-cher Couſin le Prince de Condé, & autres grands & notables Perſonnages, & ſuivant l'Arreſt d'iceluy cy-attaché ſous le contreſcel de noſtre Chancellerie, Nous avons dit, déclaré & ordonné, diſons, déclarons & ordonnons par ces Preſentes ſignées de noſtre main, voulons & Nous plaiſt, que noſdits Conſeillers Secretaires Maiſon & Couronne de France & de nos Finances, demeurent à toujours francs, quittes & exempts du payement des droits deſdits Greffiers des Immatricules & des feuilles de l'Hoſtel de Ville de Paris, ſans que leſdits Greffiers des Inventaires des feuilles dudit Hoſtel de Ville, puiſſent prendre ny exiger d'eux aucune choſe pour l'Immatricule & enregiſtrement de leurs Rentes & Quittances ; ce que Nous leur deffendons très-expreſſément, à peine de reſtitution. Si donnons en mandement, &c. Donne' à Paris au mois de Septembre, l'an de grace mil ſix cens quarante-trois, & de noſtre Regne le premier. Signé, LOUIS, & ſur le reply, par le Roy, la Reine Regente ſa Mere, preſente, PHELYPEAUX.

Lûes & publiées, le Sceau tenant, de l'Ordonnance de Monſeigneur Seguier Chevalier Chancelier de France, & regiſtrées ès Regiſtres de la Chancellerie de France, moy Conſeiller du Roy en ſes Conſeils, & Grand Audiancier de France, preſent. A Paris le vingt-un Septembre mil ſix cens quarante-trois, OLIER.

Enregiſtrées ès Regiſtres du Grand Conſeil du Roy, ſuivant l'Arreſt donné en iceluy. A Paris le vingt-deux Septembre mil ſix cens quarante-trois, ROGER.

Extrait du Reçueil de la Chancellerie de France, fol. 402.

LETTRES

De confirmation des Offices de Judicature, Police & autres.

Du vingt-quatre Octobre 1643.

LOUIS par la grace de Dieu Roy de France & de Navarre, LOUIS XIV. à tous ceux qui ces presentes Lettres verront, SALUT. Par le décès du feu Roy nostre très-honoré Seigneur & Pere, la Couronne Nous estant avenuë, Nous avons par les conseils & bons avis de la Reine Regente nostre très-honorée Dame & Mere, & de nostre très-cher Oncle le Duc d'Orleans, de nostre très-cher Cousin le Prince de Condé, & autres Ministres de nostre Estat, recherché les moyens de maintenir nostredit Estat, & reçû ceux le moins à la foule de nos Sujets, le soulagement desquels Nous avons en singuliere recommandation, ainsi que Nous esperons (avec l'aide de Dieu) leur témoigner dans peu par une heureuse paix, avec laquelle Nous leur rendrons le repos & la tranquillité que Nous leur souhaitons avec affection, pour l'un desquels moyens Nous ayant representé, que par nostre nouvel avenement à ladite Couronne, nos Officiers de Judicature, Police, Hereditaires, non Domaniaux & autres, de quelque nature & condition qu'ils soient, ensemble les Communautés des Villes, Bourgs & Bourgades de ce Royaume, les Communautés des Marchands, Arts & Mestiers où il y a Jurande & Maistrise, les Privilegiez & les Hosteliers & Cabaretiers sont obligez de prendre nos Lettres de confirmation, à cause de leursdits Offices & privileges, franchises, libertez, droits & permissions à eux octroyez & concedez par nos prédecesseurs Rois, à faute de quoy & de Nous payer les sommes qui nous sont pour ce düës, ils demeurent déchûs de leursdits privileges, franchises, exemptions & permissions. Nous avons estimé qu'estant un Droit Royal dû à nostredit avenement à la Couronne, nosdits Officiers & Sujets portez de zele & d'affection au bien & conservation de cet Estat, s'efforceroient par une obéissance & fidelité envers Nous, telle qu'ils ont euë envers nostredit feu Seigneur & Pere, de Nous

A

2

affifter dans la prefente neceffité de nos affaires, defirant auffi
leur faire fentir les effets de nos graces, en les traitant favorablement par des taxes modiques, eu égard aux grandes charges qu'ils
ont fupportées depuis l'ouverture de la guerre. A CES CAUSES,
SÇAVOIR FAISONS, qu'après avoir mis cette affaire en déliberation en notredit Confeil, de l'avis de ladite Reine Regente notre très-honorée Dame & Mere, de notredit très-cher Oncle le
Duc d'Orleans, notredit très-cher Coufin le Prince de Condé,
& autres grands & notables Miniftres de notredit Confeil, &
de notre certaine fcience, pleine puiffance & autorité Royale,
Nous avons par ces Préfentes dit, déclaré, ordonné & octroyé,
difons, déclarons, ordonnons & octroyons, voulons & Nous
plaift, que tous les Officiers de Judicature, Police, Hereditaires,
non Domaniaux & autres, de quelque nature & condition qu'ils
foient, enfemble toutes les Communautés de nos Villes, Bourgs
& Bourgades où il y a Foires ou Marchez, les Communautez des
Marchands où il y a Jurande & Maiftrife, les Privilegiez & les
Hofteliers & Cabaretiers de notre Royaume, Pays, Terres &
Seigneuries de notre obéiffance, demeurent confirmez en l'exercice & fonction de leurs Charges, & jouiffent à l'avenir des privileges, immunitez, libertez, affranchiffemens, foires, marchez,
dons, octrois, exemptions, franchifes & permiffions generalement quelconques, fans aucuns referver ny excepter, defquels
ils ont cy-devant joui & jouiffoient encore pleinement & paifiblement au jour du décès du feu Roy notre très-honoré Seigneur
& Pere, à la jouiffance defquels Nous les avons generalement
maintenus & confirmés, & de nouveau, en tant que befoin eft,
donné, concedé & octroyé, confirmons, donnons, concedons
& octroyons par ces Prefentes, fignées de notre main, en payant
la finance qu'ils Nous doivent à caufe de ce, à laquelle ils feront
moderément taxez en noftre Confeil, ainfi qu'il en a efté ufé par
nos Prédeceffeurs. N'entendons en ce comprendre les Officiers
des Cours Souveraines, Tréforiers de France, les Secretaires de
notre Maifon & Couronne, les Officiers de Finances, des Elections, Greniers à Sel, & autres Officiers fujets au payement des
taxes de la Chambre de Juftice. SI DONNONS EN MANDEMENT à
notre très-cher & feal le Sieur Seguier, Chevalier Comte de
Gien, Chancelier de France, que ces Prefentes il faffe lire, pu-

blier & regiſtrer ès Regiſtres de l'Audiance de France, le Sceau tenant, & icelles executer & entretenir ſelon leur forme & teneur, ſans permettre qu'il y ſoit contrevenu, nonobſtant quelconques Lettres à ce contraires, nonobſtant auſſi oppoſitions ou appellations quelconques, dont ſi aucunes interviennent, Nous en avons reſervé la connoiſſance en notre Conſeil; CAR tel eſt noſtre plaiſir. En témoin de quoy Nous avons à ceſdites Preſentes fait mettre noſtre Scel. Voulons en outre qu'aux copies d'icelles dûëment collationnées par l'un de nos amez & feaux Conſeillers & Secretaires foy ſoit ajoûtée comme au preſent original. DONNE' à Paris le vingt-quatriéme jour d'Octobre, l'an de grace mil ſix cens quarante-trois, & de noſtre Regne le premier. Signé, LOUIS. Et plus bas, par le Roy, la Reine Regente preſente, DE GUENEGAUD. Et ſcellées du grand Sceau de cire jaune.

Lûës & publiées, le Sceau tenant, de l'ordonnance de Monſeigneur Seguier, Chevalier Comte de Gien, Chancelier de France, & regiſtrées ès Regiſtres de la Chancellerie de France, par moy Conſeiller du Roy en ſes Conſeils, & Grand Audiancier de France preſent, à Paris le vingt-huitiéme jour d'Octobre mil ſix cens quarante-trois, DE MONCEAUX.

P(

I
fei
ma
not
feu
cor
&
fic
ol
ci
l'e
tr
àN
me
Pi
fi
à
n
d
le
ré
fe
r
r
o
b
fc

EDIT

PORTANT Conceſſion de Privileges en faveur des Auditeurs de la Chambre des Comptes de Roüen.

Du mois de May 1644.

LOUIS par la grace de Dieu Roy de France & de Navarre, à tous préſens & avenir, SALUT. Nos amez & féaux Conſeillers & Auditeurs en notre Chambre des Comptes de Normandie Nous ont fait remontrer que par pluſieurs Arreſts de notre Conſeil donnez en divers temps, les Rois nos prédeceſſeurs leur auroient accordé pluſieurs privileges & immunitez en conſideration de leurs ſervices aſſidus, dont ils ont toujours joüi & joüiſſent encore de préſent, & depuis nos amez & féaux Préſidens & Maiſtres en notre Chambre des Comptes de Paris ont obtenu du Roy Charles IX. un Edit du mois de Septembre mil cinq cens ſoixante & dix, par lequel il leur a accordé & octroyé l'exemption de tous droits de relief, rachapt, quint, requint, treiziéme, & autres droits & devoirs féodaux & ſeigneuriaux à Nous appartenans, lequel a eſté verifié en nos Cours de Parlement & Chambre des Comptes à Paris, pour en joüir par noſdits Préſidens & Maiſtres. Et d'autant que leſdits Expoſans ſont Officiers de notredite Chambre des Comptes de Normandie, créée à l'inſtar de celle de Paris, & ſont partie du Corps d'icelle, avec noſdits Préſidens & Maiſtres, & conſequemment doivent joüir des mêmes droits & exemptions dont ils joüiſſent, & que d'ailleurs par les Lettres de Déclaration du feu Roy notre très-honoré Seigneur & Pere, du mois de Mars mil ſix cens vingt-un & mil ſix cens vingt-deux, les mêmes exemptions des tutelles & curatelles, droits de relief, rachapt, quint & requint, treiziéme, & autres droits dont joüiſſent noſdits Préſidens & Maiſtres, ont eſté concedez & octroyez aux Gardes des Livres de nos Chambres des Comptes à Paris & Roüen ; leſdits Expoſans qui nous ſont de plus grande conſideration que noſdits Gardes-Livres, &

A

Nous rendent journellement de plus grands services, Nous ont
fait supplier les vouloir faire joüir defdits droits de relief, treiziê-
me, quint & requint, & autres droits domaniaux dont joüiſſent
noſdits Préſidens & Maiſtres, comme faiſant & compoſant avec
eux un même Corps, & leur octroyer nos Lettres ſur ce necef-
ſaires. A ces causes, deſirant gratifier & favorablement traiter
leſdits Expoſans en conſideration de leurs ſervices, & leur donner moyens de Nous les continuer à l'avenir, & autres grandes
raiſons & conſiderations à ce Nous mouvans, de l'avis de notre
Conſeil qui a vû ledit Edit & Déclaration, octroyez tant à noſdits Préſidens & Maiſtres, que Gardes des Livres de notredite
Chambre des Comptes de Normandie pour leſdits privileges &
exemptions, le renvoy fait au Procureur General de notredite
Chambre des Comptes de Normandie, portant que leſdites Lettres lui ſeront communiquées pour donner ſon avis, ledit avis de
notre Procureur General du dix May mil ſix cens quarante-quatre, & autres pieces cy attachées ſous le Contreſcel de notre
Chancellerie, & de nos certaine ſcience, pleine puiſſance & autorité Royale, avons donné & octroyé, donnons & octroyons à
noſdits Conſeillers Auditeurs de notre Chambre des Comptes
de Normandie, exemptions de tous droits de relief, treiziéme,
rachapt, quint, requint & autres droits féodaux & ſeigneuriaux
à Nous appartenans, & dont joüiſſent noſdits Préſidens & Maîtres, pour en joüir par leſdits Expoſans, comme font leſdits Préſidens & Maiſtres, avec leſquels ils compoſent un ſeul & même
Corps, tout ainſi que s'ils étoient compris audit Edit du mois de
Septembre mil cinq cens ſoixante-dix, néanmoins & nonobſtant
que par inadvertance, omiſſion ou autrement ils n'y ſoient employez, ce que nous voulons ne leur nuire ni préjudicier. Si
donnons en mandement à nos amez & féaux les Gens tenans
notre Chambre des Comptes de Normandie, que ces Preſentes
ils faſſent regiſtrer, & du contenu en icelles joüir & uſer par leſdits Expoſans pleinement & paiſiblement, ceſſans & faiſant ceſſer
tous troubles & empêchemens au contraire, nonobſtant tous
Edits, Ordonnances, Reglemens, Arreſts & Lettres à ce contraires, auſquels & aux dérogatoires d'icelles, nous avons dérogé
& dérogeons par ceſdites Preſentes ſignées de notre main : Car
tel eſt notre plaiſir. Et afin que ce ſoit choſe ferme & ſtable à tou-

jours, Nous avons fait mettre notre Scel à cefdites Prefentes, fauf en autre chofe notre droit & l'autruy en toutes. Donne' à Paris au mois de May, l'an de grace mil fix cens quarante-quatre, & de notre Regne le premier. Signé, L O U I S. Et fur le reply eft écrit, Par le Roy, la Reine Régente fa Mere, prefente. Signé, Phelypeaux. Et fcellé en lacs de foye rouge & verte, de cire verte.

Regiftré ès Regiftres de la Chambre des Comptes de Normandie, ouy & ce confentant le Procureur General du Roy, pour en joüir par les Impetrans felon leur forme & teneur, fans approbation de la claufe portée par icelles, pour le regard des Gardes des Livres. Fait le huitiéme jour de Juin 1644. Signé, Auvray.

Extrait des Regiftres de la Chambre des Comptes de Roüen.

LETTRES

PORTANT Exemption du Droit de Gabelles en faveur des Officiers de la Chambre des Comptes de Paris.

Du vingt-huit Septembre 1644.

LOUIS par la grace de Dieu Roy de France & de Navarre, à tous ceux qui ces presentes Lettres verront, SALUT. Comme la fonction des Officiers de notre Chambre des Comptes de Paris a toujours été, ainsi qu'elle est encore à present, très-considerable & très-importante au bien des affaires de notre Etat & de cette Couronne, il a été aussi necessaire qu'ils ayent contribué de tous leurs soins & fidelité. Et pour leur témoigner & au public par les feus Rois, en quelle estime ils avoient lesdits Officiers, & le contentement qu'ils recevoient de leur affection à leurs services, ils les ont gratifiez selon les occurrences de plusieurs privileges, entre autres ont voulu les faire joüir de ceux des Officiers principaux de leurs Maisons ; & à cette fin les ont mis au nombre de leurs Commensaux, & aussi octroyé l'usage du Sel pour la provision & dépense de leur maison, franchement & sans payer aucun droit de Gabelle, dont la délivrance auroit été faite au commencement par les Marchands fournissans les Greniers à Sel de ce Royaume, & depuis par les Grenetiers tant de notre Grenier à Sel de Paris, que d'ailleurs ; & sur ce que les Grenetiers firent quelque difficulté ès années 1405. & 1517. de leur continuer ladite délivrance, à cause des Ordonnances faites esdites années par les Rois Charles VI. & François I. sur le fait & distribution du Sel, lesdits Seigneurs par leurs Lettres patentes des 18 Decembre de la susdite année 1405. & du mois de Mars 1519. regiftrées où besoin a été, les conserverent & continuerent dans ledit privilege : Et étant avenu que plusieurs des Officiers de ladite Chambre prenoient du Sel en plusieurs Greniers, selon la quantité qu'ils croyoient en avoir besoin, le feu Roy Charles IX. pour empêcher cette confusion, auroit arrêté en son Conseil, qu'il seroit laissé fond par chacun an d'une somme certaine sur les deniers de la crüe d'Ingrande, pour faire l'achat dudit Sel , & en être diftribué aufdits Officiers de notredite Chambre par chacune année une certaine quantité reglée ; ce qui a été obfervé jufqu'à prefent , en telle forte que lorfqu'il y a eu augmentation de nouveaux Officiers, ledit fond a efté auffi augmenté, coïnme n'a gueres en l'année 1636. de la fomme de deux cens liv. à caufe des Officiers créez en ladite Chambre par Edit de Decembre 1635. fuivant l'Arreft de notre Confeil du dixiéme Octobre 1636. La même connoiffance que Nous avons du merite des affaires qui fe traitent en ladite Chambre, & du zele defdits Officiers à notre fervice & de notre Couronne, nous oblige non feulement à les maintenir & conferver efdits privileges , mais même à les accroiftre & augmenter lorfqu'ils le defireront ; & Nous ayant fait entendre que la quantité de Sel qui leur eft à prefent diftribuée, n'eft pas à beaucoup près fuffifante pour leur provifion , eftant beaucoup moindre que celle qui eftoit anciennement ordonnée à leurs prédeceffeurs en leurfdites Charges & Offices : Sçavoir faisons que de l'avis de la Reine Regente notre très-honorée Dame & Mere , de notre très-cher & très-amé Oncle le Duc d'Orleans, de notre très-cher & très-amé Coufin le Prince de Condé , Nous avons par ces Prefentes fignées de notre main , maintenu & confervé , maintenons & confervons tous les Officiers de notredite Chambre des Comptes en leurs privileges , exemption de l'ufage du Sel pour leur provifion & dépenfe de leur maifon , franchement & fans payer aucun prix ni droit de Gabelle , ni impofitions & frais quelconques , ou à impofer à l'avenir fur ledit Sel , pour quelque caufe , prétexte , & en quelque forte & maniere que ce foit. Voulons & Nous plaift qu'il en foit délivré à chacun defdits Officiers jufqu'à la quantité dont il aura befoin pour fondit ufage & provifion , fuivant l'état toutefois par Nous arrefté en notre Confeil, cy-attaché fous le Contrefel de notre Chancellerie , felon lequel fera le fonds neceffaire pour l'achapt dudit Sel , augmenté & pris fur ladite impofition d'Ingrande, ou fur autre nature plus commode , fi ainfi nous en fommes requis par nofdits Officiers, fans que pour raifon de ce, nofdits Officiers foient tenus de prendre de Nous ni de nos fucceffeurs Rois , aucune nouvelle Lettre de Conceffion dudit privilege & immunité , déclaration ni confirmation, eu égard à la dignité & merite de leurs Offices, & du continuel fervice qu'ils rendent aux Rois & à leur Couronne, vû que lefdits privileges & attributions font partie de la recompenfe de leurfdits fervices, nonobftant auffi que par Nous & nos Succef-feurs, tous privileges & affranchiffement dudit droit & ufage, en general ou en particulier, puiffent eftre revoquez, & défenfes faites aux Officiers des Greniers, à ceux du Bureau d'Ingrande, & autres Bureaux, Marchands fourniffans lefdits Greniers, de ne bailler ni délivrer, ou faire bailler & délivrer aucun Sel à qui que ce foit : ce que ne voulons ni entendons nuire ne préjudicier auf-dits Officiers de notredite Chambre, ni eftre entendu revoquer leurs privileges anciens, ni cefdites Prefentes, aufquelles ne vou-lons eftre innové, ains que fuivant icelles ledit Sel leur foit déli-vré, & par eux pris & reçû, de qui & ainfi qu'ils aviferont bon eftre, en prefence toutefois de nos Officiers du Grenier à Sel de Paris, comme il eft accoutumé : leur permettant faire contrain-dre tous ceux qu'il appartiendra, tant pour le payement des deniers affectez pour l'achat dudit Sel & frais de la voiture & diftribution d'icelui, que délivrance dudit Sel, ainfi qu'ils ont fait jufqu'à prefent; duquel privilege & ufage du Sel Nous voulons & enten-dons que nos Prefidens, Maiftres, Correcteurs & Auditeurs qui après avoir fervi vingt années entieres efdites Charges, fe retire-ront pour fe repofer, & prendront de Nous ou de nos fuccefleurs Rois Lettres d'Honneur, joüiffent dudit Privilege & exemption pleinement & paifiblement, enfemble les veuves de ceux de nof-dits Officiers qui auront fervi lefdites vingt années, ou qui déce-deront reveftus de leurfdits Offices, demeurans en viduité, fans y eftre troublez, tout ainfi que fi leurs maris eftoient encore en pof-feffion & joüiffance de leurfdits Offices. Si donnons en man-dement à nos amez & féaux Confeillers les Gens de nos Comp-tes à Paris, que ces Prefentes ils ayent à faire regiftrer, & le con-tenu en icelles exactement garder & obferver fans permettre ni fouffrir qu'il y foit contrevenu en aucune forte & maniere que ce foit, nonobftant tous Edits, Déclarations, Reglemens, Ordon-nances, Arrefts & Lettres à ce contraires, aufquels & à la déro-gatoire des dérogatoires y contenuës, Nous avons dérogé & déro-geons par ces Prefentes. Car tel eft notre plaifir. En témoin de quoi Nous avons fait mettre & appofer notre Scel à cefdites Pre-fentes. Donne' à Fontainebleau le vingt-huitiéme jour de Sep-

A ij

tembre l'an de grace mil fix cens quarante-quatre, & de notre Regne le deuxiéme. Signé, LOUIS, & fur le reply, Par le Roy, la Reine Regente fa Mere prefente, DE GUENEGAUD. Et fcellées fur double queuë du grand Scel de cire jaune.

Regiftrées en la Chambre des Comptes, ouy le Procureur General du Roy, pour avoir lieu & eftre executées felon leur forme & te-neur, le dernier Juin 1646. Signé BOURLON.

Extrait des Regiftres de la Chambre des Comptes de Paris, Memorial 6. S. fol. 217.

ESTAT

De diftribution du Sel aux Officiers de la Chambre des Comptes.

EStat par augmentation du Sel que le Roy veut être diftribué aux Officiers de la Chambre des Comptes de Paris, outre ce qui leur a été diftribué depuis quelques années, qui ne fe trouve fuffifant pour la provifion de leurs maifons, pour l'achapt & fourniture de laquelle augmentation Sa Majefté a ordonné par fes Lettres de Déclaration du jourd'huy, que le fonds feroit employé ès états de la Ferme de la vente & mefurage à Sel d'Ingrande, outre & par-deffus la fomme qui eft laiffée par chacune année efdits états, à commencer du premier jour d'Octobre de l'année 1645.

A onze Préfidens de ladite Chambre, deux minots de Sel chacun par augmentation, outre les deux minots qui depuis quelques années leur ont été feulement délivrez.

A foixante-dix Maiftres, un minot de Sel chacun par augmentation, outre les deux minots qui leur ont été feulement délivrez depuis quelques années.

A trente Correcteurs, un minot de Sel chacun par augmentation, outre les deux à eux auffi cy-devant délivrez.

A foixante quatorze Auditeurs, demi-minot de Sel chacun

par augmentation, outre un minot dont ils joüiſſent.

Aux Avocat & Procureur Generaux, un minot de Sel chacun par augmentation, outre les deux dont ils joüiſſent.

A deux Subſtituts, demi-minot de Sel chacun par·augmentation, outre ce qui a accoutumé leur être délivré.

En marge eſt écrit :

Par Arrêt du dix-neuf Octobre 1646. le mot de *deux* qui étoit concernant Meſſieurs les Gens du Roy, a eſté rayé, & au lieu d'icelui mis le mot *un* par moi Greffier fouſligné, BOURLON.

Ledit article de deux Subſtituts ſera augmenté de demi minot pour le Subſtitut ancien réuni aux Charges d'Avocat & de Procureur Generaux, ſuivant l'Arreſt de la Chambre du huit Novembre 1646. Signé, LE CLERC.

A deux Greffiers en chef, chacun demi minot de Sel par augmentation, outre un minot chacun dont ils jouiſſent.

Au Clerc qui tient la plume au grand Bureau, demi minot de Sel par augmentation, outre ce dont il jouit.

Aux deux Contrôleurs du Greffe, demi minot de Sel chacun par augmentation, outre demi minot chacun dont ils jouiſſent.

Au Contrôleur du Treſor, demi minot de Sel, outre un minot dont il jouit.

Au premier Huiſſier, demi minot de Sel par augmentation, outre demi minot dont il jouit.

Aux Receveurs & Contrôleur General des Reſtes, demi minot de Sel chacun, outre un minot dont ils jouiſſent.

Aux trois Receveurs & Payeurs des Gages des Officiers de ladite Chambre, & aux trois Contrôleurs, demi minot chacun par augmentation, outre un minot de Sel chacun dont ils jouiſſent.

Aux deux Gardes des Livres, demi minot de Sel chacun, outre un minot.

Au Contrôleur de la Sainte Chapelle, demi minot, outre un minot.

Aux trente Huiſſiers cinq minots, outre dix.

Aux Preſidens, Maiſtres, Correcteurs & Auditeurs honoraires, qui doivent jouir du privilege & exemption, ſuivant leſdites Lettres & Déclaration, ſera à chacun délivré la même quantité de Sel dont ils auroient accoutumé, lorſqu'ils eſtoient poſſeſſeurs de leurs Offices.

A chacune des Veuves des Prefidens, Maiftres, Correcteurs &
Auditeurs, demeurantes en viduité, & qui doivent jouir dudit
privilege & exemption fuivant lefdites Lettres & Déclaration,
auffi la même quantité de Sel dont leurs maris jouiffoient eftant
en poffeffion de leurs Offices. Et ne fera toutefois ladite délivrance dudit Sel aufdits Honoraires & Veuves, qu'en prefentant Requefte à la Chambre. Fait au Confeil d'Eftat du Roy tenu à Fontainebleau le vingt-huitiéme jour de Septembre mil fix cent quarante-quatre. Ainfi figné, BORDIER. Et plus bas eft écrit.

*Regiftré en la Chambre des Comptes, ouy le Procureur General
du Roy, le dernier jour de Juin mil fix cent quarante-fix.* Signé,
BOURLON.

Extrait des Regiftres de la Chambre des Comptes de Paris, Memorial 6. S.
fol. 538. verfo.

E D I T

PORTANT conceſſion du Privilege de Nobleſſe aux Officiers de la Chambre des Comptes de Paris , leurs Veuves & Deſcendans; Et confirmation de l'Exemption des Droits de Lots & Ventes , &c.

Du mois de Janvier 1645.

LOUIS par la grace de Dieu Roy de France & de Navarre , à tous preſens & avenir, SALUT. Les emplois les plus importans dans les Etats eſtant toujours récompenſez par les Princes en marques d'honneur, tant pour ce que les actions vertueuſes ne peuvent recevoir une plus excellente reconnoiſſance , que pour témoigner par eux leur affection envers ceux qu'ils honorent deſdits emplois , les rendre plus recommandables à leurs Sujets, & convier pour le bien de leurs affaires & du Public ceux qui ſont des meilleures familles , à ſe rendre capables pour y eſtre appellez ; & eſtant certain que les plus conſiderables ſont ceux pour la fonction deſquels les Rois dépoſent une partie de leur autorité ſouveraine ; nous pouvons à bon droit tenir en cette eſtime nos Officiers de notre Chambre des Comptes à Paris , laquelle de temps immemorial nos prédeceſſeurs Rois , ſelon l'intention des trois Ordres du Royaume, ont eſtablie & ordonnée pour juger & décider en matiere de nos Finances , ſuivant nos Ordonnances & des Rois nos prédeceſſeurs , & avoir un ſoin particulier de la conſervation du Domaine de notre Couronne, droits & revenus en dépendans ; c'eſt pourquoi nos prédeceſſeurs Rois qui ont eu une très-particuliere connoiſſance de la dignité de leurs fonctions , & des fideles ſervices que leſdits Officiers leur ont rendus, ils ont voulu les faire joüir de tous les privileges concedez & appartenans par les Loix du Royaume à Juges & Officiers ſouverains ; même le Roy Charles IX. d'heureuſe memoire octroya aux Préſidens & Maiſtres de ladite Chambre , l'exemption & décharge du payement des droits ſeigneuriaux en tout ce en quoi ils pouvoient eſtre tenus & obligez ; ce que par Nous & notre Conſeil conſideré, nous avons eſtimé rai-

A

fonnable , que de notre part nous les fiffions joüir de toutes les
graces & privileges que merite la dignité de leurs Charges & Offices , & l'entiere confiance que nous avons , ainfi que nos Prédecefleurs , en leur fidelité & fincere affection envers nous & notredite Couronne, pour de fi grandes & importantes affaires qui
leur font commifes & foumifes à leur conduite & jugement :
Sçavoir faisons que cette affaire mife en déliberation en notre
Confeil où eftoient la Reine Regente notre très-honorée Dame
& Mere , notre très-cher & très-amé Oncle le Duc d'Orleans ,
& notre très-cher & très-amé Coufin le Prince de Condé , &
autres grands & notables Perfonnages, de leur avis & de notre
certaine fcience, pleine puiffance & autorité Royale, Nous avons
dit & déclaré , difons & déclarons par ces Prefentes fignées de
notre main , que les Préfidens, Maiftres ordinaires , Correcteurs
& Auditeurs, Avocat & Procureur Generaux & Greffier en Chef
de notre Chambre des Comptes, prefentement pourvûs defdits
Offices , & qui le feront cy-après , foient Nobles , & les tenons
pour tels. Voulons & Nous plaift qu'ils joüiffent eux & leurs
Veuves demeurantes en viduité, leur pofterité & lignée, tant
mâles que femelles nez & à naiftre , des mêmes droits , privileges,
franchifes, immunitez, rangs , féances & prééminences , que
les autres Nobles de race, Barons & Gentilshommes de notre
Royaume, foient capables de parvenir à tous honneurs , charges
& dignitez, pourvû que lefdits Officiers ayent fervi vingt années, ou qu'ils décedent revêtus defdits Offices, nonobftant qu'ils
ne fuffent iffus de noble & ancienne race : Et pour le regard de
ceux defdits Officiers de notredite Chambre qui font nobles d'ex-
traction & par leur naiffance, nous voulons que ces Prefentes
leur fervent d'accroiffement de generofité. Et d'autant que le
feu Roy Charles IX. par fes Lettres Patentes en forme de Chartes,
données à Paris au mois de Septembre 1570. regiftrées en notre
Cour de Parlement de Paris & en notredite Chambre les huit
& vingt-quatriéme jours de Janvier 1571. auroit entr'autres chofes par fefdites Lettres octroyé aufdits Préfidens & Maiftres de
notredite Chambre & à leurs fucceffeurs efdits Offices, l'exemption & décharge du payement des droits, devoirs, profits féodaux & feigneuriaux quelconques, foit à caufe d'acquifitions,
échanges , titres fucceffifs, dons , ou autre maniere que ce foit,
pour heritages mouvans en fiefs ou tenus en cenfives de Nous

ou d'aucun membre de notre Domaine, fans que les Veuves defdits Officiers y ayent efté comprifes : Nous voulons & nous plaift par cefdites Prefentes, que ledit privilege s'étende au benefice de leurfdites Veuves demeurantes en viduité, pour en joüir par elles tout ainfi qu'euflent fait leurs maris de leur vivant. Comme auffi nous octroyons & concedons pareille grace & privilege à nofdits Correcteurs & Auditeurs, Avocat & Procureur Generaux, & audit Greffier en Chef de notredite Chambre, & à leurs Veuves demeurantes en viduité. SI DONNONS EN MANDEMENT à nos amez & féaux Confeillers les Gens tenans notre Cour de Parlement, Chambre des Comptes & Cour des Aydes à Paris, que ces Prefentes ils ayent à faire regiftrer, & de l'effet d'icelles joüir & ufer lefdits Préfidens, Maiftres, Correcteurs, Auditeurs, Avocat & Procureur Generaux & Greffier en Chef de notredite Chambre des Comptes, pleinement & paifiblement, fans fouffrir qu'ils foient troublez en aucune façon que ce foit, nonobftant toutes chofes à ce contraires, aufquelles & aux dérogatoires des dérogatoires y contenuës, nous avons dérogé & dérogeons. CAR tel eft notre plaifir. Et afin que ce foit chofe ferme & ftable à toujours, nous avons à icelles fait mettre & appofer notre Scel. DONNE' à Paris au mois de Janvier l'an de grace mil fix cens quarante-cinq, & de notre Regne le deuxiéme. Signé, LOUIS. Et fur le reply, Par le Roy, la Reine Regente fa Mere, prefente, DE GUENEGAUD ; à cofté vifa. Et fcellé fur lacs de foye, du grand Scel de cire verte.

Regiftré, ouy & ce requerant le Procureur General du Roy, pour eftre executé felon fa forme & teneur. A Paris en Parlement le fixiéme Juin mil fix cens cinquante - huit. Signé, DU TILLET.

Regiftré en la Chambre des Comptes, ouy & ce requerant le Procureur General du Roy, pour avoir lieu & eftre executé felon fa forme & teneur. Le premier jour de Juillet mil fix cens cinquante-huit. Signé, RICHER.

Extrait des Regiftres de la Chambre des Comptes de Paris, Memorial 7. G. fol. 351.

DELIBERATION

Des Conseillers Correcteurs de la Chambre des Comptes de Paris, pour le partage des Epices de corrections.

Du deux Janvier 1655.

LEs Conseillers Correcteurs de l'un & de l'autre Semestre assemblez, déliberant sur la proposition faite de donner quelque préciput aux Rapporteurs des corrections sur la portion des Epices à eux afferante pour le jugement d'icelles à l'instar des autres Compagnies, esquelles les Rapporteurs ont quelque préciput aux Epices des affaires jugées à leur rapport, ont arreſté de donner aux deux Correcteurs Rapporteurs la moitié des Epices à eux afferante, taxées au jugement d'icelles, de laquelle moitié en appartiendra les deux tiers à l'ancien desdits Correcteurs Rapporteurs, & l'autre tiers au second, & mettre l'autre moitié en la bourse commune, pour eſtre partagée également entre les autres, comme eſtoit le total desdites Epices auparavant le preſent Reglement.

Que s'il arrivoit lors du jugement d'aucunes des corrections que les deux Conseillers Correcteurs qui les ont faites & rapportées, euſſent vendu leurs Charges, ou qu'ils fuſſent décedez ; en ce cas les deux anciens preſens du Semeſtre auquel se jugera ladite correction, aſſiſteront au jugement d'icelles, avec le même préciput que s'ils avoient fait & rapporté ladite correction.

Que s'il n'y a qu'un desdits Correcteurs qui soit décedé, ou qui se soit défait de sa Charge, si c'eſt le premier, le second deviendra le premier pour aſſiſter au jugement d'icelle, avec tel que la Compagnie adviſera pour l'aſſiſter en second.

Si c'eſt le second, celuy qui le suit en rang du Semeſtre dans lequel la correction se jugera, aſſiſtera au jugement d'icelle, avec le même préciput que deſſus.

Au cas que les corrections soient jugées en autre Semeſtre que celuy auquel elles ont eſté faites & rapportées, les deux Correcteurs qui les ont faites & rapportées, seront advertis & mandez

A

pour se trouver au jugement d'icelles ; que si l'un d'eux est absent, ou empêché, en sorte qu'il ne s'y puisse trouver, le present assistera avec tel que la Compagnie députera avec luy; que si tous les deux sont absens ou empêchez, la Compagnie en subrogera deux autres en leur lieu & place, pour assister au jugement desdites corrections, ausquels absens neantmoins le même préciput sera conservé, comme s'ils y avoient assisté, pour avoir lieu le susdit Reglement du premier Janvier mil six cens cinquante-cinq.

Les Requestes de renvoy à la correction, soit que les Conseillers Correcteurs y soient mandez, ou non, ne pourront estre executées que par ceux du Semestre dans lequel sera intervenu ledit renvoy.

ARREST
DE LA CHAMBRE DES COMPTES
DE PARIS,

*Qui décharge le Sieur de Loines Conseiller Correcteur,
d'une assignation à luy donnée pardevant les Commissaires de la Cour des Aydes, pour justifier de son titre
de la qualité d'Ecuyer, à la Requeste des Commis au
recouvrement des deniers provenans de la recherche des
Titres de Noblesse.*

Du vingt-six Juillet 1658.

SUR la Requeste presentée à la Chambre par le Procureur
General du Roy, CONTENANT qu'en execution de certaine
Déclaration de Sa Majesté du dernier Decembre mil six cens
cinquante, donnée contre les usurpateurs du titre & qualité de
Noblesse, & de l'exemption des Tailles, Maistre Estienne Baudran Substitut du Procureur General en la Cour des Aydes, &
Maistre François Baudin, se disans Commis au recouvrement
des deniers qui doivent provenir de l'execution de ladite Déclaration, auroient fait assigner pardevant les Commissaires de la
Cour des Aydes pour ce députez, M. de Loines Conseiller
Correcteur en ladite Chambre, pour rapporter les titres originaux en vertu desquels il a pris la qualité d'Ecuyer ; ce qui
est une entreprise desdits Baudran & Baudin, d'autant plus in-
jurieuse à la Chambre, que les Officiers estant Nobles par le
titre de leurs Charges, & par l'attribution particuliere qui leur
en a esté faite, ladite qualité ne leur peut estre contestée, ny eux
assignez pardevant les Commissaires de ladite Cour des Aydes,
establis seulement pour juger les titres de ceux, lesquels faute
de la validité desdits titres, sont cottisables aux Tailles, tellement que les Officiers des Cours souveraines, & même les Bourgeois de Paris en étant notoirement exempts, on ne pourroit con-

A

teſter à ceux qui ont ces qualitez, & le titre d'Ecuyer & de Nobles; pour raiſon de quoy Sa Majeſté a ordonné des Commiſſaires de ladite Chambre par ſes Lettres de Déclaration du dix-ſept
Septembre dernier, verifiées en icelle le treize Octobre enſuivant, pardevant leſquels il les faudroit aſſigner ; Requeroit
A ces causes qu'il pluſt à ladite Chambre décharger ledit Sieur
de Loines de l'aſſignation à luy donnée pardevant les Commiſſaires de ladite Cour des Aydes, & de toutes les pourſuites qui
pourroient eſtre faites en conſequence, faire deffenſes auxdits
Baudran & Baudouin de donner ſemblables aſſignations à l'advenir aux Officiers de ladite Chambre ; à peine de mille livres
d'amende, applicables à l'Hoſtel-Dieu de Paris. Veuë ladite
Requeſte, les Lettres de Déclaration de Sa Majeſté du mois de
Janvier mil ſix cens quarante-cinq, vérifiées au Parlement & à
la Chambre, pour le titre de Nobleſſe attribué aux Officiers
d'icelle, l'Ordonnance deſdits Commiſſaires, & Exploit d'aſſignation donnée audit de Loines par vertu d'icelle du trois du
preſent mois de Juillet, & tout conſideré ; la Chambre faiſant
droit ſur les fins de la Requeſte, & Concluſions du Procureur
General, a déchargé & décharge ledit de Loines de l'aſſignation
à luy donnée pardevant leſdits Commiſſaires, & de toutes les
pourſuites qui pourroient eſtre faites en conſequence ; Fait défenſes auxdits Baudran & Baudouin de faire ſemblables pourſuites à l'advenir à l'encontre des Officiers de ladite Chambre,
à peine de mille livres d'amende, applicables à l'Hoſtel-Dieu.
Fait le vingt-ſixiéme jour de Juillet mil ſix cens cinquante-huit.

Extrait du Plumitif de la Chambre des Comptes de Paris, année 1658.

SENTENCE

DES REQUESTES DU PALAIS,

Obtenuë par M. Pichon, Correcteur en la Chambre des Comptes à Paris, contre M. de Riberolles, Conseiller au Chastelet, prétendant la préseance à cause de sa qualité, & d'un Fief scis au Village de Courtry en France.

Du deux Janvier 1659.

A Tous ceux qui ces presentes Lettres verront. Les Gens tenans les Requestes du Palais à Paris, Conseillers du Roy nostre Sire en sa Cour de Parlement, & Commissaires en cette partie, SALUT. SÇAVOIR FAISONS, qu'entre Maistre Abraham de Riberolles, Conseiller du Roy au Chastelet, Demandeur aux fins des Exploits du quatre Janvier mil six cens cinquante-huit, à ce qu'il soit dit, qu'à l'advenir le Deffendeur cy-après nommé en qualité de Marguillier de l'Eglise & Fabrique de Courtry en France, sera tenu rendre audit Demandeur tous & chacuns les droits honorifiques dans ladite Eglise Parochiale de Courtry, comme se prétendant ledit Demandeur Seigneur du fief des Arieres, scitué audit Village de Courtry, avec deffenses audit Deffendeur, & à tous autres, d'y contrevenir, après toutefois les honneurs rendus au Sieur de Blerancourt Seigneur dudit Courtry, à peine de tous dépens, dommages & interests, & amande, par M. Morice & Delin ses Advocat & Procureur; & entre ledit de Riberolles Demandeur, par ledit M. Morice & Delin ses Advocat & Procureur d'une part, & Augustin Verquillier le jeune, & Jean Moreau, Marguilliers Habitans dudit Courtry, Deffendeurs, par M. Biffre & Jurandon, ses Advocat & Procureur; & entre ledit de Riberolles Demandeur, par lesdits M. Morice & Delin ses Advocat & Procureur, d'une part, Maistre Estienne Jumelin, Prestre Curé dudit Courtry, Deffendeur, par M. Jean Barille & Moeleron ses Ad-

A

vocat & Procureur, d'autre part; & entre Maiftre Denis Pichon, n'agueres Confeiller du Roy, Tréforier de France à Paris, Maiftre Nicolas Pichon, Confeiller du Roy, Correcteur ordinaire en fa Chambre des Comptes à Paris, Maiftre Guy Sevin Confeiller du Roy en fes Confeils, Maiftre des Comptes, Dame Marie de Hautecourt, veuve de deffunt Jean Hugues Pichon, vivant Confeiller du Roy au Chaftelet de Paris, heritiers par reprefentation de Marie de Gaumont leur mere, & de défunt Fiacre de Gaumont leur ayeul, vivant Seigneur en partie dudit Courtry, intervenans felon leur Requefte verbale du dix Juillet mil fix cens cinquante-huit, Demandeurs fuivant icelle, en ce qu'il foit dit, qu'en l'abfence du Sieur de Blerancourt Seigneur dudit Courtry, ils auront les droits honorifiques à l'exclufion dudit de Riberolles, par M. Jacques Thoulan & Pierre Lemée leur Advocat & Procureur, d'une autre part, & lefdits de Riberolles & Verquillier, Moreau & Jumelin, Deffendeurs, d'autre part. La Cour, Parties ouies en la Chambre fur la Requefte de la Partie de Morice, contre les Parties de Biffre & de Barille, a mis & met les Parties hors de Cour & de procès, faifant droit fur la demande en principal, ayant aucunement égard à l'intervention, a ordonné & ordonne que ledit Pichon Correcteur, aura la préfeance devant la Partie de Morice, & la partie de Morice la préfeance devant les autres Parties; & ne pourront les qualitez préjudicier. Si MANDONS au premier Huiffier ou Sergent Royal fur ce requis, ces Prefentes il mette à deuë & entiere execution felon leur forme & teneur. De ce faire luy donnons pouvoir. DONNE' fous le Scel defdites Requeftes, le deux Janvier mil fix cens cinquante-neuf.

ARREST

DE LA CHAMBRE DES COMPTES
DE PARIS,

Qui ordonne que les Officiers du Grenier à Sel de Chartres feront contraints de rendre au Sieur Feydeau Correcteur en ladite Chambre, les droits qu'ils en avoient exigez.

Du vingt Janvier 1659.

SUR la Requeste presentée à la Chambre par Maistre Claude Feydeau, Sieur d'Esrouville, Conseiller du Roy & Correcteur ordinaire en ladite Chambre ; CONTENANT qu'à la derniere distribution du Sel, faite en la Chambre au mois de Juillet mil six cens cinquante-huit, des neuf minots de Sel qui luy ont esté distribuez à cause de sadite Charge, il en auroit fait mettre cinq minots dans le Grenier à Sel de Paris, dont il auroit retiré Certificat des Officiers dudit Grenier, & prié les Interessez de la Ferme generale des Gabelles, de luy faire délivrer pareille quantité de cinq minots dans le Grenier à Sel de Chartres ; ce qu'ils luy auroient accordé par une lettre adressante à Maistre Plastrier leur Commis audit Grenier, auquel l'ayant presentée, avec le Certificat des Officiers du Grenier de Paris, iceluy Plastrier auroit fait délivrer lesdits cinq minots ; & voulant iceux recevoir, les Officiers dudit Grenier à Sel de Chartres seroient intervenus, qui auroient empéché la délivrance d'iceux, sinon à condition des droits qu'ils prétendent sur le Sel qui se vend audit Grenier ; ce que le Suppliant auroit esté contraint de payer, pour avoir la délivrance dudit Sel, bien qu'ils n'ayent ignoré la qualité du Suppliant, qui ne leur doit aucuns droits, ayant l'honneur d'estre du Corps de la Chambre, & que la délivrance desdits cinq minots de Sel n'apportoit aucune diminution à leurs droits, parce qu'il seroit moins vendu audit Grenier, &

A

ladite Chambre ; mais il Nous a depuis esté remontré que notre premier Huissier en ladite Chambre est aussi du Corps
d'icelle, qu'il a esté créé seul avec le Corps de nostredite Chambre, par les Edits de l'an mil quatre cens trente-six, & mil cinq
cens cinquante-quatre, & comme tel qu'il participe aux Epices, comme il appert par les Lettres en forme de Chartres de
l'an mil cinq cens onze, & qu'il porte la Robbe de soye semblable à celle de nos Conseillers Auditeurs en nostredite Chambre, & jouit des mêmes droits qu'eux ; qu'il a toujours esté
compris dans les Rolles du Franc-Salé, en consequence de notre Déclaration du   & autres Rolles des
menuës necessitez, ainsi que les autres Officiers de nostredite
Chambre ; & que par les Arrests des vingt-deuxiéme Juin mil
six cens vingt-un, & troisiéme Février mil six cens trente-deux,
ledit premier Huissier auroit esté déchargé, ainsi que nos autres
Officiers de ladite Chambre, du prest y mentionné, comme
estant du Corps d'icelle ; & que pour pareilles causes Nous aurions accordé au premier Huissier de nostre Cour de Parlement
de Paris, semblables droits & privileges, par nostre Déclaration particuliere du onziéme Février mil six cens cinquante-
cinq, regiftrée en nostre Cour de Parlement. A CES CAUSES,
de l'avis de nostre Conseil, & de nostre certaine science, pleine puissance & autorité Royale, voulant favorablement traiter
nostredit premier Huissier de nostredite Chambre des Comptes
de Paris, pour luy donner plus de moyen & occasion de continuer en nostre service, avons déclaré & déclarons que Nous entendons ledit premier Huissier en nostredite Chambre & ses successeurs à ladite Charge, estre compris au nombre des Officiers
d'icelle, pour jouir des privileges, immunitez & exemptions
portez par nostre Déclaration du mois de Janvier mil six cens
quarante-cinq, tout ainsi que s'il y estoit particulierement dénommé, sans qu'il y puisse estre troublé en quelque sorte &
maniere que ce soit ; & attendu que Maistre Jean le Febvre, à
present pourveu dudit Office en nostredite Chambre, a déja ser-
vi en icelle avec ladite qualité depuis cinq années & plus,
Nous en consideration des bons services rendus pendant plus
d'un siecle par l'ayeul, le pere & le frere dudit le Febvre décedez revestus dudit Office, luy avons accordé la jouissance des-

dits privileges, immunitez & exemptions fufdits, du jour qu'il a efté pourveu dudit Office, pour luy eftre ledit temps & ef-pace de cinq années imputées & précomptées fur les vingt années de fervice requifes par noftredite Déclaration , pour jouir comme Veteran defdites prérogatives, fans qu'il foit tenu ny obligé à plus grand exercice & fonctions de ladite Charge, l'en ayant à cet effet de noftre grace fpeciale relevé & difpenfé, comme de fait Nous l'en relevons & difpenfons par ces Prefen-tes. Si donnons en mandement à nos amez & feaux les Gens tenans noftre Cour de Parlement, Chambre des Comptes & Cour des Aydes, que ces Prefentes ils ayent à faire regiftrer, & de l'effet d'icelles faire jouir & ufer noftredit premier Huif-fier & fes fuccefleurs audit Office , comme les autres Offi-ciers dénommez en noftredite Déclaration ; Car tel eft noftre plaifir. Et afin que ce foit chofe ferme & ftable à toujours, Nous avons fait mettre & appofer noftre Scel à cefdites Pre-fentes. Donne' à Paris au mois de May , l'an de grace mil fix cens cinquante-neuf, & de noftre Regne le feiziéme. Signé , LOUIS ; Et fur le reply, par le Roy, Phelypeaux. Et à cofté, Vifa. Et fcellées fur lacs de foye du grand Scel de cire verte.

Regiftrées , ouy le Procureur General du Roy , pour jouir par l'Impetrant & fes fuccefleurs en ladite Charge de l'effet & contenu en icelles felon leur forme & teneur. A Paris en Parlement le fi-xiéme jour d'Aouft mil fix cens foixante , du Tillet.

Regiftrées en la Chambre des Comptes , ouy le Procureur General du Roy, pour jouir par l'Impetrant & fes fuccefleurs en ladite Char-ge de l'effet & contenu en icelles felon leur forme & teneur, fuivant l'Arreft de ce fait, le fixiéme Septembre mil fix cens foixante , Richer.

Extrait des Regiftres de la Chambre des Comptes de Paris , Memorial

Por

I
de
dor
ves
co
mi
&
de
Fr
en
du
a
à
Si

m.

MANDEMENT

Portant que les Officiers du Grenier à Sel de Paris, fe-
ront distribuer aux Veterans & Veuves des Officiers
de la Chambre des Comptes, la quantité de Sel or-
donné par la Déclaration du vingt-huit Septembre mil
six cens quarante-quatre.

Du onze Juillet 1661.

DE PAR LE ROY. Sa Majesté voulant que les Louis XIV.
Officiers de sa Chambre des Comptes de Paris, joüissent
de la même quantité de Sel pour la provision de leurs maisons,
dont ils ont toujours paisiblement joüi, comme aussi les Veuves de ceux qui sont morts dans le service, & les Veterans,
conformément à la Déclaration qui fut expediée en l'année
mil six cens quarante-quatre sur ce sujet; Sa Majesté MANDE
& ordonne aux Grenetiers & Controlleurs du Grenier à Sel
de Paris, de faire délivrer ausdites Veuves & Veterans leur
Franc-salé, suivant l'estat de distribution qui en a esté arresté
en son Conseil, nonobstant l'Ordonnance du dix-neuviéme
du mois dernier, qui leur a esté signifiée de sa part, & qu'elle
a revoquée & revoque pour ce regard par la presente. FAIT
à Fontainebleau le onziéme Juillet mil six cens soixante-un.
Signé, LOUIS, & plus bas, DE GUENEGAUD.

Laquelle Ordonnance, pour l'execution d'icelle, a esté mise ès
mains des sieurs Commissaires à la distribution desdits Francs-salez.

EXTRAIT DU PLUMITIF.

Du vingt-trois May 1663.

SUR la Requeste presentée par Dame Catherine Vigon,
veuve de feu Maistre Antoine Lamy, vivant Conseiller
Correcteur : LA CHAMBRE a ordonné que la Suppliante

fera employée en l'eftat de la prochaine diftribution qui fe fera du Franc-falé de ladite Chambre, & continuée à l'avenir tant qu'elle demeurera en viduité.

SAUVEGARDE

Accordée à M. Renouart, Conseiller Correcteur de la Chambre des Comptes de Paris.

Du quatre Février 1664.

LE Roy voulant exempter de tous Logemens de Gens de guerre & courses, les maisons de Montauson Paroisse de Molean, Chamblais Paroisse de Saint Mamert, Rochepot Paroisse de Molitart, & Allonville Paroisse de Neuvy en Dunois, appartenans au Sieur Renouart, Conseiller de Sa Majesté, & Correcteur de la Chambre des Comptes de Paris, en consideration des services qu'il rend depuis plusieurs années à Sa Majesté & au Public dans les fonctions de Sa Charge, Sa Majesté a deffendu & deffend très-expressément à tous Officiers & Chefs commandant & conduisant ses Gens de guerre, tant de cheval que de pied, François ou Etrangers, de loger, ny souffrir qu'il soit logé aucuns d'eux estans sous leurs charges, dans lesdites maisons de Montauson, Chamblais, Rochepot & Allonville, ny qu'il y soit pris ou fouragé aucune chose ; à peine ausdits Chefs & Officiers, de desobéissance, & aux Soldats de la vie. A quoy Sa Majesté enjoint à tous Prevosts des Mareschaux & autres Juges sur ce requis, de tenir la main ; & permet audit Sieur Renouart de faire mettre & apposer ses Armoiries, Panonceaux & Bastons Royaux, en tels endroits & advenuës desdites maisons que bon luy semblera, pour montrer qu'elles sont en la protection & sauvegarde de Sa Majesté, laquelle deffend en outre aux Eschevins & principaux Habitans desdites Paroisses de Molean, Saint Mamert, Molitart & Neuvy, expedier ny délivrer aucuns billets pour faire loger des Gens de guerre dans les maisons dudit Sieur Renouart, ny dire, ny envoyer aucuns pour y prendre leurs logemens ; à peine de répondre en leur propre & privé nom des dommages & interests qu'il en pourroit souffrir : Et parce que de la Presente l'on pourra avoir affaire en plusieurs lieux, Sa Majesté veut qu'aux copies d'icelles deuëment colla-

Louis XIV.

A

tionnées, foy foit adjouftée comme à l'original. Fait à Paris le quatre Février mil fix cens foixante-quatre. Signé LOUIS ; Et plus bas , LE TELLIER. Et fcellé.

Lettre de M. le Tellier Secretaire d'Eftat aux Officiers.

Meffieurs. Le Roy a accordé fa Sauvegarde pour exempter des logemens de Gens de guerre, les maifons de Montaufon Paroiffe de Molean, Chamblais Paroiffe de Saint Mamert, Rochepot Paroiffe de Molitart, & Allonville Paroiffe de Neuvy en Dunois, qui appartiennent à M. Renouart Correcteur en la Chambre des Comptes de Paris. Et bien que je ne doute pas que vous n'ayez tout l'égard qui fe doit à l'obfervation de ladite Sauvegarde, néantmoins comme fes interefts me font en particuliere recommandation, je vous fupplie, Meffieurs, avec toute l'affection poffible, d'empefcher qu'aucuns Gens de guerre, de ceux qui font fous vos charges, n'aille loger, prendre ny fourager aucune chofe dans lefdites maifons. Je vous en feray auffi obligé que fi la chofe me regardoit en mon particulier, qui fuis, Meffieurs, voftre très-humble & très-affectionné ferviteur, LE TELLIER. A Paris le 4. Février 1664.

ARREST

DU CONSEIL D'ESTAT,

Portant deffenses à tous Officiers & Gens de guerre, de loger en la maison de Mᵉ Gobelin Conseiller Auditeur en la Chambre des Comptes de Paris, sise au Village du Grand Tremblay.

Du vingt-huit Janvier 1666.

LE Roy voulant exempter de tous logemens & courses de Louis XIV. ses Gens de guerre, la maison appartenante au Sieur Gobelin Conseiller de Sa Majesté & Auditeur en sa Chambre des Comptes, sise au Village du Grand Tremblay en France, tant à cause de sa Charge, qu'en consideration de ses services, Sa Majesté a défendu & défend très-expressément à tous Chefs & Officiers commandant & conduisant ses gens de guerre, tant de cheval que de pied, François & Etrangers, de loger ni souffrir qu'il soit logé aucuns de ceux estans sous leurs charges, dans la maison dudit Sieur Gobelin, sise audit Village du Grand Tremblay, ni qu'il y soit pris, enlevé ou fouragé aucune chose, à peine ausdits Chefs & Officiers, de desobéissance, & aux Soldats, de la vie ; d'autant que Sa Majesté a pris & mis ladite maison, & tout ce qui appartient audit Sieur Gobelin, en sa protection & sauvegarde speciale par la Presente signée de sa main, par laquelle Elle mande & enjoint à tous Prevosts & Maréchaux, & autres Juges sur ce requis, de se saisir du contrevenant à icelle, & d'en faire faire une si severe punition, qu'elle serve d'exemple à tous autres. DEFFEND en outre Sa Majesté aux Syndics, Marguilliers & principaux Habitans dudit Village du Grand Tremblay, d'expedier ni délivrer aucun billet pour faire loger des gens de guerre dans la maison dudit Sieur Gobelin, ni d'y en envoyer aucuns pour y prendre leur logement, à peine de répondre en leurs propres & privez noms des dommages & interests qu'il en pourroit souffrir : Et pour témoignage de ce

qui eſt en cela de la volonté de Sa Majeſté, Elle a permis & permet audit Sieur Gobelin de faire mettre & appoſer ſes Armoiries, Panonceaux & Bâtons Royaux en tel endroit de ladite
maiſon que bon lui ſemblera, afin qu'aucun n'en prétende cauſe d'ignorance. Fait à Saint Germain en Laye le vingt-huitiéme
Janvier mil ſix cens ſoixante-ſix. Signé, LOUIS, & plus bas,
le Tellier.

EDIT

PORTANT Reglement general pour les Offices de Judicature du Royaume.

Du mois d'Avril 1669.

LOUIS par la grace de Dieu Roy de France & de Navarre, à tous prefens & à venir, SALUT. L'adminiftration de la Juftice eftant le premier & principal devoir des Rois, Nous n'avons rien omis pour Nous acquitter d'une obligation fi indifpenfable. L'application extraordinaire que Nous y avons donnée Nous a fait obferver par nous-même les abus qui s'y font gliffez, & fait rechercher les moyens les plus propres pour rendre la vigueur à nos Ordonnances, & faire regner la Juftice dans fa plus grande pureté. Mais comme on peut faire un mauvais ufage des meilleures Loix, & que toute leur force dépend de celle des Magiftrats qui les executent; auffi Nous avons eftimé que la réformation principale de la Juftice confiftoit en celle des Juges, & qu'il importoit principalement de n'en commettre la dignité qu'à perfonnes choifies, qui fuffent d'une integrité & capacité éprouvées, & d'un âge affez meur pour répondre au public de l'experience neceffaire pour en bien foutenir l'autorité. C'eft par ces confiderations que Nous avons jugé à propos d'eftablir par un Reglement folemnel, qui fuft executé dans toutes les Compagnies de noftre Royaume, l'âge requis par les anciennes Ordonnances pour eftre admis aux Charges de Judicature felon leurs differentes dignitez, regler les degrez de parenté qui rendent les Offices incompatibles dans un même Siege, fixer le prix des Charges fur un pied proportionné, & retrancher ces titres & privileges étrangers, que la licence des temps a fait affecter, au mépris des principaux avantages, & des véritables honneurs de l'ancienne Magiftrature. A CES CAUSES & autres à ce Nous mouvans, de l'avis de noftre Confeil, & de noftre certaine fcience, pleine puiffance & autorité Royale, Nous avons dit, déclaré & ordonné, & par ces Prefentes fignées de noftre main, difons, déclarons, ordonnons, voulons & Nous plaift, que le Reglement par Nous fait pour rai-

Louis XIV.

A

ſon de l'âge requis pour entrer dans les Charges de Judicature, porté par noſtre Edit du mois de Decembre 1665. ſoit executé aux clauſes & conditions ci-après exprimées : ce faiſant qu'aucun ne ſoit ci-après pourvû, admis, ni reçû dans les Offices de Preſidens de nos Cours qui jugent en dernier reſſort, qu'il n'ait atteint l'âge de quarante années accomplies; en celles de Maîtres des Requêtes ordinaires de notre Hôtel, qu'il n'ait eſté pourvû d'office de la qualité requiſe, n'en ait actuellement & aſſiduëment fait les fonctions pendant dix années entieres, & n'ait trente-ſept années accomplies; en celles de nos Avocats & Procureurs generaux, qu'il n'ait atteint l'âge de trente années,& en celles de Conſeillers eſdites Cours, Maîtres, Correcteurs & Auditeurs des Comptes, l'âge de vingt-ſept ans. Voulons en outre que les Baillifs, Séné-chaux, Lieutenans Generaux & Particuliers, Civils & Criminels, Préſidens aux Sieges Préſidiaux, ne puiſſent être admis ni reçûs auſdits Offices, qu'ils n'ayent atteint l'âge de trente ans. Et à l'é-gard des Conſeillers & de nos Avocats & Procureurs eſdits Sieges, n'entendons qu'ils ſoient admis ni reçûs eſdites Char-ges, qu'ils n'ayent atteint l'âge de vingt-ſept ans complets & ré-volus; le tout à peine de nullité des Proviſions, reception, & de privation des Offices, & ſans que les parens au premier, ſecond & troiſiéme degré, qui ſont de pere & fils, de frere, oncle & ne-veu, enſemble les alliez juſqu'au ſecond degré, qui ſont beau-pere, gendre & beau-frere, puiſſent eſtre reçûs à exercer con-jointement aucun Office, ſoit dans nos Cours ou Sieges infe-rieurs, dont ſera fait mention dans les Proviſions, qui contien-dront clauſe expreſſe, que les pourvûs n'auront aucuns parens ni alliez aux ſuſdits degrez, à peine de nullité des Proviſions & des receptions qui pourroient eſtre faites, même de perte des Offices, dont les porteurs de réſignations, démiſſions, ou no-minations, ſeront tenus de faire leurs ſoumiſſions en perſon-ne, ou par Procuration ſpeciale. Et ſans pareillement que les Officiers titulaires reçûs & ſervans actuellement dans noſdites Cours & Sieges, puiſſent cy-après contracter alliance au pre-mier degré de beau-pere ou gendre; autrement & en cas de contravention, Nous avons déclaré & déclarons l'Office du dernier reçû vacant à noſtre profit. Et à l'égard des parens & alliez, tant Conſeillers d'honneur que veterans juſqu'au deuxiéme degré de parenté & alliance, leurs voix ne feront comptées que pour une, si ce n'eft qu'ils fe trouvent de differens avis. Ne pourront nofdites Cours donner entrée & féance, ny voix délibe-rative aux Officiers qui fe feront démis de leurs Charges, après avoir fervi vingt ans, ny les faire jouir des privileges & droits dont jouiffent les Veterans, fous quelque titre & qualité que ce puiffe eftre, fans qu'il leur foit apparu de nos Lettres à cet effet, à peine de nullité. Et feront les Officiers qui ont efté reçûs Ve-terans ou Honoraires fans nos Lettres, tenus de fe retirer dans fix mois pardevers Nous pour leur eftre pourvû; autrement & à faute d'en rapporter dans ledit temps & iceluy paffé, feront & demeu-reront lefdits Officiers Veterans privez de l'entrée des Com-pagnies, & déchûs des privileges attribuez aufdites Charges. Et noftre intention eftant que les Offices de nofdites Cours ayent un prix certain & reglé, & d'empêcher la continuation de l'abus arrivé dans l'execution de noftre Edit du mois de Decembre 1665. pour raifon de la fixation du prix d'iceux; Voulons & Nous plaift que le prix defdites Charges demeure cy-après fixé & moderé fui-vant & ainfi qu'il eft reglé par noftre Edit du mois de Decembre 1665. fans qu'il puiffe eftre augmenté par traité volontaire, ven-te ou adjudication par decret, directement ou indirectement en quelque forte & maniere que ce puiffe eftre: Et à cet effet, vacation arrivant defdits Offices par réfignation, decès ou autrement, les porteurs des réfignations, démiffions ou nominations, les met-tront ès mains du Tréforier de nos Revenus cafuels, qui fera tenu quinzaine après leur nommer une perfonne par Nous choifie, pour leur en payer le prix reglé par l'Edit du mois de Decembre 1665. fans aucune augmentation, pour en confequence du payement qui fera par elle fait, lui eftre toutes Lettres de Provifions expediées en la maniere accouftumée. Et où Nous ne voudrions nommer aufdits Offices, ny en difpofer, feront lefdites réfignations, démiffions, ou nominations renduës & reftituées par ledit Tréforier de nos Revenus cafuels, à ceux qui les luy auront dépofées après ladite quinzaine expirée, pour en difpofer par eux au profit de telles perfonnes capables, & en la maniere que les parties intereffées adviferont, pour eftre en confequence des traitez qu'ils auront paffez, toutes Lettres de Provifions expediées. Et où Nous ne vou-drions nommer aufdits Offices, ni faire rendre lefdites réfignations, démiſſions ou nominations dans ladite quinzaine, ſera le prix cy-deſſus fixé, payé & rembourſé par le Treſorier de nos Revenus caſuels inceſſamment en deniers comptans, en un ſeul & actuel payement aux parties intereſſées, en cas qu'il ne ſe trouve aucunes oppoſitions ſur les Regiſtres des Gardes des Rollés, les formes cy-après preſcrites préalablement gardées & obſervées; ſçavoir eſt qu'après ladite quinzaine expirée & accomplie depuis que leſdites démiſſions ou nominations auront eſté dépoſées entre les mains du Tréſorier de nos Revenus caſuels, ſoit que Nous reſervions leſdites nominations & démiſſions pour en diſpoſer, ſoit que Nous y nommions perſonnes capables pour en payer le prix, le Treſorier de nos Revenus caſuels, ou les particuliers, Nous feront dénoncer aux Gardes des Rolles les ordres qui par Nous auront eſté donnez, leſquels ordres ainſi dénoncez, ledit Garde des Rolles ſera tenu de faire afficher à la porte de la Chancellerie de France, iceux publier en l'ordinaire de nos très-chers & feaux Chancelier de France & Garde de nos Sceaux, le Sceau tenant; quoi faiſant les créanciers des particuliers, & tous autres prétendant droit aux Offices mentionnées aux affiches, ſeront tenus de former leurs oppoſitions ès mains des Gardes des Rolles, dans quinzaine après leſdites publications; autrement & à faute de ce faire dans ledit temps, & qu'iceluy paſſé leſdits Officiers ſeront & demeureront déchargez de toutes hypoteques & prétentions, de quelque nature & qualité qu'elles puiſſent eſtre, autres que celles pour leſquelles leſdites oppoſitions auront eſté formées, tant avant que depuis ladite publication, juſqu'au jour de ladite quinzaine expirée, ſans que leſdits Gardes des Rolles puiſſent recevoir aucunes oppoſitions, que les ſommes prétenduës par les oppoſans, tant en principal qu'intereſts, n'y ſoient exprimées. Et en cas qu'il ſe trouve des oppoſitions, ſoit au titre, ſoit pour deniers, ſur les Regiſtres deſdits Gardes des Rolles, le prix cy-deſſus reglé en ſera conſigné par le Treſorier de nos Revenus caſuels, entre les mains du Receveur des Conſignations de noſtre Cour de Parlement, ou de celui qui en fera la fonction, ſans autres droits que ceux de deux deniers pour livre, ſi mieux n'aiment les parties intereſſées convenir d'un dépoſitaire, pour lui eſtre le prix de l'Office dépoſé & diſtribué ainſi qu'il appartiendra: Et au ſurplus Nous avons maintenu & gardé, maintenons & gardons les Officiers de noſdites

Cours dans leurs anciens privileges, honneurs, prérogatives & immunitez attribuez à leurfdites Charges, fans toutefois qu'eux ny leurs defcendans puiffent jouir des privileges de Nobleffe & autres droits, franchifes, exemptions & immunitez à eux accordez par Edits & Déclarations pendant & depuis l'année 1644. que Nous avons revoquez & annullez, revoquons & annullons par ces Prefentes, enfemble toutes autres conceffions de Nobleffe, privileges, exemptions & droits, de quelque nature & qualité qu'ils puiffent eftre, accordez en confequence aux Officiers fervans dans lefdites Compagnies, que Nous avons pareillement déclarez nuls & de nul effet. VOULONS qu'en confequence de la revocation defdits privileges, tous lefdits Officiers, de quelque ordre & qualité qu'ils puiffent eftre, foient remis & reftablis en même & femblable eftat qu'ils eftoient auparavant les Edits, Déclarations, Arrefts & Reglemens intervenus pour raifon de ce, pendant & depuis l'année 1644. fans qu'eux ni leurs defcendans puiffent directement ou indirectement ufer ni fe prévaloir du benefice d'iceux, qui feront cenfez nuls, de nul effet, & comme non avenus. SI DONNONS EN MANDEMENT à nos amez & feaux Confeillers les Gens tenans nos Cour de Parlement, Chambre des Comptes & Cour des Aydes à Paris, que ces Prefentes ils ayent à regiftrer, & le contenu en icelles executer pleinement & entierement, ceffans & faifant ceffer tous troubles & empêchemens qui pourroient eftre donnez, nonobftant tous Edits, Déclarations, Arrefts, Reglemens, ny autres chofes à ce contraires, aufquels Nous avons dérogé & dérogeons par ces Prefentes ; CAR tel eft noftre plaifir. Et afin que ce foit chofe ferme & ftable à toujours, Nous avons fait mettre noftre Scel à ces Prefentes. DONNE' à Saint Germain en Laye au mois d'Aouft, l'an de grace mil fix cens foixante-neuf, & de noftre Regne le vingt-feptiéme. Signé, LOUIS. Et plus bas, COLBERT.

Lû, publié & regiftré, ouy & ce requerant le Procureur General du Roy, pour eftre executé felon fa forme & teneur. Fait en Parlement, le Roy y fcant en fon Lit de Juftice, le treiziéme Aouft mil fix cens foixante-neuf, DU TILLET.

*Lû, publié & regiſtré en la Chambre des Comptes, oüy & ce reque-
rant le Procureur General du Roy, de l'ordre de Sa Majeſté, porté
par Monſieur ſon Frere Unique, Duc d'Orleans, venu exprès en la
Chambre, aſſiſté du Sieur Duc du Pleſſis-Praſlin, Maréchal de France, & des Sieurs d'Aligre & de Seve, Conſeillers d'Eſtat, le treiziéme jour d'Aouſt mil ſix cens ſoixante-neuf,* RICHER.

*Lû, publié & regiſtré du très-exprès commandement du Roy, porté
par Monſieur le Prince de Condé, premier Prince du Sang, aſſiſté
du Sieur de Grancé Maréchal de France, & des Sieurs Puſſort, Conſeiller ordinaire du Roy en ſes Conſeils, & Hotman, Conſeiller du
Roy en ſes Conſeils, Maiſtre des Requeſtes ordinaire de ſon Hoſtel,
& Intendant des Finances : Ouy & ce requerant ſon Procureur General, pour eſtre executé ſelon ſa forme & teneur ; & ordonné que
copies collationnées à l'original ſeront envoyées ès Sieges des Elections, Greniers à Sel, & autres du reſſort de la Cour, pour y eſtre
pareillement lûës, publiées & regiſtrées. Enjoint aux Subſtituts
dudit Procureur General du Roy eſdits Sieges, de faire toutes requi-
ſitions & diligences pour ce neceſſaires, qui ſeront tenus d'en certifier
au mois. A Paris en la Cour des Aydes, les Chambres aſſemblées, le
treiziéme jour d'Aouſt mil ſix cens ſoixante-neuf,* BOUCHER.

ARREST
DU CONSEIL D'ESTAT

QUI ordonne que les Comptables qui doivent donner des Bourſes de Jettons au Jugement de leurs Comptes, rapporteront des Eſtats de diſtribution, & que chacune Bourſe ſera du poids de trois marcs.

Du dix-huit Septembre 1671.

LE Roy ayant eſté informé de l'abus que les Comptables font des ſommes qui leur ſont laiſſees dans les Eſtats de Sa Majeſté, pour eſtre employées en jettons d'argent, ſoit qu'ils ne conſomment pas entierement le fond, ou qu'ils ne donnent pas des Bourſes aux Officiers que Sa Majeſté honore de cette gratification, ce deſordre provenant de ce qu'ils ſe diſpenſent d'en faire arreſter au Conſeil des Eſtats de diſtribution, ſuivant l'ancien uſage; & comme il leur a eſté particulierement ordonné par l'Arreſt du Conſeil du deuxiéme Juin mil ſix cens ſoixante, ſans leſquels ils ne peuvent eſtre valablement déchargez; SA MAJESTE' EN SON CONSEIL a ordonné & ordonne, que toutes les ſommes qui ſe trouveront employées dans les comptes pour jettons, & ſur leſquelles ne ſont point rapportez les eſtats de diſtribution arreſtez au Conſeil, ſeront rayez ſur les Comptables, & à recouvrer au profit de Sa Majeſté ſur les quittances du Garde du Tréſor Royal, avec les intereſts du jour de la cloſture de leurs comptes. Fait Sa Majeſté très-expreſſes inhibitions & défenſes auſdits Comptables d'employer dans les eſtats & comptes aucunes ſommes pour jettons, qu'ils n'ayent au préalable fait arreſter au Conſeil des eſtats de la diſtribution d'iceux; & pour empêcher l'abus, ordonne Sa Majeſté qu'à l'avenir chacune bourſe de Jettons ſera du poids de trois marcs, & que les Comptables les porteront à ceux qui ſeront employez dans les eſtats de diſtribution qu'ils ſeront tenus de ſigner en recevant leur bourſe, pour ſervir de décharge auſdits Comptables, & par eux rapportez au

Louis XIV.

jugement de leurs comptes ; autrement & à faute de ce faire, Veut Sa Majesté que lesdites sommes leur soient rayées purement ; Enjoint à son Procureur General en la Chambre des Comptes de Paris, de tenir la main à l'execution dudit Arrest. FAIT au Conseil d'Estat du Roy, tenu à Paris le dix-huitiéme jour de Septembre mil six cens soixante-onze, RANCHIN.

L'an mil six cens soixante-onze le premier jour d'Octobre, nous Huissier ordinaire du Roy en ses Conseils, avons de la part de Sa Majesté, signifié l'Arrest dont copie est cy-dessus, & d'iceluy laissé copie à M. le Procureur General de la Chambre des Comptes, en parlant au dénommé en mon original, en son domicile, à ce que du contenu cy-dessus il n'en prétende cause d'ignorance, & ait à y satisfaire, OLLIVIER.

SENTENCE .

DES REQUESTES DU PALAIS,

PORTANT que M. Galland Conseiller Maistre des Comptes , aura l'Eau-beniste après le Seigneur Haut-Justicier , en l'Eglise de S. Germain du Val.

Du dix Septembre 1675.

A Tous ceux qui ces presentes Lettres verront : Les Gens tenans les Requestes du Palais à Paris, Conseillers du Roy nostre Sire en sa Cour de Parlement, Commissaires en cette partie, SALUT. SÇAVOIR FAISONS, qu'entre Messire Claude Galland Conseiller du Roy, Maistre ordinaire en sa Chambre des Comptes de Paris Demandeur aux fins de l'Exploict du dix-neuf Juillet dernier, à ce que ledit Demandeur, sa femme & ses enfans soient maintenus & gardez au droit, possession & jouissance dans laquelle il a toujours esté ,des prééminences & honneurs de l'Eglise Paroissiale de saint Germain au Val qui luy appartient à cause de sa Charge de Maistre des Comptes ; & en consequence, que tant en l'aspersion de l'Eau-beniste, qu'Encensemens, le Curé conservera audit Sieur Galland & à sa famille le premier rang, préseance & prééminence immédiatement après le Sieur Comte du Marais, la Dame sa femme & ses enfans, comme estant le Demandeur la plus qualifiée personne de ladite Paroisse après ledit Sieur du Marais, la Dame son épouse & ses enfans, & que ledit Sieur Curé sera tenu après lesdits Sieur Comte, Dame du Marais & sesdits enfans, de luy donner l'Eau-beniste & Encens avant tous autres ; & que les Marguilliers seront tenus & condamnez de garder le mesme ordre dans la distribution du Pain beni, & de le presenter audit Sieur Demandeur, sa femme & enfans immédiatement après lesdits Sieur & Dame du Marais & leurs enfans, & que défenses seroient faites, tant audit Curé que Marguilliers, d'y con-

trevenir, & de troubler les Sieurs Demandeurs au droit & pof-
feſſion qu'il a, à peine de cinq cens livres contre les contreve-
nans, & de tous dépens, dommages & intereſts, & les Deffendeurs condamnez aux dépens, par Maiſtre   Pageau & Eſtienne Coceu leur Advocat & Procureur d'une part ; & Maiſtre
Paul Maçon, Preſtre Curé de ladite Egliſe de ſaint Germain au
Val, Denis Palliot & Pierre Mercier Marguilliers & Proviſeurs
de ladite Egliſe & Fabrique dudit ſaint Germain au Val, Défendeurs par Maiſtre   Laſnon &   Journet, auſſi leurs
Advocat & Procureur, d'autre. La Cour, Parties ouies en
la Chambre, après la déclaration faite par les Marguilliers qu'ils
ont toujours preſenté le Pain beni à la Partie de Pageau, après
le Seigneur du lieu & ſa famille ; ſur la demande de la Partie de
Pageau à l'encontre deſdits Marguilliers, a mis & met les Parties hors de Cour & de procez, dépens compenſez. Et ſur la
demande contre le Curé, ordonne qu'il ſera tenu de preſenter
les Encenſemens & l'Eau-beniſte à la Partie de Pageau en ſa
qualité de Maiſtre des Comptes, & à ſa famille, après le Seigneur Haut-Juſticier & ſa famille ; & à cet effet ſera tenu la
Partie de Pageau de ſe fixer une place dans l'Egliſe pour luy &
ſa famille, dépens compenſez. Et ſera le preſent Jugement executé, nonobſtant oppoſition ou appellation quelconque, &
ſans préjudice d'icelle, & ne pourront les qualitez préjudicier.
Si mandons au premier Huiſſier ou Sergent Royal ſur ce requis ces Preſentes il mette à execution, de ce faire luy donnons
pouvoir. Donne' à Paris ſous le Scel deſdites Requeſtes, le dix
Septembre mil ſix cens ſoixante & quinze.

ARREST

DU CONSEIL D'ESTAT DU ROY,

Du vingt-sept Février 1677.

ET LETTRES SUR ICELUY,

Desdits jour, mois & an.

PORTANT Exemption des Droits & Emolumens du Sceau, en faveur des Officiers de la Chambre des Comptes de Paris, &c.

SUR ce qui a esté representé au Roy estant en son Conseil, par les Officiers de la Chambre des Comptes de Paris, & par les deux cens quarante Conseillers & Secretaires de Sa Majesté, Maison, Couronne de France & de ses Finances, & Officiers de la grande Chancellerie, que les Rois predecesseurs de Sa Majesté ayant particulierement consideré les Officiers de ladite Chambre des Comptes, aussi-bien que lesdits Conseillers & Secretaires, & Officiers de ladite grande Chancellerie, ils leur ont donné de tout temps des marques certaines de leur affection, en leur accordant plusieurs Privileges, franchises & immunitez, & entr'autres ausdits Officiers de la Chambre des Comptes, celuy de l'exemption des Droits & Emolumens du Sceau pour les Lettres expediées sous leurs noms en grande & petite Chancellerie, & ausdits Conseillers & Secretaires de Sa Majesté, Officiers de la grande Chancellerie, celuy de l'exemption des Epices, Vacations, Droits & Emolumens pour toutes les affaires qui s'expedient en leurs noms en ladite Chambre des Comptes. Mais attendu que pour lesdits Privileges il est survenu quelque trouble entre lesdits Officiers, & interruption de jouissance desdits Droits, lesdits Officiers auroient requis leur estre sur ce pourvû de Lettres Patentes de Sa Majesté explicatives de ses intentions sur ce sujet. VEU par Sa Majesté en son Conseil, les Pieces & Memoires presentez par lesdits Officiers, & sur le tout Ouy le Rapport du Sieur Colbert Conseiller ordinaire au Conseil

Louis XIV.

A

2

Royal, Controlleur General des Finances, LE ROY ESTANT EN
SON CONSEIL, a ordonné & ordonne, que les Prefidens, Maîtres, Correcteurs & Auditeurs, Avocat & Procureur Generaux
de la Chambre des Comptes de Paris, feront & demeureront
exempts de tous les Droits & Emolumens du Sceau de toutes
les Lettres & Expeditions qui feront fcellées en leurs noms és
grandes & petites Chancelleries : comme auffi que les deux cens
quarante Confeillers & Secretaires de Sa Majefté, Maifon &
Couronne de France & de fes Finances, & Grands Audianciers,
Controlleurs generaux, Gardes des Rôlles, Confervateurs des
Hypotheques, & Treforiers de l'Emolument du Sceau, feront &
demeureront auffi exempts des Epices, Vacations, Droits &
Emolumens des Arrefts qui fe rendront, & de toutes les Expeditions qui fe feront fous leurs noms en ladite Chambre des Comptes, & fans que ledit Privilege puiffe eftre prétendu ny tiré à
confequence par les Officiers des autres Chambres des Comptes.
Veut Sadite Majefté que les Officiers de ladite Chambre des
Comptes de Paris, & lefdits deux cens quarante Confeillers &
Secretaires & Officiers de ladite grande Chancellerie, jouiffent
refpectivement defdits Privileges & Exemptions, nonobftant
tous Edits, Ordonnances, Arrefts & Reglemens à ce contraires,
aufquels Sa Majefté a dérogé pour ce regard ; & à cet effet ordonne que toutes Lettres neceffaires fur le prefent Arreft foient expediées & fcellées. FAIT au Confeil d'Eftat du Roy, Sa Majefté
y eftant, tenu à Saint Germain en Laye le vingt-feptiéme jour de
Fevrier mil fix cens foixante-dix-fept. Signé, COLBERT.

*Regiftré en la Chambre des Comptes, ce requerant le Procureur
General du Roy, pour eftre executé felon fa forme & teneur, pour
jouir par lefdits Secretaires & autres Officiers de Chancellerie y
dénommez, des Exemptions y contenuës, à la referve des Expeditions pour Comptables, Fermiers & Traitans qu'ils payeront, ainfi
qu'il eft accouftumé, le quinziéme jour de Juillet mil fix cens foixante-dix-fept,* RICHER.

LOUIS par la grace de Dieu Roy de France & de Navarre,
à tous ceux qui ces prefentes Lettres verront, SALUT. Les
Officiers de noftre Chambre des Comptes de Paris & les deux

cens quarante nos Conseillers & Secretaires, Maison, Couron-
nede France & de nos Finances, & Officiers de nostre grande
Chancellerie, Nous ont fait remontrer que les Rois nos predecesseurs les ayant particulierement considerez, ils leur ont donné de tout temps des marques certaines de leur affection, en leur
accordant plusieurs privileges, franchises & immunitez, & entr'autres ausdits Officiers de la Chambre des Comptes, celuy de
l'exemption des Droits & Emolumens du Sceau pour les Lettres
expediées sous leur nom en nostre grande Chancellerie, & Chancelleries près nos Cours & Châtelet de Paris ; à nosdits Conseillers & Secretaires & Officiers de la grande Chancellerie, celuy
de l'exemption des Epices, Vacations, Droits & Emolumens pour
toutes les affaires qui s'expedient en leur nom en ladite Chambre des Comptes. Mais attendu que pour lesdits privileges il est
survenu quelque trouble entre lesdits Officiers, & interruption
de jouïssance desdits Droits, ils Nous auroient requis de leur
pourvoir, & expliquer nos intentions sur ce sujet ; ce qui auroit esté fait par Arrest donné ce jourd'huy en nostre Conseil
d'Estat, Nous y estant, sur les Pieces & Memoires à Nous presentez par lesdits Officiers, duquel Arrest l'extrait est cy attaché
sous le Contrescel de nostre Chancellerie. A ces causes, de
l'avis de nostre Conseil, & de nostre certaine science, pleine
puissance & autorité Royale, Nous avons par ces Presentes signées
de nostre main, dit, statué & ordonné, disons, statuons & ordonnons, voulons & Nous plaist, que nos Présidens & Maistres
ordinaires, Correcteurs & Auditeurs, Avocat & Procureur
Generaux de nostre Chambre des Comptes de Paris, soient & demeurent exempts de tous les Droits & Emolumens du Sceau, de
toutes Lettres & Expeditions qui seront scellées en leur nom en
nostre grande Chancellerie, & Chancelleries près nos Cours &
Châtelet de Paris : comme aussi que nos deux cens quarante Conseillers & Secretaires, Maison & Couronne de France & de nos
Finances, ensemble les grands Audianciers, Controlleurs Generaux, Gardes des Rôlles, Conservateurs des Hypotheques, &
Tresoriers de l'Emolument du Sceau, soient & demeurent aussi
exempts des Epices, Vacations, Droits & Emolumens de toutes les
expeditions qui se feront sous leur nom en nostredite Chambre
des Comptes, & que lesdits Officiers de nostredite Chambre

des Comptes, & les deux cens quarante nos Conseillers & Secretaires, & Officiers de nostre grande Chancellerie cy-dessus dénommez, jouissent respectivement desdits Privileges & Exemptions, nonobstant tous Edits, Ordonnances, Arrests & Reglemens à ce contraires, ausquels Nous avons dérogé & dérogeons pour ce regard, & sans que ledit Privilege puisse estre prétendu ny tiré à consequence par les Officiers de nos autres Chambres des Comptes sous prétexte des Presentes, ny sous quelque autre prétexte que ce soit. Si DONNONS EN MANDEMENT à nostre trèscher & feal le Sieur d'Aligre Chancelier de France, que ledit Arrest & ces Presentes il fasse lire & publier le Sceau tenant, & registrer és Registres de l'Audiance de France, & icelles faire garder & observer de point en point selon leur forme & teneur, & à nos amez & feaux Conseillers les Gens de nos Comptes à Paris, de faire lire, publier & registrer cesdites Presentes, & de faire garder & observer le contenu en icelles ; CAR tel est nostre plaisir. En témoin de quoy, Nous avons fait mettre nostre Scel à cesdites Presentes. DONNE' à Saint Germain en Laye le vingt-septiéme jour de Fevrier, l'an de grace mil six cens soixante-dix-sept, & de nostre Regne le trente-quatriéme. Signé, LOUIS, & sur le reply, par le Roy, COLBERT. Et scellées sur double queuë du grand Sceau de cire jaune.

Registrées en la Chambre des Comptes, ce requerant le Procureur General du Roy, pour estre executées selon leur forme & teneur, & jouir par les Secretaires & autres Officiers de Chancellerie y dénommez, des Exemptions y contenuës, à la reserve des expeditions pour Comptables, Fermiers & Traitans, qu'ils payeront ainsi qu'il est accoustumé. Fait le quinziéme jour de Juillet mil six cens soixante-dix-sept, RICHER.

Extrait des Registres de la Chambre des Comptes de Paris, Memorial 8. C. fol. 166. verso. & 167.

EXTRAIT DE L'ARREST
DU CONSEIL,

Qui décharge M. de Pouffemothe Maiftre des Comptes, de la demande à lui faite par du Buiffon & autres, des Droits Seigneuriaux, &c.

Du vingt-huit Juillet 1685.

LE ROY EN SON CONSEIL faifant droit fur le tout, Louis XIV. a maintenu & gardé ledit fieur de Pouffemothe en qualité de Seigneur de Graville en la poffeffion des droits de Port, Bacq, & Paflage fur la riviere de Seine, à l'endroit du Village de la Celle, en payant par luy ès mains du Fermier du Domaine de Sa Majefté le vingtiéme du prix que ledit fieur de Pouffemothe recevra defdits droits ; & au furplus ordonne Sa Majefté que les Ordonnances des deux Janvier & huit Juillet mil fix cens foixante-neuf, renduës par les Commiflaires députez pour l'execution de la Déclaration du mois d'Avril mil fix cens foixante-huit, Arreft du Confeil intervenu en conféquence, feront executez felon leur forme & teneur : ce faifant ledit fieur de Pouffe-mothe débouté des demandes par luy faites, afin d'eftre main-tenu en proprieté & poffeffion des droits de Pêches à Gords fur la riviere de Seine, Ports, Bacqs & Paflages fur icelle aux endroits des Villages de Champagne & Samos, lefquels demeu-reront réunis au Domaine de Sa Majefté, & fur la demande en garantie dudit fieur de Pouffemothe contre la Dame de Mar-chin, les parties renvoyées au Parlement de Paris pour leur eftre fait droit ainfi que de raifon ; décharge Sa Majefté ledit fieur de Pouffemothe en la qualité de Maiftre des Comptes à Paris, des demandes defdits du Buiflon, Fauconnet & Savé, ès noms qu'ils procedent, afin de payement des droits Seigneuriaux des chofes par luy acquifes de ladite Dame de Marchin, par Contrat du vingt-deux Juin mil fix cens quatre-vingt, eftant dans la mou-vance ou cenfive de Sa Majefté ; & fur les autres demandes ref-

A

pectivement faites par les parties , Sa Majesté les a mis hors de Cour & de procès, dépens compensez. Fait au Conseil d'Estat du Roy tenu à Versailles le vingt-huitiéme jour de Juillet mil six cens quatre-vingt-cinq. Collationné. Signé, Ranchin.

Regiſtré en la Chambre des Comptes , ce requerant le Procureur General du Roy , le treiziéme jour de Septembre mil six cens quatre-vingt cinq , Richer.

Extrait des Regiſtres de la Chambre des Comptes de Paris, Memorial 8. L. fol. 284. verſo.

ARREST

DU CONSEIL D'ESTAT DU ROY,
ET LETTRES SUR ICELUY,
Du quatre May 1690.

En interpretation de l'Arreſt du Conſeil du vingt-ſept
Fevrier mil ſix cens ſoixante-dix-ſept, portant Exem-
ption des Droits & Emolumens du Sceau, en faveur
des Officiers de la Chambre des Comptes de Paris.

V E U au Conſeil d'Eſtat du Roy l'Arreſt rendu en iceluy le Louis XIV.
vingt-ſept Fevrier mil ſix cens ſoixante-dix-ſept, par le-
quel, pour les cauſes & conſiderations y contenuës, il auroit plû à
Sa Majeſté d'ordonner que les Preſidens, Maiſtres, Correcteurs,
Auditeurs, Avocat & Procureur Generaux de la Chambre des
Comptes de Paris ſeroient & demeureroient exempts de tous les
Droits & Emolumens du Sceau, de toutes les Lettres & Expeditions qui ſeroient ſcellées en leurs noms à la grande & petite
Chancellerie ; comme auſſi que les deux cens quarante Conſeillers & Secretaires de Sa Majeſté, Maiſon, Couronne de France &
de ſes Finances, Grands Audianciers, Controlleurs Generaux,
Gardes des Rolles, Conſervateurs des Hypotheques, & Treſoriers de l'Emolument du Sceau, ſeroient & demeureroient pareillement exempts des Epices, Vacations, Droits & Emolumens des
Arreſts qui ſe rendroient, & de toutes les Expeditions qui ſe feroient en leurs noms en ladite Chambre des Comptes, pour jouir
par leſdits Officiers de la Chambre, & leſdits deux cens quarante
Conſeillers-Secretaires & Officiers de ladite grande Chancellerie
reſpectivement, deſdits Privileges & Exemptions, nonobſtant tous
Edits, Ordonnances, Arreſts & Reglemens à ce contraires. V E U
auſſi les Lettres Patentes dudit jour vingt-ſept Fevrier mil ſix
cens ſoixante-dix-ſept données en conformité dudit Arreſt, à
l'enregiſtrement deſquelles la Chambre ayant apporté quelque
modification pour les expeditions des Comptables, Fermiers &

A

Traitans, & estant pareillement survenu quelque difficulté à l'occasion de la taxe des Lettres de Provisions & dispenses d'âge & de
parenté des recipiendaires de ladite Chambre, cela auroit donné
lieu à plusieurs contestations entre lesdits Officiers, lesquelles Sa
Majesté voulant faire cesser, LE ROY ESTANT EN SON CONSEIL,
de l'avis de nostre amé & feal Chevalier Chancelier de France le Sieur Boucherat, & du consentement des Parties, en in-
terpretant l'Arrest du Conseil d'Estat dudit jour vingt-sept Fevrier mil six cens soixante-dix-sept, & modification apposée à
l'enregistrement des Lettres expediées sur iceluy, a ordonné &
ordonne, que les Lettres de Provisions & de dispense d'âge,
de parenté, & autres, des Officiers poursuivans leur reception
en la Chambre, seront taxées au Sceau, à l'exception de celles
qui seront pour les Fils & Gendres des Presidens, Conseillers-
Maistres, & autres Officiers de ladite Chambre, dénommez audit Arrest. Ordonne en outre Sadite Majesté, que les Secretaires du Roy pourveus ou qui se feront pourvoir d'Offices comptables, commis à l'exercice d'iceux, ou qui seront interessez dans
les Fermes & Traitez, payeront les droits ordinaires & accoutumez à la Chambre pour leur reception & enregistrement desdits Baux & Traitez, comme aussi pour les Lettres de validation,
décharges de souffrances, rétablissement de parties rayées, &
autres expeditions concernant l'exercice desdits Offices & Commissions comptables, Baux, Fermes ou Traitez, à l'exception
toutefois des Lettres Patentes pour gages intermediaires desdits
Offices comptables, dont ne sera pris aucunes Epices ny Droits.
Voulant au surplus Sadite Majesté que l'Arrest dudit Conseil
d'Estat du vingt-sept Fevrier mil six cens soixante-dix-sept &
Lettres Patentes sur iceluy dudit jour, soient executez selon leur
forme & teneur. Fait au Conseil d'Estat du Roy, Sa Majesté y
estant, tenu à Versailles le quatriéme jour de May mil six cens
quatre-vingt dix. Signé, COLBERT.

LOUIS par la grace de Dieu Roy de France & de Navarre, à
nos amez & feaux les Gens de nos Comptes à Paris, SALUT.
Ayant par Arrest de nostre Conseil d'Estat, Nous y estant, du 27
Février 1677. ordonné pour les causes & considerations y contenuës, que nos Presidens, Maistres, Correcteurs & Auditeurs,

Avocat & Procureur Generaux de noſtredite Chambre des Comptes de Paris, ſeroient & demeureroient exempts de tous les droits & émolumens du Sceau, de toutes les Lettres & expeditions qui ſeroient ſcellées en leur nom en notre grande & petite Chancellerie ; comme auſſi que nos deux cens quarante Conſeillers-Secretaires de Nous, Maiſon, Couronne de France & de nos Finances, Grands Audianciers, Controlleurs generaux, Gardes des Rolles, Conſervateurs des Hypotheques, & Treſoriers de l'émolument du Sceau, ſeroient & demeureroient pareillement exempts des épices, vacations, droits & émolumens des Arreſts qui ſe rendroient, & de toutes les expeditions qui ſe feroient ſous leur nom en notre Chambre. Pour jouir par noſdits Officiers de la Chambre des Comptes, & noſdits deux cens quarante Conſeillers & Secretaires, & Officiers de la grande Chancellerie reſpectivement deſdits privileges & exemptions, nonobſtant tous Edits, Ordonnances, Arreſts & Reglemens à ce contraires : Sur lequel Arreſt ayant fait expedier nos Lettres Patentes ledit jour, à l'enregiſtrement d'icelles ayant eſté par vous apporté quelque modification pour les expeditions des Comptables, Fermiers & Traitans, & eſtant pareillement ſurvenu quelque difficulté à l'occaſion de la taxe des Lettres de Proviſions & de diſpenſes d'âge & de parenté des Officiers qui pourſuivent leurs receptions en ladite Chambre, cela auroit donné lieu à pluſieurs conteſtations entre leſdits Officiers, leſquelles ayant voulu faire ceſſer par Arrêt donné ce jourd'hui en notredit Conſeil d'Etat, Nous y étant, dont l'extrait eſt cy-attaché ſous le Contreſcel de notre Chancellerie, de l'avis de notre amé & feal Chevalier Chancelier de France le Sieur Boucherat, & du conſentement des Parties, Nous aurions reglé leſdites conteſtations. Conformément auquel Arrêt Nous avons ordonné & ordonnons par ces Preſentes ſignées de notre main, que les Lettres de Proviſions & de diſpenſes d'âge, de parenté & autres des Officiers pourſuivans leurs receptions en notredite Chambre des Comptes de Paris, ſeront taxées au Sceau, à l'exception de celles qui ſeront pour les fils & gendres de nos Preſidens, Conſeillers Maîtres, & autres Officiers d'icelle, dénommez en l'Arrêt de notre Conſeil du 27 Février 1677. & que nos Secretaires pourvûs ou qui ſe feront pourvoir d'Offices comptables, ou commis à l'exercice d'iceux, ou qui ſeront intereſſez dans les Fermes & Traitez, payeront les droits ordinaires & accoutumez à notredite Chambre pour leurs receptions & enregiftrement defdits Baux & Traitez, comme auffi pour les Lettres de validation, décharges de fouffrances, rétabliffement de parties rayées, & autres expeditions concernant l'exercice defdits Offices & Commiffions comptables, Baux, Fermes ou Traitez, à l'exception toutefois des Lettres Patentes pour gages intermediaires defdits Offices comptables, dont ne feront pris aucuns épices ny droits. Voulons au furplus que ledit Arreft de notre Confeil d'Etat dudit jour 27 Fevrier 1677. & Lettres Patentes fur iceluy, foient executez felon leur forme & teneur. Si vous MANDONS que l'Arreft de notredit Confeil d'Etat de ce jourd'huy vous faffiez regiftrer pour être executé felon fa forme & teneur ; CAR tel eft noftre plaifir. DONNE' à Verfailles le quatriéme jour de May, l'an de grace mil fix cens quatre-vingt-dix, & de noftre Regne le quarante-huitiéme. Signé, LOUIS ; & plus bas, par le Roy, COLBERT. Et fcellées du grand Sceau de cire jaune.

Regiftrez en la Chambre des Comptes, oüy & ce requerant le Procureur General du Roy, pour eftre executez felon leur forme & teneur, les Semeftres affemblez le premier jour de Juillet mil fix cens quatre-vingt-dix. Signé, RICHER.

Extrait des Regiftres de la Chambre des Comptes de Paris, Memorial 8. Q. fol. 220.

ARREST

DE LA CHAMBRE DES COMPTES

DE PARIS,

Q U I maintient les Auditeurs Rapporteurs des Comptes
de l'Extraordinaire des Guerres, dans le droit d'avoir
des bourses de Jettons.

Du seize Mars 1696.

SUR la Requeste presentée à la Chambre par Mᵉ Nicolas
Graffot, Conseiller du Roy Auditeur ordinaire en icelle,
Contenant qu'ayant esté Rapporteur du compte de l'Extraordinaire des Guerres & Cavalerie Legere de deçà les Monts, rendu par Mᵉ Nicolas le Clerc pour l'année mil six cens soixante-
quatorze, clos le vingt-huit Juin mil six cens quatre-vingt-sept,
il lui appartient de droit quatre bourses de Jettons d'argent,
sçavoir, deux pour l'Extraordinaire, & deux pour la Cavalerie,
desquelles il en auroit reçû seulement deux fort legeres, & qui
n'étoient point du poids de trois marcs, comme elles doivent
estre; mais que pour les deux autres, il ne les avoit pû retirer
dudit le Clerc, bien qu'il lui en ait fait demande tant verbale,
que par écrit; C'est pourquoi requeroit qu'il pluft à la Chambre
ordonner que ledit le Clerc payeroit au Suppliant lesdites deux
bourses de Jettons d'argent; du poids de trois marcs chacune; à
quoi faire & en cas de refus, il y seroit contraint comme pour
deniers Royaux, ce faisant déchargé. Veu ladite Requeste, l'Arrest intervenu sur icelle le vingt-quatre Février mil six cens quatre-vingt-seize, par lequel la Chambre a ordonné qu'elle seroit
communiquée audit le Clerc, pour y répondre dans le temps de
l'Ordonnance, l'exploit de signification à lui faite desdites Requeste & Arrest au domicile de de Beaufort son Procureur en la
Chambre, par Verrema Huissier en icelle, lesdits jour & an, &
tout consideré; LA CHAMBRE a maintenu & maintient les Con-

feillers Auditeurs Rapporteurs des Comptes de l'Extraordinaire des Guerres en la perception des droits de Bourfe à eux attri- buez ; & en confequence condamne ledit le Clerc à payer & dé- livrer au Suppliant lefdites deux bourfes de Jettons, du poids de trois marcs chacune, ou la valeur d'icelles fur le pied de tren- te livres le marc , à quoi faire il fera , en cas de refus , contraint comme pour deniers Royaux. FAIT le feiziéme Mars mil fix cens quatre-vingt-feize , GAMART.

ARREST DU CONSEIL

Qui exempte les maisons des Officiers du Parlement, Chambre des Comptes de Paris, Cour des Aydes, &c. du Logement des Officiers & Cent Suisses de la Garde du Roy.

Du dix-huit Février 1697.

VEU par le Roy estant en son Conseil la Requeste presentée à Sa Majesté par les Proprietaires des maisons de la ruë Neuve S. Eustache à Paris, tendante à ce que pour les raisons y contenuës, il plust à Sa Majesté les maintenir & garder dans l'exemption du logement de la Compagnie des Cent Suisses de sa Garde ordinaire. Autre Requeste des Proprietaires des maisons de la ruë Comtesse d'Artois, tendante à même fin. Autre Requête de François Darest, Antoine de la Porte, Jean Guerin, veuve Desmoulins, Claude Thibault, veuve de Rez Avocat en Parlement, & Marin Fromentel, Proprietaires de plusieurs maisons situées dans la ruë Montmartre, par laquelle ils concluent à ce que pour les raisons y contenuës, leurs maisons soient pareillement exemptes dudit logement, attendu qu'elles se trouvent dans l'ancienne enceinte de la Ville, où il n'a jamais esté estably de logement desdits Suisses. Requeste du sieur Marquis de Courtenvaux Capitaine de ladite Compagnie des Cent Suisses, servant de réponse à celles desdits Proprietaires & Particuliers cy-dessus nommez, par laquelle il auroit conclu à ce qu'il plust à Sa Majesté ordonner que le Quartier de ladite Compagnie des Cent Suisses aura l'étenduë contenuë & exprimée aux plans dressez par les grands Maréchaux des Logis, & dans l'Arrest du dernier Mars 1688. requerant qu'il fust executé selon sa forme & teneur, & en consequence d'estre maintenu au droit de faire & distribuer les logemens de ladite Compagnie suivant sa volonté ; ce qu'il a fait jusqu'à present, avec toute l'équité qui luy a esté possible, offrant même de les faire à l'avenir conjointement avec le Prevost des Marchands de la Ville de Paris, afin qu'il puisse representer les interests des Bourgeois dans les occasions. Veu aussi le

A

Certificat du ſieur de Frouſlay, grand Maréchal des Logis du 18.
May 1654. par lequel il auroit aſſigné aux Suiſſes de la Garde la
ruë Montmartre juſqu'à la Porte ancienne, la ruë Tictonne, la
ruë Montorgueil, la ruë du Bout du Monde, la ruë des petits
Carreaux, & la ruë ſaint Sauveur. Autre Certificat dudit ſieur de
Frouſlay, par lequel il auroit pareillement aſſigné pour ledit logement la ruë Montmartre, à commencer de la ruë du Jour d'un
coſté, & à la maiſon du ſieur de Lery de l'autre, la ruë de la Juſſienne juſqu'au Bon Repos d'un coſté, & au ſieur Durando de
l'autre, remontant vers la ruë Neuve ſaint Euſtache, tirant vers
les petits Carreaux, avec la moitié de ladite ruë à main droite
ſeulement, la maiſon du ſieur Raguin faiſant un coin, & celle du
ſieur Defannois l'autre; les petits Carreaux & Cul de ſac ou vieille Corderie juſques aux murailles du Couvent des Filles-Dieu,
les maiſons des ſieurs Dumont & Legru faiſant les coins des deux
coſtez, la ruë Montorgueil juſqu'à la ruë de l'Hoſtel de Bourgogne d'un coſté, & à la Damoiſelle Gagné de l'autre, les ruës du
Bout du Monde & ſaint Sauveur, juſqu'à la ruë des deux Portes,
& à la maiſon de l'Image Noſtre-Dame de l'autre coſté, & la
ruë Tictonne. Autre Certificat dudit ſieur de Frouſlay du onze
Octobre 1672. ſemblable au précedent, avec un plan ſigné de luy
du 22 Octobre ſuivant. Autre Certificat du Sr de Cavoye grand
Maréchal des Logis, du 20. Janvier 1687. par lequel il auroit
aſſigné pour ledit logement la ruë Montmartre à droite & à gauche, à commencer au coin de la ruë du Jour, & à la maiſon du
ſieur Deſmoulins juſques à la Boucherie d'un coſté, & à la ruë
Neuve ſaint Euſtache de l'autre, la ruë de la Juſſienne entrant
par la ruë Montmartre juſqu'au Bon Repos d'un coſté, & le ſieur
Durando de l'autre ; le Cul de ſac appellé de ſaint Claude, le cô-
té de la ruë Neuve ſaint Euſtache, à main droite en entrant par
la ruë Montmartre, tirant vers les petits Carreaux, à commencer à la maiſon de la Damoiſelle Cantau juſqu'à celle du ſieur
Popart faiſant le coin du coſté droit, & de l'autre à la maiſon
de la Damoiſelle Colombier, la ruë des petits Carreaux, à commencer aux maiſons deſdits Popart & Damoiſelle Colombier,
juſqu'aux ruës du Bout du Monde & ſaint Sauveur, la ruë Neuve ſaint Sauveur, à commencer par la maiſon des héritiers Au-
bergeron d'un coſté, & celle du ſieur Mandin de l'autre, juſ-

qu'aux murailles des Filles-Dieu, la ruë de la vieille Corderie, à
commencer, en entrant par la ruë des petits Carreaux à la maison des Filles faint Gervais d'un cofté, & à celle du fieur The-
venot de l'autre, jufqu'à la maifon du fieur Richer, y compris
le Cul de fac jufqu'au fonds ; un autre Cul de fac, dit du petit
Crucifix, la ruë du Bout du Monde à droite & à gauche, la ruë
de faint Sauveur jufqu'à la ruë des deux Portes, dont les maifons des fieurs Tannier & Benoift font les coins, le Cul de fac
de la ruë faint Sauveur jufques & compris la maifon du fieur
Blanchart d'un cofté, & celle du fieur le Brun de l'autre ; les
ruës Montorgueil & Comteffe d'Artois, à commencer à la ruë
des petits Carreaux jufqu'à la ruë Montconfeil d'un cofté, & à
la maifon du fieur le Comte d'autre ; le petit Cul de fac de la
Bouteille, & la ruë Tiétonne à droit & à gauche : l'Ordonnance du Roy du huit Janvier 1674. par laquelle Sa Majefté auroit
ordonné que les maifons des quartiers & ruës Montmartre,
Montorgueil, des petits Carreaux, faint Sauveur & Tiétonne,
fujettes au logement de ladite Compagnie des Cent Suiffes, feroient divifées en autant de parties qu'il y auroit le nombre de
cent maifons, pour eftre enfuite le rolle du premier nombre
mis par le Prevoft des Marchands de Paris ès mains du Fourier
de ladite Compagnie, & eftre diftribué par ledit Fourier, &
ainfi succeffivement d'année en année un pareil rolle jufques à
ce que toutes les fufdites maifons euffent fervi audit logement,
Le rolle fait en execution dudit Reglement par les Prevoft des
Marchands & Echevins, le dix-neuf Janvier 1674. contenant
les maifons fujettes aufdits logemens. Arreft du Confeil du
dernier Mars 1688. par lequel Sa Majefté auroit caffé plufieurs
Arrefts du Grand Confeil obtenus par les Proprietaires des
maifons prétenduës non fujettes aufdits logemens, & ordonné
que le plan dudit de Frouflay, confirmé par ledit fieur de Ca-
voyé feroit executé. Arreft du Confeil du treize Aouft 1696. par
lequel Sa Majefté auroit ordonné qu'en prefence du fieur Marquis de Courtenvaux Capitaine de ladite Compagnie des Cent
Suiffes, il feroit par lefdits Prevoft des Marchands & Echevins
de Paris, dreffé un rolle des maifons defdites ruës contenuës ès
certificats defdits fieurs de Frouflay & de Cavoye, dans lequel il
feroit marqué la quantité de logemens que chaque maifon pourroit porter, & celles qu'on pourroit prétendre en eftre exemptes,

pour le tout veu par Sa Majefté, eftre ordonné ce qu'il appartiendroit. Le rolle fait en confequence par lefdits Prevoft des Marchands & Echevins le vingt-fix Septembre fuivant, enfemble leur Procès verbal dudit jour, contenant la quantité de logemens que pourroient porter les maifons contenuës audit rolle, enfemble les dires & requifitions des Proprietaires des maifons prétenduës non fujettes auxdits logemens; Et tout confideré. Le Roy estant en son Conseil, faifant droit fur le tout, a déclaré & déclare, que les maifons comprifes au Certificat dudit fieur de Cavoye Grand Maréchal des Logis, du vingt Janvier 1687. font fujettes au logement de ladite Compagnie des Cent Suiffes de la Garde ordinaire, à l'exception néantmoins de celles qui feront occupées en tout ou partie par les Proprietaires qui fe trouveront Officiers de Sa Majefté, & autres Princes ou Princeffes jouiffans des privileges des Commenfaux, & employez dans les Eftats eftant au Greffe de la Cour des Aydes; comme auffi à l'exception de celles qui feront pareillement occupées par les Proprietaires qui fe trouveront Préfidens, Confeillers & Gens du Roy du Parlement, Préfidens, Maiftres, Correcteurs, Auditeurs & Gens du Roy de la Chambre des Comptes, Préfidens, Confeillers & Gens du Roy de la Cour des Aydes, & de la Cour des Monnoyes, Secretaires du Roy & Officiers de la grande Chancellerie; Préfidens, Confeillers & Gens du Roy du Grand Confeil, & Commiffaires du Chaftelet départis audit quartier, fans qu'aucun autre en puiffe eftre exempt. En confequence ordonne Sa Majefté qu'il fera fait chaque année par le Capitaine de ladite Compagnie & le Prevoft des Marchands de la Ville de Paris, un rolle de cent quarante logemens, qui feront pris par tout du nombre des maifons comprifes au Certificat dudit fieur de Cavoye, lefquels cent quarante logemens feront diftribuez par ledit Capitaine aux Officiers & Soldats de ladite Compagnie, ainfi qu'il avifera. Voulant Sa Majefté que ceux defdits Officiers & Soldats qui fetrouveront logez dans des maifons à eux appartenantes aufdits quartiers, ne puiffent y avoir d'autres logemens, & que le nombre de cent quarante en foit d'autant diminué. Fait au Confeil d'Eftat du Roy, Sa Majefté y eftant, tenu à Verfailles le dix-huitiéme jour de Février mil fix cens quatre-vingt dix-fept, Phelypeaux

ARREST
DU CONSEIL D'ESTAT
DU ROY,

Qui décharge le Sieur de Brodard Conseiller du Roy, Maiftre en fa Chambre des Comptes, de la fomme à laquelle il a efté taxé par les Rolles arreftez au Confeil pour les droits de Franc-fief & Franc-aleu.

Du trente Avril 1697.

Extrait des Regiftres du Confeil d'Eftat.

SUR la Requefte prefentée au Roy en fon Confeil par Meffi- Louis XIV. re Jean-Baptifte de Brodard Confeiller du Roy, Maiftre ordinaire en fa Chambre des Comptes, Seigneur d'Efcly : Contenant que quoique les Officiers de la Chambre des Comptes foient dans une poffeffion immemoriale de jouir de toutes les exemptions & privileges dont jouiffent les Secretaires du Roy, & qu'ils foient par confequent exempts de toutes taxes pour raifon des droits de Francs-fiefs, Franc-aleu, Dons gratuits, & de tous Droits Seigneuriaux, néantmoins il fut fait un commandement au Suppliant le dix-feptiéme May mil fix cens quatre-vingt-feize de payer la fomme de trente livres, à quoi on fuppofe qu'il a efté taxé par des Rolles arreftez au Confeil, concernans le Francaleu, dont il ne lui a efté donné aucune copie : cette fignification engagea le Suppliant à voir le Prépofé au recouvrement des droits de Franc-aleu, pour lui faire connoiftre qu'il n'avoit pû valablement être compris dans aucun Rolle concernant le Francaleu, par deux raifons également décifives, l'une que la Terre d'Efcly n'eftoit point en Franc-aleu, qu'elle relevoit du Sieur Duc de Mazarin, à caufe de la Principauté de Porchin ; l'autre que le Suppliant en qualité d'Officier de la Chambre des Comptes eftoit exempt du payement des taxes concernant le Franc-

A

aleu. Ces raifons parurent fi décifives , que l'on donna parole au Suppliant que le commandement qui avoit efté fait à fes Fermiers de la Terre d'Efely , n'auroit aucune fuite : En effet il n'a rien efté fait de la part du Prépofé au recouvrement depuis le dix-feptiéme May mil fix cens quatre-vingt-feize jufqu'au dixiéme d'Avril mil fix cens quatre-vingt-dix-fept , qu'en vertu d'une Ordonnance renduë par le Sieur Larcher Intendant en Champagne , le vingt-deuxiéme d'Aouft mil fix cens quatre-vingt-quatorze , il a efté fait un fecond commandement aux Fermiers du Suppliant dans fa Terre d'Efely , de payer la fomme de trente livres ; faute de payement de laquelle , on a procédé par voye de faifie fur dix-fept   de froment , aufquels on a eftabli un Commiffaire. Cette procedure fi violente & fi injufte oblige le Suppliant de recourir à Sa Majefté , & de demander la décharge de cette taxe , & la main-levée de la faifie faite fur fon Fermier ; elle ne lui peut eftre refufée , fi Sa Majefté a la bonté de faire attention , qu'il paroift par la procedure tenuë par le Prépofé au recouvrement , qu'il s'agit du droit de Franc-aleu , que la Terre d'Efely n'eft point en Franc-aleu , & que d'ailleurs les Officiers de la Chambre des Comptes , dont le Suppliant a l'honneur d'eftre , font exempts de cette taxe , parce qu'ils jouiffent des privileges des Secretaires du Roy , qui par Arreft du Confeil du quinziéme Juin mil fix cens quatre-vingt quatorze ont efté maintenus dans leurs privileges; & en confequence déchargez des taxes pour lefquelles ils avoient efté ou pourroient eftre compris dans des Rolles arreftez au Confeil pour raifon des Franc-fiefs, Franc-aleus, Dons gratuits, & generalement de toutes autres impofitions faites ou à faire. La modicité de la fomme qui eft demandée au Suppliant , l'auroit fans doute déterminé à ne pas importuner le Confeil de cette affaire , s'il n'avoit pas crû qu'en la payant il donneroit atteinte aux privileges des Officiers de la Chambre des Comptes , aufquels il a lieu d'efperer que Sa Majefté ne voudra pas permettre que l'on donne atteinte; auffi on n'a point fait donner de copie au Suppliant d'aucun Rolle dans lequel il ait efté compris , & s'il y en avoit un , il auroit efté figné & arrefté par furprife , & en fupprimant la qualité du Suppliant. A ces causes requeroit le Suppliant qu'il pluft à Sa Majefté le recevoir oppofant aux commandemens faits à fon Fermier dans la Terre d'Efcly les 17 May 1696. & 10 Avril 1597. de payer la fomme de trente livres, à laquelle on a fuppofé que le Suppliant a efté taxé par des Rolles arreftez au Confeil pour le Franc-aleu, le décharger du payement de cette taxe, lui faire pleine & entiere main-levée de la faifie faite fur fon Fermier à la requefte du Prépofé au recouvrement des droits de Franc-aleu, ordonner que le Gardien & Commiffaire eftabli au chofes faifies, en demeure bien & valablement quitte & déchargé; faire trés-expreffes inhibitions & défenfes au Prépofé au recouvrement, fes Procureurs ou Commis, de faire aucunes pourfuites, contraintes ni diligences contre le Suppliant pour raifon de ce; à peine de nullité, caffation de procedures, trois mille livres d'amende, & de tous dépens, dommages & interefts : ordonner que les fommes qui auroient pû eftre exigées des Fermiers du Suppliant fous prétexte de cette taxe, feront renduës & reftituées au Suppliant; à ce faire le Prépofé au recouvrement, & tous autres, contraints comme dépofitaires de biens de Juftice ; quoi faifant ils en demeureront bien & valablement déchaigez. V E U ladite Requefte & pieces attachées à icelle : Oüy le Rapport du Sieur Phelypeaux de Pontchartrain Confeiller ordinaire au Confeil Royal, Controlleur General des Finances : LE ROY EN SON CONSEIL ayant égard à ladite Requefte, a déchargé & décharge le Suppliant de ladite taxe de trente livres pour laquelle il a efté compris dans lefdits Rolles, lui fait pleine & entiere main-levée des faifies fur lui faites pour raifon de ce, & ordonne que les fommes qui pourroient avoir efté payées par fon Fermier, lui feront renduës & reftituées; à quoi faire ledit Prépofé ou fes Commis feront contraints par les mêmes voyes dont ils ont ufé. Et fera le prefent Arreft executé nonobftant oppofition ou empêchement quelconque, dont fi aucuns interviennent, Sa Majefté s'en eft refervée la connoiffance, & icelle interdite à toutes fes Cours & autres Juges. FAIT au Confeil d'Eftat du Roy, tenu à Verfailles le trentiéme jour d'Avril mil fix cens quatre-vingt-dix-fept. Collationné. Signé, DU JARDIN.

Collationné à l'Original par Nous Confeiller-Secretaire du Roy, Maifon, Couronne de France & de fes Finances.

ARREST
DU CONSEIL D'ESTAT

Qui exempte du payement des Droits d'Enregiftrement &
Verification des Titres du Franc-Salé, ordonnez par
Edit du mois de Février 1706. les Particuliers ou
Communautez qui jouiffent dudit Franc-Salé à titre
onereux, ou d'indemnité de Péages en Sel, droits de
proprieté dans les Salins, ou autres droits de pareille
qualité; & décharge auffi du payement du premier droit
d'Enregiftrement les Officiers du Parlement, Chambre
des Comptes, Grand Confeil & Cour des Aydes de
Paris, les Officiers Veterans defdites Compagnies; &
les Veuves defdits Officiers, aux conditions portées par
ledit Arreft.

Du neuf Novembre 1706.

LE Roy s'eftant fait reprefenter en fon Confeil l'Edit du
mois de Février mil fept cens fix, par lequel Sa Majefté
auroit créé en titre d'Office, un Vérificateur General des Franc-
Salez attribuez aux Officiers, ou concedez à des Communautez
ou Particuliers, à quelque titre que ce foit, & un Vérificateur
particulier en chacune des Provinces & Generalitez du Royaume, pour dreffer chacune année, à commencer en la prefente,
un Eftat de tout le Sel de Franc-Salé qui doit eftre délivré dans
les Greniers à Sel de l'étenduë des Fermes de Sa Majefté ; auquel effet elle auroit ordonné par le même Edit, que tous les
Officiers, Communautez & autres qui ont droit de jouir de
Franc-Salé, feroient tenus de reprefenter dans trois mois, du
jour de la publication dudit Edit, pardevant les Sieurs Intendans & Commiffaires départis, les titres en vertu defquels ils
jouiffent des Franc-Salez employez fous leurs noms dans les

Louis XIV.

A

Eſtats arreſtez au Conſeil, pour en eſtre ſous leurs ordres , la
vérification faite par leſdits Vérificateurs particuliers, & leurs
procès verbaux de vérification envoyez audit Vérificateur general , après qu'ils auront eſté viſez & certifiez par leſdits Sieurs
Intendans & Commiſſaires départis; pour ſur iceux eſtre par ledit Verificateur general dreſſé ledit Eſtat general des Franc-
Salez, lequel ſera par luy remis ès mains du Sieur Controlleur
General des Finances, pour eſtre enſuite arreſté au Conſeil;
comme auſſi que les nouveaux Pourveus d'Offices, & les Communautez auſquelles Sa Majeſté pourroit cy-après accorder des
Franc-Salez, ſeront tenus de remettre copie de leurs Proviſions
& conceſſions ès mains deſdits Vérificateurs particuliers, pour
eſtre employez dans leſdits eſtats des Franc-Salez : pour laquelle
vérification & premier droit d'enregiſtrement, ſera payé, ſçavoir pour tous ceux qui jouiſſent actuellement de Franc-Salé ,
cinq livres par chacun minot de Sel , & à proportion pour les
plus grandes ou moindres quantitez, & dix livres à chaque mutation , ou nouvel employ ; à l'exception des Franc-Salez accordez par Sa Majeſté, ou les Rois ſes prédeceſſeurs, aux Hôpitaux
de ſon Royaume ; à la charge neantmoins par les Adminiſtra-
teurs de faire vérifier leurs titres , de même que toutes les autres Communautez qui jouiſſent des Franc-Salez : laquelle vérification ſera faite ſans frais. Et Sa Majeſté eſtant informée
que pluſieurs Officiers , Communautez & Particuliers qui
jouiſſent deſdits Franc-Salez , tant de nouvelle que d'ancienne
attribution, n'ont pas fait vérifier leurs titres dans le délay de
trois mois porté par ledit Edit ; les uns, parce que leurs quittances de finances n'ont encore pû eſtre expediées, & les autres , parce qu'ils ſe prétendent exempts du payement des droits
attribuez auſdits Offices de Vérificateurs general & particulier,
ſous prétexte que les Franc-Salez dont ils jouiſſent leur ont
eſté accordez à titre onereux, d'indemnité, dotation, fondation, gratification ou aumône. Et Sa Majeſté voulant expliquer
ſes intentions, faire ceſſer toutes les difficultez qui pourroient
ſurvenir, & accelerer l'execution dudit Edit : Ouy le Rapport
du Sieur Chamillart, Conſeiller ordinaire au Conſeil Royal,
Controlleur General des Finances. SA MAJESTE' EN SON
CONSEIL interprétant en tant que de beſoin ledit Edit du mois

de Février mil sept cens six, a déclaré & déclare n'avoir entendu assujettir au payement des droits d'enregistrement & vérification de leurs titres portez par ledit Edit, les Particuliers ou
Communautez qui jouissent de Franc-Salez à titre onereux, ou
d'indemnité de Péage en Sel, droits de proprieté dans les Salins, ou autres droits de pareille qualité, à la charge néantmoins par tous ceux qui jouissent desdits Franç-Salez ausdits
titres, de faire vérifier & enregistrer leurs titres dans le nouveau délay cy-après reglé, lequel enregistrement sera fait sans
frais. Décharge Sa Majesté les Officiers du Parlement, Chambre des Comptes, Grand Conseil, & Cour des Aydes de Paris;
ensemble les Officiers Veterans desdites Compagnies, & les
Veuves desdits Officiers jouissant actuellement des privileges
qui leur sont attribuez, du payement dudit premier droit d'enregistrement; à la charge pareillement par chacun desdits Officiers
desdites Cours, de faire enregistrer leurs titres dans le même
délay, lequel enregistrement sera fait sans frais, & à condition que leurs successeurs ausdits Offices payeront aux muta-
tions les droits portez par ledit Edit. Ordonne Sa Majesté que
tous Particuliers & Communautez Ecclesiastiques & Laïques,
qui jouissent de Franc-Salez à titre de fondation pour prieres,
ou à titre de gratification & aumône, même ceux ausqu ls il a
esté ou sera attribué des Franc-Salez, en execution de la Déclaration du onze Aoust mil sept cens cinq, feront enregistrer
leurs titres dans le même délay, en payant par chacun d'eux le
droit de cinq livres par minot, porté par ledit Edit pour le
premier droit d'enregistrement. Et pour donner à tous lesdits
Officiers, Particuliers & Communautez ayant droit de Franc-
Salé, tant d'ancienne que de nouvelle attribution, un délay
convenable pour faire faire ledit enregistrement & vérification
de leurs titres, sur lesquels l'estat general des Franc-Salez pour
l'année mil sept cens sept, doit estre arresté, Sa Majesté leur a
accordé & accorde à cet effet un nouveau délay de trois mois, à
compter du jour & datte du present Arrest; après lequel temps
passé, veut Sa Majesté que tous ceux qui n'y auront pas satisfait, demeurent déchûs & privez de leursdits Franc-Salez. Fait
Sa Majesté défenses aux Receveurs & Officiers des Greniers à
Sel, de leur délivrer ny faire délivrer aucun Sel, s'il ne leur ap-

paroift de la vérification de leurs titres, & de l'employ fait fous leurs noms dans l'eftat general, fous les peines portées par ledit Edit, lequel fera au furplus executé felon fa forme & teneur: Enjoint aux Sieurs Intendans & Commiffaires départis dans les Provinces & Generalitez du Royaume, de tenir la main à ce que le prefent Arreft foit executé, nonobftant oppofitions ou autres empêchemens, dont fi aucuns interviennent, Sa Majefté s'en eft refervé la connoiffance & à fon Confeil, & icelle interdit à toutes fes Cours & autres Juges. FAIT au Confeil d'Eftat du Roy, tenu à Verfailles le neuviéme jour de Novembre mil fept cens fix. Collationné. Signé, DE LAISTRE.

EXTRAITS
DES MEMORIAUX
DE LA CHAMBRE DES COMPTES DE PARIS,

Pour juſtifier que de tout temps les Conſeillers Correcteurs de ladite Chambre, ſont ordinaires.

SUR le refus fait par la Chambre en l'année mil ſept cens neuf d'enregiſtrer les Proviſions d'un de nos Confreres, parce que le mot d'ordinaire avoit eſté mis dedans, Nous fûmes obligez de le juſtifier par les exemples ſuivans.

En l'année 1483. confirmation des Officiers de la Chambre des Comptes de Paris en leurs Offices, dans le Rolle deſquels ſont compris Pierre Jouvelin & Nicolas Viole, Conſeillers Correcteurs ordinaires, & Correcteur créé ordinaire, outre le nombre des deux Jean Gilbert, au Memorial S, fol. 6.

En l'année 1486. Jean François receu Correcteur ordinaire au lieu de Jouvelin, Memorial S, fol. 157.

Au Memorial V, fol. 70. confirmation audit François en ſon Office de Correcteur ordinaire.

Fol. 71. Jean Gilbert Correcteur ordinaire.

Fol. 102. Theodore Gainier de Pavie.

Fol. 153. Jean de Villebreſine.

Fol. 193. Jean Clauſſe.

Au Memorial X, fol. 251. Nicolas Viole, 21. Juillet 1511.

Au Memorial 2. B, fol. 97. Simon Teſte, 1519.

Au Memorial *eodem*, fol. 93. Edit de création d'un Préſident, d'un Maiſtre, d'un Correcteur, quatre Auditeurs ordinaires, tels qu'ont eſté & ſont les autres ordinaires qui y ſont de preſent, Aouſt 1520.

Au Memorial 2. D, fol. 58. Lettres Patentes de Louiſe Mere du Roy & Regente, du 8. Septembre 1523. en faveur de Guillaume Allegrain en la Charge de Correcteur ordinaire, avec réïteration fréquente du mot d'ordinaire, ainſi que les autres en ſont reveſtus, tant pour le preſent que pour l'avenir.

Au Memorial *eodem*, fol. 60. 61. & 62. confirmation des Lettres cy-deffus par François Premier en faveur dudit Allegrain, du mois de Janvier 1523. en ce temps l'année commençoit à Pafques; & finiffoit audit jour.

Au Memorial 2. E, fol. 109. Jean Courtin, année 1527.

Fol. 257. certification du Roy d'avoir receu plufieurs pieces par les mains de Jean Courtin Correcteur ordinaire.

Au Memorial 2. F, Geoffroy le Roux, année 1529.

Au Memorial *eodem*, fol. 253. Déclaration en faveur d'un Préfident, un Maiftre, un Correcteur & quatre Auditeurs de nouvelle création, pour eftre iceux Officiers, ainfi que font les autres, reputez ordinaires, année 1529.

Au Memorial 2. G, fol. 18. Clerambault le Clerc, année 1532. & fol. 59. Lettres de relief de la reftriction de Confeiller.

Fol. 108. Michel de Champond, année 1532.

Au Memorial 2. M. fol. 292. verfo, Jacques Gobelin, année 1544.

Au Memorial 2. T, fol. 98. Charles Pichon, année 1554.

Déclaration du Roy Charles IX. portant exemption du logement de Gens de guerre en faveur des Officiers de la Chambre, du 20. Avril 1561. dans laquelle Déclaration ils font tous reputez ordinaires.

Au Memorial 3. H, fol. 55. Antoine le Cogneux, année 1568.

Au Memorial 3. K, fol. 291. François Lefchaffier, année 1570.

Au Memorial 3. L, fol. 249. Euftache Allegrain, année 1571.

Au Memorial 3. N, fol. 418. Guillaume Sevin, année 1573. Fol. 427. Gilles Feu, année 1573.

Au Memorial 3. O, fol. 22. Germain le Gros, année 1574. Fol. 99. René Vivien, année 1574.

Au Memorial 3. P, fol. 318. Jean Acarie, année 1575.

Fol. 444. Intermediat à luy accordé, regiftré comme ordinaire, *idem*.

Au Memorial 3. R, fol. 161. Jacques de Bragelonne Maiftre des Comptes, auparavant Correcteur ordinaire, année 1577.

Au Memorial *eodem*, fol. 433. faculté à François Godet Correcteur ordinaire, de refigner, à condition de furvivance, année 1577.

Au Memorial 3. S, Guy Liedet, Correcteur ordinaire en survivance dudit Godet, année 1578.

Au Memorial 3. T, fol. 269. Charles Amelot, année 1579.

Fol. 395. Yves Marchand, année *idem.*

Au Memorial 3. V, fol. 240. Nicolas Choart, 1580.

Au Memorial 3. Y, fol. 128. Lettres de Guillaume Sevin, Correcteur ordinaire honoraire, année 1582.

Au Memorial 4. L, fol. 38. Antoine Mariette, année 1594.

Au Memorial 4. M. fol. 396. commutation de l'Office de Charles le Tellier Correcteur ordinaire, année 1595.

Au Memorial 4. O, fol. 228 Jacques Morin, année 1597.

Au Memorial 4. Q, fol. 3. Vincent Gelé, Correcteur ordinaire honoraire, année 1599.

Au Memorial 4. T, fol. 86. Jacques Sevin, année 1602.

Au Memorial 4. V, fol. 175. Pierre le Jay, année 1603.

Au Memorial 5. A, fol. 47. Abraham Guerin, année 1607.

Au Memorial 5. E, fol. 319. Olivier d'Aleflo, année 1611.

Au Memorial 5. F, fol. 282. Jean Villars, honoraire. Lettres à ce qu'il luy soit permis de se qualifier Correcteur ordinaire en la Chambre des Comptes comme les autres, année 1612.

Au Memorial 5. H, fol. 79. Jean Tronson, année 1614.

Au Memorial 5. K, fol. 85. Charles le Voyer, année 1616.

Au Memorial 5. P, fol. 12. Nicolas de Givre, honoraire, année 1621.

Au Memorial 7. F, fol. 273. Leonard Cruau, année 1657.

Charles Durand Correcteur ordinaire, specifié dans son Acte de reception du onze Septembre 1666. quoique ce mot d'*ordinaire* fust oublié dans ses Provisions.

Au Memorial 8. E, fol. 177. Louis Aubert de la Bastide, année 1674.

Au Memorial 8. F, fol. 222. Pierre Pegere 1680.

Au Memorial 8. P, fol. 8. Aimery Patu, année 1689.

Au Memorial 8. S, fol. 354. Cesar Petit des Landes, année 1692.

Au Memorial 8. V, fol. 169. Claude du Vaux, année 1694.

Au Memorial 8. Z, Charles Leonard Cruau., année 1697.

Fol. 96. François Luce, année 1701.

Fol. 228. Adrien Antoine Aumont, année 1701.

Lettres de ratification sur une survivance, obtenuës par Louis Parent, Correcteur ordinaire, 28. Janvier 1703.

Lettres d'honneur obtenuës par Pierre Louis Truyart, Conseiller Correcteur ordinaire, regiſtrées le 7. Aouſt 1714. le mot d'*ordinaire* n'a point eſté conteſté.

Eſt à obſerver que de tout temps dans les deux Semeſtres il y a eu, & ſont encore des avis de corrections rapportez & jugez, où le mot de *Correcteur ordinaire* eſt exactement énoncé, ſans que jamais perſonne l'ait conteſté, tant il eſt d'uſage : ainſi l'on peut dire que les corrections devenuës Arreſts regiſtrées ſur le Plumitif, & ſouvent même évoquées au Conſeil d'Eſtat, confirmées & y regiſtrées en leur entier, autoriſent cet uſage ſi anciennement eſtabli ; de ſorte que c'eſt un titre pour les Conſeillers Correcteurs, inconteſtable par ſa preſcription & jouiſſance non interrompuë ny conteſtée depuis un temps immemorial. On ne peut s'imaginer quel motif vient de donner lieu à cette conteſtation.

EDIT

De suppression, tant des Annoblissemens par Lettres, que des privileges de Noblesse accordez depuis le premier Janvier 1689. aux Offices soit Militaires, ou de Judicature, Police & Finances.

De revocation de tous les privileges & exemptions aussi attribuez à tous les Offices créez depuis le même temps, dont la premiere finance est au-dessous de dix mille livres.

Et suppression des Offices de Subdeleguez & leurs Greffiers, & de toutes les Charges créées dans les Elections depuis ledit jour premier Janvier 1689.

Du mois d'Aouft 1715.

LOUIS par la grace de Dieu Roy de France & de Navarre, Louis XIV. à tous presens & à venir, SALUT. Par nostre Déclaration du neuviéme Juillet dernier, Nous avons ordonné la continuation de la levée & perception de la Capitation & du Dixiéme, pour en estre le produit employé au payement des dettes de nostre Estat, & à la liberation de nos revenus ; ce que Nous avons commencé d'executer par nos Edits du present mois d'Aoust, portant création de rentes, pour estre employées au payement des Billets de la Loterie, Billets d'emprunts & de subsistance de nos Tresories de l'Extraordinaire des Guerres & de l'Artillerie, anciennes Assignations tirées sur nos revenus ordinaires, Traitez & Recouvremens, avant le mois d'Octobre mil sept cens dix, Promesses de la caisse des emprunts, & autres dettes de nostre Estat : & afin que ces deux impositions fussent moins à charge à nos peuples, Nous avons par cette même Déclaration revoqué tous les traitez & autres recouvremens extraordinaires, ordonnez avant l'année mil sept cens treize. Et Nous nous sommes proposé de supprimer les Officiers qui se sont souftraits & exemptez de la contribution aux Tailles, par les privileges attachez aux Offices que les besoins de la guerre Nous ont necessité de créer depuis le mois.

A

de Janvier mil six cens quatre-vingt-neuf, ce que Nous avons aussi commencé d'executer par nostre Edit du mois de Juin dernier, qui supprime un grand nombre des Officiers de nos Chancelleries prés les Parlemens, Cours & Presidiaux, & revoque tous leurs privileges & exemptions. Et comme les differens annoblissemens que Nous avons accordez, ensemble les Offices de Subdeleguez, ceux de nos Elections & Commissaires des Tailles créez depuis le mois de Janvier mil six cens quatre-vingt-neuf ont augmenté considerablement le nombre des exempts, & diminué celui des contribuables aux Tailles; & que d'ailleurs Nous sommes informez que la plûpart des pourvûs de ces Offices abusant de leur autorité & de leurs privileges, ont fait retomber le poids des impositions sur les plus pauvres & les plus malheureux, ce qui a retardé les recouvremens, & causé des non-valeurs qui Nous ont obligé d'accorder de fortes diminutions, Nous nous sommes déterminez de les supprimer par le present Edit, & pareillement de revoquer tous les privileges & exemptions de Tailles attribuez aux Offices, tant Militaires que de Judicature, Police & Finance, aussi créez depuis le mois de Janvier mil six cens quatre-vingt-neuf, dont la premiere finance ne se trouvera pas de la somme de dix mille livres, & de remedier à differens abus qui se sont introduits pendant la guerre, & qui ont esté cause que les impositions n'ont point esté reparties avec justice & avec égalité. A ces CAUSES & autres à ce Nous mouvans, de nostre certaine science, pleine puissance & autorité Royale, Nous avons par le present Edit perpetuel & irrevocable, dit, statué & ordonné, disons, statuons & ordonnons, voulons & Nous plaist.

ARTICLE PREMIER.

Que nonobstant tous les Annoblissemens que Nous avons accordez depuis le premier Janvier mil six cens quatre-vingt-neuf par Lettres, moyennant finance, en consequence de nos Edits des mois de Mars mil six cens quatre-vingt-seize, May mil sept cens deux, & Decembre mil sept cens onze, ou autrement, lesquels Nous avons revoquez, éteints & supprimez, revoquons, éteignons & supprimons, tous les particuliers que Nous avons annoblis depuis ledit jour premier Janvier mil six cens quatre-vingt-neuf, ensemble leurs enfans & descendans, même les enfans & descen-

dans de ceux defdits annoblis qui font decedez, à la referve de
ceux que Nous jugerons à propos d'excepter en confideration des
fervices importans rendus à l'Eftat, foient impofez à la Taille &
autres impofitions & charges publiques; & à cet effet compris à
l'avenir dans les Rolles des Villes, Bourgs & Paroiffes taillables
de leur refidence, à proportion de leurs biens, tenures & facultez, & ce à commencer du premier Octobre de la prefente année
mil fept cens quinze.

I I.

Revoquons pareillement la Nobleffe au premier degré que
Nous avons accordée en confequence de noftre Edit du mois
d'Octobre mil fept cens quatre, à ceux des Officiers de nos Cours
& Compagnies Superieures & Bureaux des Finances de noftre
Royaume, qui ont acquis les quatre difpenfes d'un degré de fervice, ou qui Nous ont efté nommez par nofdites Cours & Compagnies pour remplir tous les cinq ans les deux difpenfes d'un degré
de fervice, ainfi que Nous leur avions permis de le faire par le
même Edit. Voulons que ces Officiers & leurs enfans & defcendans, enfemble les enfans & defcendans de ceux d'entre eux qui
font morts reveftus de leurs Charges, après avoir acquis lefdites
difpenfes, foient remis & reftablis au même & femblable eftat
qu'ils eftoient avant noftredit Edit du mois d'Octobre mil fept
cens quatre, & nos Déclarations & Arrefts rendus en confequence. N'entendons comprendre dans ladite revocation les Officiers
de noftre Cour de Parlement, Chambre des Comptes & Cour
des Aydes de Paris, ni les Officiers & Secretaires de noftre grande Chancellerie, & de celles près nos Cours & Préfidiaux créez
par noftre Edit du mois de Janvier dernier.

I I I.

Revoquons la Nobleffe au premier degré que Nous avons accordée aux Officiers des Bureaux de nos Finances de la Generalité
de Paris, par noftre Edit du mois d'Avril mil fept cens cinq.

I V.

Voulons au furplus que tous les Officiers de nos Cours &
Compagnies Superieures & Bureaux de nos Finances, foient &
demeurent maintenus & gardez, les maintenons & gardons dans

la Nobleſſe graduelle , & dans tous les autres honneurs , prérogatives & privileges qui eſtoient attribuez à leurs Charges , & dont
ils jouiſſoient aux termes de nos Ordonnances , Edits , Déclarations & Reglemens intervenus avant le premier Janvier mil ſix
cens quatre-vingt-neuf.

V.

Revoquons auſſi , non ſeulement la Nobleſſe au premier degré
que Nous avons accordée par noſtre Edit du mois de Novembre
mil ſept cens ſix , aux Echevins , à noſtre Procureur , au Greffier &
au Receveur de l'Hoſtel de noſtre bonne Ville de Paris , & celle
que Nous avons pareillement attribuée par pluſieurs nos Edits &
Declarations à differens Officiers , tant Militaires que de Judicature , Police & Finance , ſoit que ces Offices ayent eſté créez depuis le même jour premier Janvier mil ſix cens quatre-vingt-neuf,
ou qu'ils le fuſſent auparavant , mais encore la Nobleſſe graduelle
auſſi accordée depuis le même temps, moyennant finance , en quelque ſorte & maniere que ce ſoit , tant aux Corps & Compagnies,
qu'à quelques Officiers ſeulement qui n'en jouiſſoient pas avant
ladite année mil ſix cens quatre-vingt-neuf. Voulons que tous ces
Officiers , enſemble leurs enfans & deſcendans , ſoient & demeurent remis & reſtablis au même eſtat où ils eſtoient avant la conceſſion de ce privilege.

V I.

Comme il Nous a eſté repreſenté que la ſuſpenſion que Nous
avons ordonnée par noſtre Declaration du onziéme Juin mil ſept
cens neuf , & que Nous avons depuis prorogée par des Arreſts
de noſtre Conſeil , d'année en année , juſques & compris la preſente mil ſept cens quinze , des privileges & exemptions de Taille , collecte , ſoliditez & autres charges publiques ; enſemble de
celui de fixation de cotte , qui avoient eſté attribuez à une infinité
d'Offices , tant Militaires que de Judicature , Police & Finance ,
créez depuis le premier Janvier mil ſix cens quatre-vingt-neuf,
dont la premiere finance eſt au-deſſous de la ſomme de dix mille
livres , n'a pas produit un ſoulagement auſſi conſiderable que
Nous nous l'eſtions propoſé , à cauſe des differentes exemptions
que Nous n'avons pû nous diſpenſer d'accorder en conſideration
des taxes qui eſtoient alors , ou ont eſté depuis demandées à pluſieurs Officiers qui eſtoient dans le cas : Nous avons, du même pouvoir

voir & autorité que deſſus , revoqué & revoquons purement &
ſimplement tous les privileges & exemptions de Taille, uſtancile,
collecte , ſolidité & autres charges publiques , enſemble celui de
fixation de cotte accordez moyennant finance , ou attribuez à
tous les Offices , tant Militaires que de Judicature , Police & Finance créez depuis le premier Janvier mil ſix cens quatre-vingt-
neuf, dont la premiere finance ne ſe trouvera pas de la ſomme de
de dix mille livres.

V I I.

Et du même pouvoir & autorité que deſſus, Nous avons éteint
& ſupprimé , éteignons & ſupprimons tous les Offices de Subdeleguez des Sieurs Commiſſaires départis pour l'execution de nos
ordres dans nos Provinces & Generalitez , & leurs Greffiers,
créez par nos Edits des mois d'Avril mil ſept cens quatre , & Janvier mil ſept cens ſept, ſans que ces Offices puiſſent cy-après eſtre
rétablis , pour quelque cauſe & ſous quelque prétexte que ce ſoit.
Faiſons très-expreſſes inhibitions & défenſes aux pourvûs deſdits
Offices d'en faire aucunes fonctions, à compter du jour de la publication du preſent Edit. Permettons neanmoins aux Sieurs Commiſſaires départis , de ſubdeleguer dans les principales Villes &
lieux de leurs Départemens , ainſi qu'ils eſtoient en uſage de le
faire avant la création de ces Offices , des ſujets capables & d'une
réputation entiere ; même de continuer à ſe ſervir du miniſtere
de ceux d'entre leſdits Officiers ſupprimez, contre leſquels il ne ſe
trouvera aucunes plaintes fondées ; & ſera par Nous pourvû ſur
les avis qui ſeront envoyez par leſdits Sieurs Intendans & Commiſſaires départis au Sieur Controlleur General de nos Finances ,
à la liquidation & enſuite au rembourſement de la finance deſdits
Offices.

V I I I.

Eteignons & ſupprimons pareillement tous les Offices de
Lieutenans Civils, Elûs, Aſſeſſeurs & autres Elûs, Lieutenans
Criminels Verificateurs des Rolles, Enqueſteurs & Commiſſai-
res-Examinateurs, Elûs Gardes-Scels , ſeconds Preſidens, Elûs
Controlleurs anciens & alternatifs, nos Avocats, les Greffiers
alternatifs & les Verificateurs des deffauts à faute de comparoir ,

créez dans tous nos Sieges d'Elections , par nos Edits des mois de Novembre mil six cens quatre-vingt-neuf, Aouſt & Octobre mil six cens quatre-vingt-treize , Novembre mil six cens quatre-vingt-ſeize , Decembre mil ſept cens un , May mil ſept cens deux , Novembre mil ſept cens ſept , Aouſt & Octobre mil ſept cens huit , & Septembre mil ſept cens dix, enſemble tous les Offices de Commiſſaires des Tailles créez par noſtre Edit du mois de Juin mil ſept cens deux.

IX.

Défendons auſſi à tous les pourvûs de ces differens Offices d'en faire aucunes fonctions , à commencer du jour de la publication du preſent Edit , à peine de nullité. Voulons que les fonctions que Nous leur avions attribuées par leurs Edits de création , Déclarations , Arreſts & Reglemens intervenus en conſequence , ſoient faites à l'avenir par les autres Officiers deſdites Elections à tour de Rolle, ſuivant l'ordre du tableau, à la reſerve de celles des Commiſſaires des Tailles , qui ſeront faites , comme par le paſſé , par les Huiſſiers & Sergens qui ſeront choiſis à cet effet par les Receveurs des Tailles.

X.

N'entendons neantmoins que ſous prétexte, ou en conſequence des réunions qui ont eſté faites , ſoit par leſdites Elections en corps, ou ſeulement par quelques Officiers de ces Sieges, d'aucuns des Offices cy-deſſus ſupprimez , ſoit conjointement avec les gages taxations qui y eſtoient attribuées , ou des taxations ou autres droits ſéparément , les Officiers des Elections qui demeurent reſervez par le preſent Edit , non plus que les acquereurs particuliers des taxations , tant de deux deniers pour livre du montant de la Taille que Nous avions attribuez auſdits Elûs Controlleurs , que d'un denier pour livre auſſi attribué aux Commiſſaires des Tailles , puiſſent prétendre en jouir, ni les percevoir à l'avenir , paſſé le premier Octobre prochain ; Nous reſervant de pourvoir au rembourſement de la finance que les acquereurs particuliers deſdits trois deniers de taxations juſtifieront Nous avoir été payée pour raiſon de ce.

XI.

Et desirant pourvoir dès à present autant qu'il Nous est possible au soulagement des contribuables aux Tailles, voulons que tant lesdits trois deniers pour livre de taxations du montant de l'imposition, qui estoient attribuez ausdits Offices d'Elûs Controlleurs anciens & alternatifs, & Commissaires des Tailles, que le droit de six deniers pour chacune des cottes employées dans les Rolles des Tailles, dont jouissoient les Lieutenans Criminels Verificateurs des Rolles, ensemble tous les autres droits & émolumens de quelque nature que ce soit, que Nous avions attachez, soit par les Edits de création, ou par des Déclarations & Arrests de nostre Conseil rendus en consequence, à chacun des Offices supprimez par le present Edit, soient & demeurent éteints & cessent d'estre imposez, levez ou autrement perçûs, à commencer dudit jour premier Octobre prochain, à peine de concussion.

XII.

Ordonnons en outre que tous les gages & droits, ensemble le Franc-salé qui estoient attribuez ausdits Offices supprimez, seront retranchez & tirez à neant dans tous les estats de nos Finances, Gabelles, Cinq Grosses Fermes, Pays d'Estats & autres où ils ont esté employez jusqu'à present, & ce à commencer, sçavoir, pour le Franc-salé, du premier Octobre prochain, & pour les gages & droits fixes, du premier Juin de la presente année mil sept cens quinze.

XIII.

Pour dédommager de la non-jouissance desdits trois deniers de taxations du montant de l'imposition, tant les particuliers qui pourroient les avoir acquis separément du corps des Offices, que les Receveurs des Tailles, qui en consequence de la réunion que Nous leur avons faite des Offices de Commissaires des Tailles, se sont reservé le denier pour livre de taxations qui y estoient attribués, Nous ordonnons qu'à l'avenir & à commencer du même jour premier Octobre prochain, les uns & les autres seront payez des

A iiij

interefts à raifon du denier vingt-cinq, de la finance qu'ils jufti-
fieront Nous avoir été payée pour l'acquifition defdites taxations,
diftraction faite de celle du corps des Offices ; à l'effet de quoy
tous les particuliers qui font dans ce cas, feront tenus de reprefenter leurs titres devant les Commiffaires départis dans nos Provinces & Generalitez des Pays d'Elections, qui en drefferont des procès verbaux, fur lefquels, & leurs avis rapportez en noftre Confeil, il fera pourvû annuellement au payement des interefts defdites finances, jufqu'à leur actuel remboursement.

X I V.

Voulons en outre que tous les Officiers fupprimez par le prefent Edit, foient tenus de reprefenter leurs quittances de finance,
provifions & autres titres de proprieté, pardevant les Sieurs Commiffaires qui feront par Nous inceffamment députez à cet effet,
fur les avis defquels il fera procedé en noftre Confeil à la liquidation de leur finance, & enfuite pourvû à leur remboursement,
des fonds qui feront par Nous à ce deftinez.

X V.

Ordonnons qu'à cet effet il fera arrefté chaque année en noftre
Confeil un eftat, dans lequel tous les Officiers cy-deffus fupprimez,
enfemble ceux qui le feront cy-après, qui auront fait liquider leur
finance, feront employez pour la fomme principale portée par
l'Arreft de liquidation, dont partie fera remboursée chaque année avec l'intereft, à raifon du denier vingt-cinq, lequel dimi-
nuera à proportion de ce qui aura efté acquitté fur le capital.

X V I.

Comme le principal objet, tant de la fuppreffion portée par le
prefent Edit, & de celles que Nous nous propofons de faire dans
la fuite, de plufieurs Offices créez depuis le premier Janvier mil fix
cens quatre-vingt-neuf, que de la révocation actuelle des privileges & exemptions attribuez à ceux créez depuis le même temps,
dont la finance eft au-deffous de la fomme de dix mille livres, eft

de procurer à nos Sujets contribuables aux Tailles un foulagement effectif & confiderable, qui puiffe les mettre en eftat de fatisfaire au payement des impofitions ; renouvellant à cet égard les difpofitions des reglemens des Tailles des mois de Janvier mil fix cens trente quatre, & Novembre mil fix cens quarante, Nous ordonnons qu'à l'avenir, & à commencer du premier Octobre de la prefente année, tous les Rolles des Tailles qui feront faits pour la prochaine année mil fept cens feize & fuivantes, dans les Villes & Paroiffes taillables de l'étenduë des dix-neuf Generalitez de nos Pays d'Elections, feront diftinguez en deux chapitres.

XVII.

Dans le premier feront compris tous les Annoblis par Lettres depuis le premier Janvier mil fix cens quatre-vingt-neuf, foit que ces Lettres leur ayent efté accordées par forme d'annobliffement, ou feulement de confirmation & réhabilitation, enfemble tous les Officiers fupprimez, & ceux dont les privileges & exemptions font revoquez par le prefent Edit ; tous lefquels Annoblis, Officiers & Privilegiez, & leurs enfans & defcendans feront taxez d'office à la Taille & autres impofitions, au prochain département par les Sieurs Commiffaires départis dans nofdites Provinces & Generalitez, chacun dans les Villes & Paroiffes où ils font leur refidence, & ce à proportion de leurs biens, tenures & facultez.

XVIII.

Enjoignons à cet effet aux Receveurs des Tailles de fe faire remettre au plûtard dans un mois du jour de l'enregiftrement du prefent Edit, par les Syndics & Collecteurs des Paroiffes, des eftats très-exacts contenant les noms, furnoms & demeures, tant defdits Annoblis, que de tous les Officiers fupprimez, ou dont les privileges font revoquez, & fommairement le montant par eftimation du revenu des biens qu'ils y poffedent ; fur lefquels eftats certifiez par lefdits Syndics & Collecteurs, les Receveurs des Tailles compoferont celui de chaque Election, & après l'avoir fait certifier par le Prefident & noftre Procureur en chacune defdites Elections, le remettront au Sieur Commiffaire départi , qui en dreffera un eſtat general chacun pour ſa Generalité, lequel il envoyera au Sieur Controlleur General de nos Finances, au plûtard dans le premier Novembre de la preſente année.

XIX.

Dans le ſecond chapitre deſdits Rolles, ſeront employez tous les autres contribuables domiciliez dans les Paroiſſes ; & enſuite par un article ſéparé le Curé, les Eccleſiaſtiques, Gentilshommes, & autres exempts, & Officiers qui ne ſont pas dans le cas des ſuppreſſion & revocation portées par le preſent Edit.

XX.

Pour prévenir les brigues & les cabales qui pourroient eſtre pratiquées par quelques-uns des Annoblis, Officiers ſupprimez, ou dont les privileges ſont revoquez, pour ſe ſouſtraire à la juſte impoſition que Nous entendons eſtre faite ſur eux à proportion de leurs biens, teneures & facultez, Nous avons permis & permettons auſdits Sieurs Intendans & Commiſſaires départis pour l'execution de nos ordres dans les dix-neuf Generalitez des Pays d'Election, de faire proceder, conformément à l'Arreſt de noſtre Conſeil du cinq Juillet mil ſept cens ſept, ſoit en leur preſence, ou devant les Officiers des Elections, ou autres particuliers qu'ils pourront commettre & ſubdeleguer à cet effet, à la confection des Rolles des Tailles des Villes, Bourgs & Paroiſſes taillables, dans leſquels ils le jugeront neceſſaire.

XXI.

Voulons qu'en vertu des Ordonnances qu'ils auront renduës à cet effet, les Syndics & Greffiers des Rolles & autres Officiers deſdites Villes, Bourgs & Paroiſſes taillables, enſemble les Collecteurs qui ſeront nommez pour l'année prochaine mil ſept cens ſeize, même les principaux habitans deſdites Paroiſſes, s'ils en ſont requis, ſoient tenus de ſe preſenter devant leſdits Sieurs Intendans ou les Commiſſaires par eux nommez aux jours, lieux & heures qui leur ſeront par eux indiquez pour faire l'aſſiette, à peine

en cas de refus ou de defobéiſſance, d'y eſtre contraints par toutes
voyes, en vertu des Ordonnances que Nous permettons auſdits
Sieurs Intendans ou Commiſſaires par eux nommez, de rendre
dans ces cas, leſquelles feront executées par proviſion, nonobſtant
toutes oppoſitions, appellations, ou autres empêchemens.

XXII.

Ordonnons en outre que tout ce qui ſera fait par leſdits Sieurs
Intendans ou Officiers par eux commis, ſoit pour parvenir à la
confection des Rolles, ou pour leur execution, ſera pareillement
executé par proviſion, ſans que les Collecteurs & habitans, ni les
particuliers qui ſe trouveront impoſez dans les Rolles qui auront
eſté faits en la forme cy deſſus, puiſſent ſe pourvoir pour raiſon
de ce, circonſtances & dépendances, autrement que par oppoſition devant leſdits Sieurs Intendans, & par appel au Conſeil.

XXIII.

Défendons très-expreſſément, tant aux Officiers de nos Elections, qu'à nos Cours des Aydes d'en connoiſtre directement ny
indirectement pour quelque cauſe & ſous quelque prétexte que ce
ſoit, & aux parties de s'y pourvoir, à peine de nullité & caſſation.
Enjoignons aux Officiers reſervez dans les Elections, de verifier
& rendre executoires les Rolles ainſi faits, au plûtard dans les trois
jours aprés qu'ils leur auront eſté remis, ſans qu'ils puſſent ny par
eux-mêmes, ny par les voyes indirectes engager les Collecteurs à y
faire aucun changement, à peine de demeurer reſponſables du recouvrement de nos deniers, même d'interdiction, & d'eſtre pour-
ſuivis extraordinairement. Enjoignons expreſſément à noſdits
Commiſſaires départis, de Nous informer des contraventions qui
pourroient eſtre commiſes à l'execution des quatre articles cy-
deſſus, dont Nous voulons que les diſpoſitions ſoient executées.
pendant les deux années prochaines, à commencer du premier
Octobre de la preſente année mil ſept cens quinze.

XXIV.

Quant à ceux defdits Annoblis ou leurs defcendans, Officiers fupprimez & autres privilegiez, dont les exemptions font revoquées par le prefent Edit, lefquels fe trouveront avoir efté, ou fimplement taxez d'office, ou feulement impofez dans les Rolles faits par les Collecteurs en la maniere ordinaire, Nous voulons à l'égard des premiers, qu'ils ne puiffent, conformément à nos Reglemens, fe pourvoir contre leurs taxes d'office, autrement que par oppofition devant les Sieurs Intendans & Commiffaires départis, fauf l'appel qu'ils pourront enfuite interjetter de leurs Ordonnances en nos Cours des Aydes en la maniere ordinaire.

XXV.

N'entendons néantmoins déroger à cet égard à l'ufage contraire qui s'obferve dans l'étenduë du reffort de noftre Cour des Comptes, Aydes & Finances de Normandie, en confequence de nos Déclarations des mois d'Aouft mil fix cens foixante-quatre, & cinquiéme Février mil fix cens quatre-vingt-douze, fervant de Reglement pour les taxes d'office, lefquelles continuëront d'eftre executées dans les trois Generalitez de cette Province.

XXVI.

Et à l'égard des Annoblis, Officiers fupprimez ou privilegiez revoquez, qui n'ayant pas efté taxez d'office, feront impofez aux Rolles par les Collecteurs, Nous leur permettons de fe pourvoir aux Elections, foit en radiation ou en furtaux dans les délais & en la forme prefcrite par nos Reglemens ; à la charge néantmoins, & non autrement, par les uns & les autres, de payer par provifion les deux premiers quartiers de la Taille, pour laquelle ils auront efté compris aux Rolles de l'année prochaine mil fept cens feize & fuivantes, duquel payement chacun d'eux fera tenu de juftifier, fçavoir les taxez d'office, par les quittances du Receveur des Tailles, & ceux impofez par les Habitans, par la quittance des Collecteurs : defquelles quittances voulons que copie foit tranfcrite en tête du premier exploit qu'ils feront fi-

gnifier

gnifier , faute de quoy , & jusqu'à ce qu'ils ayent réellement fa-
tisfait à cette formalité , Nous défendons très-expreſſément aux
Officiers des Elections , & à nos Cours des Aydes , d'avoir aucun
égard à leurs demandes en radiation , ou en ſurtaux , & voulons
que toute audience leur ſoit déniée.

<h3 style="text-align:center">X X V I I.</h3>

Défendons en outre à nos Cours des Aydes d'accorder aucunes
défenſes , main-levées ni ſurſéances à l'execution des Rolles , pour
quelque cauſe ou prétexte que ce ſoit , à peine de nullité & caſſation des Arreſts qui pourroient intervenir. Voulons que dans
tous les cas la ſomme portée par le Rolle , ſoit toujours payée par
proviſion entre les mains des Collecteurs , par les particuliers qui
y auront eſté impoſez , ſauf la réimpoſition qui ſera faite , s'il y
échet , à leur profit par nos Commiſſaires départis , conjointement
avec la Taille , en une , deux ou trois années ſuivantes.

<h3 style="text-align:center">X X V I I I.</h3>

Pourront leſdits Annoblis , & leurs enfans & deſcendans ,
enſemble les Officiers ſupprimez & autres , dont les privileges &
exemptions ſont revoquez par le preſent Edit , transferer leur
domicile dans les Villes , Bourgs & Paroiſſes où ils le jugeront à
propos , en obſervant par eux les formalitez preſcrites à ce ſujet
par nos Reglemens. Voulons néantmoins qu'en cas qu'ils trans-
ferent leur domicile dans quelques-unes des Villes franches abon-
nées ou tariffées , ils continuent de payer la Taille pendant dix
années conſecutives , dans les Villes , Bourgs & Paroiſſes taillables
qu'ils auront quitté , & où ils ſe trouveront domiciliez au
jour de l'enregiſtrement du preſent Edit , ſans qu'ils puiſſent eſtre
déchargez de la contribution aux Tailles deſdites Villes , Bourgs
& Paroiſſes taillables , pour quelque cauſe ou prétexte que ce
ſoit ; à l'effet de quoy Nous ordonnons que toutes les maiſons ,
Terres , heritages & autres biens qu'ils poſſedent dans l'étenduë
deſdites Villes , Bourgs & Paroiſſes taillables , ſeront & demeureront ſpecialement & par privilege affectez au payement des impoſitions pour leſquelles ils ſeront compris dans les Rolles.

A v

XXIX.

Voulons aussi qu'ils puissent estre compris, comme les anciens taillables, dans les Sentences de soliditez & de rejets qui pourront estre ordonnez sur les Villes, Bourgs & Paroisses taillables de leur residence.

Si donnons en mandement à nos amez & feaux Conseillers les Gens tenans nostre Cour de Parlement, Chambre de nos Comptes & Cour des Aydes à Paris, que le present Edit ils ayent à faire lire, publier & registrer, & le contenu en icelui garder & executer selon sa forme & teneur, nonobstant tous Edits, Déclarations, Arrests & autres choses à ce contraires, ausquels Nous avons dérogé & dérogeons par le present Edit, aux copies duquel, collationnées par l'un de nos amez & feaux Conseillers-Secretaires, voulons que foy soit ajoustée comme à l'original ; Car tel est nostre plaisir. Et afin que ce soit chose ferme & stable à toujours, Nous y avons fait mettre nostre Scel. Donne' à Versailles au mois d'Aoust, l'an de grace mil sept cens quinze, & de nostre Regne le soixante-treiziéme. Signé, LOUIS, & plus bas, par le Roy, PHELYPEAUX. Visa, VOYSIN. Vû au Conseil, DESMARETZ. Et scellé du grand Sceau de cire verte en lacs de soye rouge & verte.

Regiſtré, oüy & ce requerant le Procureur General du Roy, pour eſtre executé ſelon ſa forme & teneur, & copies collationnées envoyées aux Baïlliages & Senechauſſées du Reſſort, pour y eſtre lües, publiées & regiſtrées. Enjoint aux Subſtituts du Procureur General du Roy d'y tenir la main, & d'en certifier la Cour dans un mois, ſuivant l'Arreſt de ce jour. A Paris en Parlement le trente Aouſt mil sept cens quinze, DONGOIS.

Regiſtré en la Chambre des Comptes, oüy & ce requerant le Procureur General du Roy, pour eſtre executé ſelon ſa forme & teneur, les Bureaux aſſemblez, le vingt-cinq Septembre mil sept cens quinze, NOBLET.

LETTRE DE CACHET

P O U R continuer par les Officiers de la Chambre des Comptes de Paris leurs fonctions.

Du Lundy deuxiéme Septembre 1715.

DE PAR LE ROY. Nos amez & feaux, la perte que Nous Louis XV. venons de faire du Roy noſtre très-honoré Seigneur & Biſayeul, Nous touche ſi ſenſiblement, qu'il Nous ſeroit impoſſible à preſent d'avoir d'autres penſées que celles que la pieté & l'amour Nous demandent pour le ſalut de ſon ame, ſi le devoir à quoy Nous oblige l'intereſt que Nous avons de maintenir la Couronne en ſa grandeur, & de conſerver nos Sujets dans la tranquillité, ne Nous forçoit de ſurmonter ces juſtes ſentimens, pour prendre les ſoins neceſſaires à la conduite de cet Eſtat ; & parce que le bon ordre que voſtre Compagnie doit tenir dans ſa fonction, eſt un moyen pour ſoutenir voſtre autorité, Nous vous MANDONS & vous exhortons autant qu'il Nous eſt poſſible, qu'après avoir fait à Dieu les prieres que vous devez pour le ſalut de feu notredit Seigneur & Biſayeul, vous ayez, nonobſtant ce changement, à continuer la ſéance de notre Chambre des Comptes, & la fonction de vos Charges, ainſi que le devoir & l'integrité de vos conſciences vous y obligent. Cependant Nous vous aſſurons que Nous recevrons avec ſatisfaction vos reſpects & vos ſoumiſſions accouſtumées en pareil cas, & que vous Nous trouverez toujours tel en general & en particulier, qu'un bon Roy doit eſtre envers ſes bons & fideles Sujets & ſerviteurs. DONNE' à Verſailles le premier Septembre mil ſept cens quinze. Signé, LOUIS, & plus bas, PHELYPEAUX. Et au dos eſt écrit : *A nos amez & feaux Conſeillers les Gens tenans noſtre Chambre des Comptes à Paris.*

EDIT

POUR le rétablissement du Franc-Salé aux Parlemens & autres Compagnies Superieures.

Du mois d'Avril 1719.

LOUIS par la grace de Dieu Roy de France & de Navarre, Louis XV. à tous presens & à venir, SALUT. Depuis noftre avenement à la Couronne, le foulagement de nos Sujets a toujours fait noftre principale attention, & Nous avons cherché avec foin les differens moyens pour y parvenir, en les déchargeant d'une partie des impofts que les continuelles guerres que le feu Roy noftre très-honoré Seigneur & Bifayeul avoit efté obligé de foutenir, l'avoit obligé de leur impofer; Nous n'en avons point trouvé de plus prompt & de plus general pour tous nos peuples, que la fuppreffion du Dixiéme, que Nous ordonnâmes par l'article premier de noftre Edit du mois d'Aouft mil fept cens dix-fept. Cette fuppreffion qui faifoit une diminution confiderable fur nos revenus, Nous engagea auffi à faire des retranchemens fur nos propres dépenfes, pour Nous mettre en eftat de fubvenir aux autres charges de noftre Eftat : Mais comme ces retranchemens joints aux réductions des Penfions que Nous ordonnâmes par le même Edit, ne fuffifoient pas pour égaler noftre dépenfe au produit annuel de nos revenus, Nous nous portâmes à ordonner la révocation & la fuppreffion de plufieurs privileges & exemptions, même la fuppreffion du Franc-Salé que Nous avions accordé aux Corps, Communautez & Particuliers, foit à titre de finance, dons, gratifications & aumônes, foit autrement, ainfi qu'il eft porté par l'article IV. dudit Edit du mois d'Aouft mil fept cens dix-fept, en forte que les Parlemens & les Compagnies Superieures de noftre Royaume fe trouverent comprifes dans cette fuppreffion generale que Nous avons toujours eu intention de révoquer auffi-toft que l'eftat de nos affaires le pourroit permettre. A l'effet de quoy

A

Nous eſtant fait repreſenter l'eſtat des Franc-Salez dont elles
jouiſſoient avant noſtredit Edit, Nous nous ſommes déterminez
à en ordonner le rétabliſſement en faveur de nos Parlemens &
des autres Compagnies Superieures ſeulement, en attendant
que Nous ſoyons en eſtat d'accorder un pareil rétabliſſement
aux autres Officiers qui en jouiſſoient avant noſtredit Edit. Et
ayant eſté informez qu'il eſt dû auſdits Officiers pluſieurs années d'arrerages de leurs gages & augmentations de gages, que
la ſituation de nos finances ne Nous a pas permis d'acquitter encore, non ſeulement Nous en avons fait payer une partie depuis
le commencement de la preſente année ; mais auſſi Nous avons
pourvû à l'arrangement des fonds neceſſaires pour parvenir ſuc-
ceſſivement & dans un temps limité au payement du ſurplus,
A CES CAUSES, de l'avis de noſtre très-cher & très-amé Oncle
le Duc d'Orleans Petit-Fils de France Regent, de noſtre très-
cher & très-amé Oncle le Duc de Chartres, Premier Prince de
noſtre Sang, de noſtre très-cher & très-amé Couſin le Duc de
Bourbon, de noſtre très-cher & très-amé Couſin le Prince de
Conty, Princes de noſtre Sang, de noſtre très-cher & très-amé
Oncle le Comte de Toulouſe, Prince Légitimé, & autres Pairs
de France, Grands & Notables Perſonnages de noſtre Royaume, Nous avons par le preſent Edit rétabli & rétabliſſons, à
commencer du premier Octobre prochain, nos Parlemens &
les autres Compagnies Superieures de noſtre Royaume dans la
jouiſſance des Franc-Salez qui leur eſtoient accordez avant la
ſuppreſſion portée par noſtre Edit du mois d'Aouſt mil ſept cens
dix-ſept, auquel Nous dérogeons à cet effet, & pour ce regard
ſeulement ; en conſequence voulons que l'employ ſoit annuelle-
lement fait deſdits Franc-Salez dans nos eſtats, à commencer
par celuy qui ſera arreſté pour l'année prochaine mil ſept cens
vingt, ainſi qu'il s'eſt pratiqué avant noſtredit Edit du mois
d'Aouſt mil ſept cens dix-ſept. Sī DONNONS EN MANDEMENT à
nos amez & feaux Conſeillers les Gens tenans noſtre Chambre
des Comptes & Cour des Aydes à Paris, que noſtre preſent Edit
ils ayent à faire lire, publier & regiſtrer, & le contenu en iceluy garder & executer ſelon ſa forme & teneur ; CAR tel eſt
noſtre plaiſir. Et afin que ce ſoit choſe ferme & ſtable à toujours, Nous y avons fait mettre noſtre Scel. DONNE' à Paris au

mois d'Avril, l'an de grace mil sept cens dix-neuf, & de nostre
Regne le quatriéme. Signé, LOUIS; Et plus bas, par le Roy,
LE DUC D'ORLEANS Regent, present. PHELYPEAUX. Visa,
M. R. DE VOYER D'ARGENSON. Et scellé du grand Sceau de
cire verte, en lacs de soye rouge & verte.

Regiſtré en la Chambre des Comptes, ouy & ce requerant le Pro-
cureur General du Roy, pour eſtre executé ſelon ſa forme & teneur,
& jouir par les Officiers des Cours & Compagnies Superieures, du-
dit droit de Franc-Salé, pour la même quantité & en la même ma-
niere dont ils en jouiſſoient avant l'Edit du mois d'Aouſt 1717. les
Bureaux aſſemblez, le dix-neuf Juin mil ſept cens dix-neuf,
RICHER.

Regiſtré en la Cour des Aydes, ouy & ce requerant le Procureur
General du Roy, pour eſtre executé ſelon ſa forme & teneur, & jouir
par les Compagnies & Officiers des Cours Superieures, dudit droit
de Franc-Salé, pour la même quantité & en la même maniere dont
ils en jouiſſoient avant l'Edit du mois d'Aouſt 1717. A Paris en
ladite Cour des Aydes, le trente Juin mil ſept cens dix - neuf,
ROBERT.

Extrait des Regiſtres de la Chambre des Comptes de Paris, Memorial

LETTRES

De confirmation des Offices de Judicature, Police & autres.

Du vingt-sept Septembre 1723.

LOUIS par la grace de Dieu Roy de France & de Navarre, à tous ceux qui ces presentes Lettres verront, SALUT. Le droit de confirmation des Offices & des privileges accordez, soit à des particuliers, soit aux Communautez des Villes, Bourgs & Bourgades du Royaume, aux Corps des Marchands, Arts & Mêtiers où il y a Jurande, Maiftrise & Privilege, Hofteliers & Cabaretiers, eft un des plus anciens Droits de la Couronne; ce Droit a efté payé dans tous les temps lors des differens avenemens des Rois nos prédecefleurs; François Premier par differentes Déclarations & Lettres Patentes de l'année mil cinq cens quatorze; Henry II. par Lettres de mil cinq cens quarante-fix & mil cinq cens quarante-fept; François II. par celles de mil cinq cens cinquante-neuf & mil cinq cens foixante; Charles IX. par Edit du mois de Decembre mil cinq cens foixante, ont confirmé tous les Officiers du Royaume dans l'exercice de leurs fonctions; Henry III. ordonna par Lettres Patentes du dernier Juillet mil cinq cens foixante-quatorze, à toutes perfonnes de demander la confirmation de leurs Charges, Offices, Eftats & Privileges; & par Déclaration du vingt-cinq Novembre mil cinq cens quatre-vingt-neuf, Henry IV. enjoignit à tous les Officiers du Royaume de prendre des Lettres pour eftre confirmez dans leurs Offices; Louis XIII. par differentes Lettres Patentes des années mil fix cens dix & mil fix cens onze, voulut bien confirmer les Officiers dans leurs fonctions & droits, & accorder la confirmation des privileges des Villes & Communautez, & des differens Arts & Mêtiers du Royaume; Louis XIV. noftre très-honoré Seigneur & Bifayeul, par deux Edits du mois de Juillet mil fix cens quarante-trois, & par Déclaration du vingt-huit Octobre audit an, confirma dans leurs fonctions & privileges tous les Officiers de Judicature Police & Finances, les Communautez des Villes,

Louis XV.

A

Bourgs & Bourgades, les Arts, Métiers & Privilegiez, enſemble les Hoſteliers, Cabaretiers & autres, à condition de luy payer le Droit qui luy eſtoit dû à cauſe de ſon heureux avenement à la Couronne. L'affection que Nous avons pour nos Sujets, nous a empêché juſqu'à preſent d'ordonner le payement d'un Droit ſi legitime & ſi anciennement eſtably ; Nous nous flattions même avec plaiſir, de pouvoir en faire la remiſe à nos peuples ; mais quoique le bon ordre eſtabli dans nos Finances Nous mette en eſtat de payer exactement ſur le courant de nos revenus toutes les charges ordinaires de noſtre Eſtat, comme il eſt impoſſible que ces mêmes revenus ſoient ſuffiſans pour acquitter tout ce qui reſte dû du paſſé, & qu'il eſt neceſſaire d'y pourvoir par un fonds extraordinaire, Nous avons cru qu'il n'y en avoit point de plus juſte & de plus legitime, que la levée d'un Droit qui a eſté perçû par nos Prédeceſſeurs, dans des temps mêmes où les beſoins n'étoient pas auſſi preſſans, ni la deſtination du produit de ces Droits auſſi favorable que celle à laquelle nous ſommes réſolus de les employer. A CES CAUSES, & autres à ce Nous mouvans, de l'avis de noſtre Conſeil & de noſtre certaine ſcience, pleine puiſſance & autorité Royale, Nous avons dit, déclaré, ordonné & octroyé, & par ces Preſentes ſignées de noſtre main, diſons, déclarons, ordonnons & octroyons, voulons & Nous plaiſt, que tous les Officiers de Judicature, Police & Finances, & autres, de quelque nature qu'ils ſoient, toutes les Communautez de nos Villes, Fauxbourgs, Bourgs & Bourgades, les Communautez & les particuliers qui jouiſſent des Droits de Commune, de Chauffage, de Pacage, de Foires & Marchez, & autres droits & privileges, les Communautez des Marchands où il y a Jurande & Maiſtriſe, les Communautez des Arts & Métiers, enſemble les Privilegiez, les Hôteliers & Cabaretiers de noſtre Royaume, Pays, Terres & Seigneuries de noſtre obéiſſance, demeurent confirmez & jouiſſent à l'avenir des mêmes fonctions, privileges, immunitez, libertez, affranchiſſemens, droits, foires, marchez, dons, octrois, exemptions, franchiſes & permiſſions generalement quelconques, ſans aucuns réſerver ny excepter, dont ils ont cy-devant bien & dûëment joui & jouiſſent encore à preſent ; en la jouiſſance deſquels nous les avons generalement maintenuss & confirmez, & de nouveau, en tant que beſoin eſt ou ſeroit, maintenons & confirmons par

cefdites Prefentes , à la charge par eux de payer la finance qu'ils
Nous doivent , fuivant les rolles qui en feront arreftez en noftre
Confeil. N'entendons comprendre en la préfente Déclaration
les Préfidens & Confeillers des Cours Superieures de noftre
Royaume, les Maiftres, Correcteurs & Auditeurs de nos Chambres des Comptes , nos Procureurs & Avocats dans lefdites
Cours, enfemble leurs Subftituts , les Greffiers en Chefs, & les
premiers Huiffiers defdites Cours , fans que les Compagnies qui
prétendent devoir jouir des mêmes Droits que lefdites Cours
Superieures , puiffent eftre comprifes dans ladite exception, qui
n'aura lieu que pour les Parlemens , Grand Confeil , Chambres
des Comptes, Cours des Aydes & Cours des Monnoyes. Si donnons en mandement à noftre très-cher & féal Chevalier Garde
des Sceaux de France le Sieur Fleuriau d'Armenonville, que ces
Préfentes il ait à faire lire & publier, le Sceau tenant, & regiftrer
ès Regiftres de l'Audiance de France , pour eftre executées felon
leur forme & teneur ; Car tel eft noftre plaifir. En tefmoin de
quoy Nous avons fait mettre noftre Scel à cefdites Prefentes.
Donne' à Verfailles le vingt-feptiéme jour de Septembre , l'an
de grace mil fept cent vingt-trois, & de noftre Regne le neuviéme. Signé , LOUIS ; & plus bas , par leRoy, Phelypeaux.
Vû au Confeil, Dodun. Et fcellées du grand Sceau de cire
jaune.

Lûës , publiées, le Sceau tenant à Paris le trentiéme jour de Sep-
tembre , de l'ordonnance de Monfeigneur Fleuriau d'Armenonville
Chevalier , Garde des Sceaux de France , & regiftrées ès Regiftres
de l'Audiance de France, par Nous Confeiller du Roy en fes Confeils,
Grand Audiancier de France , le Blanc.

JUGEMENT

DE LA CHAMBRE DE LA COMMISSION,

Contre les Dénommez , pour avoir esté visiter. sans ordre chez M. Thibert Maistre des Comptes.

Du six Novembre 1723.

Le Procureur General de la Commission , Demandeur & Accusateur.

Contre Jean Goüet Controlleur General de la Compagnie du Sieur Prevost de l'Isle. Louis Jean Goüet de Mesneville Exempt de ladite Compagnie. Pierre Arsillon Exempt de la Prevosté generale des Monnoyes. Et Marie Guillaume Goüet , Commis au Bureau des Offices Municipaux , Deffendeurs & accusez. Et encore contre les nommez Dalençon , Mazard & Hebert , Deffendeurs , accusez , absens & contumaces.

NOUS Commissaires du Conseil en cette partie ; Veu les Conclusions du Procureur General de la Commission , par Jugement en dernier ressort , déclarons la contumace bien & valablement instruite ; & en adjugeant le profit d'icelle à l'égard dudit Hebert, déclarons lesdits Hebert, Jean Goüet, Louis Jean Goüet de Mesneville , & Pierre Arsillon , dûëment atteints & convaincus de s'estre introduits de leur autorité privée , sans Commission ny Ordonnance de Justice , dans la maison de M. Thibert Maistre des Comptes , sous prétexte d'y faire perquisition de Toiles peintes & Etoffes des Indes ; Pour reparation de quoy Nous les condamnons, sçavoir , ledit Hebert à estre banni pour trois ans de la Ville, Prevosté & Vicomté de Paris, & en vingt livres d'amende envers le Roy ; & lesdits Jean Goüet, Louis-Jean Goüet de Mesneville & Pierre Arsillon, à estre mandez & blâmez , les condamnons solidairement en dix livres d'amende chacun ; déclarons lesdits Hebert, Jean Gouet, Louis Jean Goüet de Mesneville , & Pierre Arsillon , incapables

A

de poſſeder aucuns Offices publics ; ordonnons qu'ils ſeront tenus de ſe défaire dans ſix mois de ceux dont ils ſont pourveus ,
pendant lequel temps ils n'en pourront faire aucunes fonctions,
à peine de faux, & ledit temps paſſé, leſdits Offices ſont déclarez vacans & impetrables au profit de Sa Majeſté. Et avant que
d'adjuger le profit de la contumace inſtruite contre leſdits Dalençon & Mazard , & faire droit ſur l'accuſation contre eux in-
tentée, ordonnons qu'il ſera plus amplement informé pendant
ſix mois des faits mentionnez au procès. A l'égard dudit Marie
Guillaume Goüet, Nous le déchargeons de l'accuſation ; ordonnons que ſon eſcrou ſera rayé & biffé. Et ſera le preſent Jugement imprimé, lû, publié & affiché par tout où beſoin ſera.
Jugé le ſixiéme jour de Novembre mil ſept-cens vingt-trois.
Signé, BARRANGUE , Rapporteur , D'ARGENSON , BRUAN DES
CARRIERES , DROUART , JOSSE , HULIN , JEONAY , VENTROUS ,
ARNAULT & DESNOTZ , en la minute des preſentes.

*Délivré par moy Greffier de la Chambre de Police & de la Com-
miſſion, ſouſſigné,* CAILLET.

ARREST
DU CONSEIL D'ESTAT

Qui ordonne que le Receveur des Domaines de Paris, rendra à M. de Caſſini Maiſtre des Comptes les droits de lots & vente d'une maiſon retirée par retrait lignager par ledit Sieur de Caſſini.

Du dix-ſept Avril 1725.

SUR la Requeſte preſentée au Roy en ſon Conſeil par le Sieur de Caſſini, Conſeiller Maiſtre ordinaire en la Chambre des Comptes, CONTENANT que par Contrat paſſé pardevant Angot & Rouſſel Notaires au Chaſtelet de Paris le quatorze Mars mil ſept cens dix-neuf, la Dame Elizabeth Godefroy, épouſe du Sieur Comte de Siſſonne, mere de la Dame épouſe dudit Sieur de Caſſini, a vendu au Sieur Jean-Baptiſte de Lens, Controlleur des Augmentations de Gages des Officiers du Parlement, une maiſon ſiſe à Paris ſur le Quay des Orphevres, à l'Enſeigne du Chapeau rouge, & le Bras d'or, eſtant dans la cenſive du Domaine du Roy, & chargée de vingt-cinq ſols de cens, rente, ou redevance ; ladite vente faite moyennant la ſomme de quarante-neuf mille quatre cens livres, y compris quatre cens livres pour pot de vin, dont le Contrat porte quittance de trente-quatre mille quatre cens livres ; mais par Sentence contradiɛtoire du Chaſtelet du dix-ſept Novembre mil ſept cens dix-neuf, ladite maiſon a eſté adjugée audit Sieur de Caſſini, en qualité de Tuteur de la Dame Charpentier ſon épouſe, par retrait & proximité de lignage ; en conſequence de laquelle Sentence, & par Contrat du dix-huit du même mois de Novembre mil ſept cens dix-neuf, paſſé pardevant Langlois & Jourdain Notaires, ledit Sieur de Lens a reconnu avoir receu dudit Sieur de Caſſini audit nom, la ſomme de trente quatre mille quatre cens livres pour ſon rembourſement de pareille ſomme qu'il avoit payée à compte du prix de ladite maiſon : Et

Louis XV.

A

à l'égard des quinze mille livres reſtans , ladite Dame de Siſſonne
a pris leſdits Sieur & Dame de Caſſini pour ſes débiteurs , tant
en principal qu'intereſts d'icelle , à la ſuite duquel Contrat ledit Sieur de Lens reconnoiſt avoir receu dudit Sieur de Caſſini la ſomme de quatre mille neuf cens quarante-une livres dix-
huit ſols pour le rembourſement des frais & loyaux couſts ; ſçavoir , cent ſoixante livres pour les frais du Contrat , quatre
mille cent ſeize livres treize ſols quatre deniers pour les lods &
ventes , cinq cens quatre-vingt douze livres ſeize ſols pour le
Centiéme denier , compris les quatre ſols pour livre , & le ſurplus pour frais faits pour le Decret de ladite maiſon ; au moyen
duquel retrait ledit Sieur de Caſſini eſt en droit de demander la
reſtitution des droits de lods & ventes payez par ledit Sieur de
Lens , pour l'acquiſition de la maiſon en queſtion ; & ſes moyens
ſont que ledit retrait l'ayant mis dans le même eſtat que s'il
avoit acquis ladite maiſon directement de la Dame Comteſſe de
Siſſonne ſa belle-mere , il ne doit en qualité de Maiſtre des
Comptes , aucuns droits au Roy , pour raiſon de la vente faite
audit Sieur de Lens ; ainſi il a droit de repeter du Receveur general des Domaines les ſommes qu'il a effectivement receuës
dudit Sieur de Lens ; & cette prétention eſt fondée ſur le ſentiment de pluſieurs Autheurs celebres , qui ont commenté la Coutume de Paris , & l'ont regardée comme un droit inconteſtable.
Dans le Traité de Dupleſſis ſur ladite Coutume , Section deuxiéme du Retrait lignager , il eſt dit : Si le retrayant eſt Secretaire du Roy , ou Chevalier de l'Ordre , il faudra qu'il rembourſe les droits payez au Roy par l'acquereur ; mais il aura droit de
les repeter de celuy qui les aura receus pour Sa Majeſté , ſuivant deux Edits des quatorze Avril & douze May mil cinq
cens cinquante-cinq ; & il cite du Moulin §. quinze , num.
ſeize , qui eſt du même ſentiment , comme auſſi Brodeau , lett.
cinq , ſomm. vingt-deux , num. trois : Que la queſtion a encore
eſté agitée par du Moulin dans ſon Commentaire ſur l'article
quinze de la Coutume de Paris in fine , & qu'il l'a décidée en
faveur du retrayant privilegié , que cette déciſion eſt fondée ſur
les principes les plus inconteſtables en matiere de retrait lignager ; que lorſqu'un parent retire un héritage propre de ſa famille , c'eſt un droit de préference qui luy eſt accordé , & il eſt

mis au lieu & place de l'acquereur, de la même maniere que ſi l'on effaçoit du Contrat de vente le nom de l'acquereur pour ſubſtituer à ſa place celuy du retrayant : on doit donc préſuppoſer que le retrayant ait acquis directement du vendeur, & par conſequent ſi le retrayant eſt privilegié, & qu'il ne doive pas de Droits Seigneuriaux, il eſt juſte de luy reſtituer les droits qui ont eſté payez par l'acquereur étranger, qui ne reſte plus acquereur *ex cauſa antiqua*, puiſqu'elle eſt fondée ſur la Coutume. A CES CAUSES requeroit le Suppliant qu'il pluſt à Sa Majeſté ordonner au Receveur General & au Fermier des Domaines, pendant l'année mil ſept cens dix-neuf, de reſtituer au Suppliant les droits de lods & ventes payez par ledit Sieur de Lens pour l'acquiſition par luy faite de ladite Comteſſe de Siſſonne, d'une maiſon ſiſe Quay des Orphevres, dans la cenſive du Domaine, attendu le retrait fait par le Suppliant de ladite Maiſon, & du rembourſement des lods & ventes audit Sieur de Lens. Veu la réponſe fournie à ladite Requeſte par le Fermier des Domaines pendant l'année mil ſept cens dix-neuf, contenant qu'il eſt neceſſaire d'obſerver, que ſi du Moulin a eſté du ſentiment allegué, il y a pluſieurs Autheurs qui, quoyqu'ils ne traitent point nommément la queſtion, ſembleroient eſtre d'un avis contraire ; & les citations cy-après rapportées en convaincront facilement, par le troiſiéme chapitre de la Coutume de Paris, rédigée par le Sieur le Maiſtre, titre premier des Fiefs, il eſt expreſſément dit, que les droits de quints ſont deus dès le moment de la vente, de-là il s'enſuit que ſi la prétention du Sieur de Caſſini eſtoit ſuivie, l'on ne pourroit point exiger le payement des Droits Seigneuriaux, qu'après l'année du retrait, & même lors qu'il ſeroit formé par un privilegié, il faudroit en attendre l'évenement, pour ſçavoir s'il luy ſeroit adjugé, ou non. Cette Juriſprudence ſeroit nouvelle & contraire aux Coutumes & Uſages du Royaume. On convient que le retrayant entre dans les mêmes droits de l'acquereur, & qu'il ſe met en ſon lieu & place ; mais par-là il ſe ſoumet à toutes les obligations de cet acquereur ; celle du droit de lods payez en eſt une indiſpenſable, & le retrayant le rembourſe en total comme loyaux couſts, quand même l'acquereur n'en auroit payé qu'une partie, conformément à la Coutume de Paris, quatriéme chapitre, titre sept du Retrait lignager. Ces difpofitions de la Coutume, & ces obligations indifpenfables, & aufquelles le retrayant eft affujetti, font connoiftre clairement que la confequence que le Sieur de Caffini tire de l'avis de du Moulin, en difant que le retrayant eft mis au lieu & place de l'acquereur de la même maniere que fi l'on effaçoit du Contrat de vente le nom de l'acquereur, pour fubftituer à fa place celuy du retrayant, eft fauffe, puifque ce retrayant eft tenu de payer les entiers droits de lods à l'acquereur, quoyqu'il n'en ait payé qu'une partie au Seigneur; en forte qu'il n'eft donc regardé que comme un fubrogé de droit à l'acquereur, c'eft-à-dire, comme un homme à qui le droit du fang a accordé un privilege pour conferver dans fa famille les biens immeubles qui en font reputez propres : & c'eft pour cette raifon qu'on n'a point affujetti aux Droits Seigneuriaux ces fortes de retraits, pourveu qu'ils foient faits dans les temps prefcrits par les Coutumes & Ufages : mais cette faculté ne donne pas droit au retrayant privilegié de repeter les Droits Seigneuriaux payez par fon vendeur, puifqu'il ne fait que reprefenter ce même vendeur, auquel il fe trouve feulement fubrogé, fans qu'il puiffe prétendre jouir des fruits perceus par l'acquereur depuis le jour de fon Contrat, jufqu'à celuy de la demande en retrait; ainfi il ne devient proprietaire que du jour de fa demande, en vertu de laquelle il contracte l'obligation de rembourfer l'acquereur purement & fimplement, tant du prix que des loyaux coufts, dont les droits de lods & ventes font partie, quand même l'acquereur comme privilegié, n'en auroit payé aucuns; & il n'y a, fuivant le fentiment du Sieur Louet, lett. S chapitre vingt-trois page 101. & celuy de Grimaudet, lett. fept, chapitre cinq, page 112. que les retraits faits par un Secretaire du Roy d'un autre Secretaire du Roy, pour lefquels l'acquereur ne retire point de lods & ventes; d'où il faut neceffairement conclure, que pour que l'exemption ait lieu, il faut que l'acquereur foit privilegié, & non le retrayant, qui ne peut pas demander la reftitution d'un droit légitimement payé au Roy par fon vendeur. En un mot, le droit de lods & ventes eft deu du moment de la paffation du Contrat, comme il a efté dit cy-deffus; & lorfque le Seigneur l'a reccu légitimement, comme le Fermier a fait de celuy en queſtion, quand même la vente feroit réſoluë pour dol de l'acquereur, l'on ne peut repeter les droits payez, ny même ſe diſpenſer de les payer pendant que l'acquereur conteſte pour empêcher la réſolution, il n'y a que dans le cas où le Contrat eſt annullé avant le payement du droit où il n'eſt rien deu. C'eſt encore le ſentiment de le Maiſtre ſur la Coutume de Paris, titre premier des Fiefs, page trente-neuf; ainſi le retrayant eſt obligé de prendre les choſes en l'eſtat qu'il les trouve; & ſi ſon privilege devoit s'étendre ſur le cas dont il s'agit, il devroit s'imputer la faute de n'avoir pas formé ſon retrait avant le payement du droit de lods; & quoyque tous ces differens ſentimens eſtabliſſent ſuffiſamment le droit du Roy, l'on obſervera encore que celuy de du Molin ne doit pas eſtre rapporté comme une Loy, avec d'autant plus de raiſon, que l'on doit ſe perſuader que ſi cet Autheur avoit fait ſon Traité depuis que les Droits Seigneuriaux on eſté donnez en Ferme, il auroit eſté d'un avis bien contraire, par la ſeule conſideration de ne point expoſer à des recherches & pourſuites continuelles les Fermiers: Enfin il eſt encore neceſſaire de remarquer que le retrait a eſté fait pendant le temps que les Billets de Banque avoient cours, que ledit Sieur de Caſſini a gardé le ſilence depuis mil ſept cens vingt, que le retrait eſt fini, juſqu'à preſent, dans la croyance qu'il ſe feroit rembourſer en eſpeces, au cas qu'il puſt eſtablir ſon droit, & ſa negligence ne peut pas luy donner un recours contre des Fermiers dont les Baux ſont expirez depuis cinq années, puiſque par les Reglemens n'eſtant accordé qu'une année aux Fermiers des Domaines pour former leurs demandes contre les redevables, la Loy devroit eſtre toujours égale pour ceux qui voudroient demander des reſtitutions, & principalement lorſqu'il s'agiroit de droits auſſi légitimement perceus que ceux en queſtion; d'ailleurs l'on peut avancer que ſi les Fermiers du Roy eſtoient obligez de faire de pareilles reſtitutions après les expirations de leurs Baux, jamais leurs familles ne ſeroient tranquilles, & ſeroient expoſées pendant trente années à eſtre pourſuivies pour reſtitutions de droits qui auroient eſté légitimement perçûs pendant le courant d'une Ferme; ce qui pourroit les ruiner totalement, & ſeroit d'une grande conſequence pour l'avenir. Par ces conſiderations ledit

Fermier des Domaines foutient que ledit Sieur de Caſſini doit eſtre débouté de ſa demande. Veu les pieces jointes à la Requeſte dudit Sieur de Caſſini, conſiſtant au Contrat de vente de la maiſon en queſtion, du quatorze Novembre mil ſept cens dix-neuf, à la marge duquel eſt, *primò*, l'enregiſtrement fait par le Sieur Lanon Controlleur General des Domaines, le ſept Juin audit an. *Secundò*, l'enſaiſinement fait le même jour par le Sieur Biberon de Cormery Receveur General des Domaines & Bois de la Generalité de Paris, après avoir eſté payé des droits de lods & ventes. *Tertiò*, l'inſinuation faite le douze dudit mois de Juin mil ſept cens dix-neuf dudit Contrat, par le Sieur Touchard, après avoir eſté payé de quatre cens quatre-vingt quatorze livres, & des quatre ſols pour livre dudit droit. Autre Contrat du dix-neuf Novembre mil ſept cens dix-neuf, par lequel ledit Sieur de Caſſini eſt entré en poſſeſſion de ladite maiſon au moyen du retrait d'icelle, qui luy avoit eſté adjugé par Sentence contradictoire du Chaſtelet du dix-ſept dudit mois de Novembre mil ſept cens dix-neuf. Veu auſſi le dire du Sieur Magueux, l'un des Inſpecteurs generaux du Domaine : Oüy le Rapport du Sieur Dodun, Conſeiller ordinaire au Conſeil Royal, Controlleur General des Finances : Le Roy en son Conseil a ordonné & ordonne que la ſomme payée au Sieur Biberon de Cormery Receveur General des Domaines & Bois de la Generalité de Paris par le Sieur de Lens, le ſept Juin mil ſept cens dix-neuf pour les lods & ventes de l'acquiſition faite par ledit Sieur de Lens, de la Dame de Siſſonne d'une maiſon ſiſe à Paris ſur le Quay des Orphevres, Enſeigne du Chapeau rouge, en la cenſive du Domaine de Sa Majeſté, moyennant quarante-neuf mille quatre cens livres, par Contrat du quatorze Mars précedent, ladite maiſon retirée par retrait lignager par le Sieur de Caſſini Maiſtre des Comptes, gendre de ladite Dame de Siſſonne, ſuivant la Sentence du Chaſtelet du dix-ſept Novembre audit an, & l'Acte paſſé en conſequence entre ledit Sieur de Caſſini & ledit Sieur de Lens, le dix-huit du même mois, ſera payée & rembourſée tant par ledit Sieur Biberon de Cormery, que par le Fermier du Domaine de ladite année mil ſept cens dix-neuf, & autres, chacun pour les portions qu'ils ont receuës deſdits droits de lods & ventes, audit Sieur de Caſſini, & ce en rente fur les Tailles , ou en quittances du Tréfor Royal, portant intereft au denier cinquante : quoy faifant ils en demeureront bien & valablement quittes & déchargez. Fait au Confeil d'E-tat du Roy tenu à Verfailles le dix-feptiéme jour d'Avril mil fept cens vingt-cinq. Collationné. Signé, DE VOUGNY.

Regiftré en la Chambre des Comptes le trois Juin mil fept cens vingt-fix , BEAUPIED.

Extrait des Regiftres de la Chambre des Comptes de Paris , Memorial 1726. fol.

ARREST

DU CONSEIL D'ESTAT,
ET
LETTRES PATENTES SUR ICELUY,

Qui déclarent les Conseillers Correcteurs & Auditeurs de la Chambre des Comptes de Paris, ensemble leurs Veuves demeurantes en viduité, exempts des Droits Seigneuriaux dûs à Sa Majesté; Qui ordonnent que le Receveur General des Domaines de la Generalité de Paris sera tenu d'enfaisiner le Contrat d'Acquisition du sixiéme Mars mil sept cens dix-neuf, fait par Monsieur du Quesnay Auditeur en ladite Chambre.

Des onze Octobre & seize Novembre 1723.

SUR la Requeste presentée au Roy en son Conseil par les Conseillers Correcteurs & Auditeurs de la Chambre des Comptes de Paris; Contenant qu'ayant plû au feu Roy Loüis XIV. de glorieuse memoire, par son Edit du mois de Janvier mil six cens quarante-cinq, registré au Parlement le sixiéme Juin mil six cens quarante-huit, & en la Chambre des Comptes le premier Juillet de l'année susdite mil six cens quarante-huit, de confirmer les Présidens & Conseillers Maistres dans l'exemption qui leur avoit esté accordée par le Roy Charles IX. au mois de Septembre mil cinq cens soixante-dix, des Droits Seigneuriaux, Devoirs & Profits feodaux appartenans à Sa Majesté, à cause des Terres mouvantes d'Elle & de son Domaine; Sa Majesté étendit ce Privilege jusqu'à leurs Veuves, & par le même Edit accorda une pareille exemption aux Conseillers Correcteurs & Auditeurs, aux Avocats & Procureurs Generaux, aux Greffiers & à leurs veuves. Cet Edit semble n'avoir

Louis XV.

A

esté rendu que comme une confirmation tacite du même Privilege, quant aux personnes des Conseillers Correcteurs & Auditeurs, puisque sur la remontrance que les Conseillers Auditeurs de la Chambre des Comptes de Roüen firent au feu Roy en l'année mil six cens quarante-quatre, contenant, que ne faisant qu'un même corps avec les Présidens & les Maistres, & estant aussi-bien qu'eux Officiers de ladite Chambre créée à l'instar de celle de Paris, ils devoient consequemment joüir des mêmes Droits & Exemptions accordées par le Roy Charles IX. aux Présidens & aux Maistres de la Chambre des Comptes de Paris, d'autant plus que les Gardes des Livres des Chambres des Comptes de Paris & de Roüen, en joüissoient conformément aux Déclarations des mois de May mil six cens vingt-un & mil six cens vingt-deux, de sorte que Sa Majesté ayant eu égard à cette remontrance, Elle avoit déclaré en termes formels, que les Auditeurs luy estant de plus grande consideration que les Gardes des Livres par les services plus grands qu'ils luy rendoient journellement, Elle donnoit & octroyoit à ses Conseillers Auditeurs de sa Chambre des Comptes de Normandie, les Exemptions de tous Droits de Reliefs, Treiziémes, Rachapts, Quint & Requint, & autres Droits feodaux & Seigneuriaux qui luy appartenoient, pour en joüir par eux comme les Présidens & les Maistres, avec lesquels ils composoient un seul & même Corps, tout ainsi que s'ils estoient compris dans l'Edit du mois de Septembre mil cinq cens soixante-dix, quoique par inadvertance, obmission ou autrement, ils n'y eussent point esté employez; ce que Sa Majesté prétendoit ne leur devoir nuire ni leur préjudicier. Depuis, par l'Edit du mois de Juillet mil six cens soixante-neuf, portant Reglement general pour les Offices de Judicature du Royaume, le feu Roy confirma tous les Officiers de ses Cours dans tous les Privileges qui leur avoient esté accordez avant l'année mil six cens quarante-quatre, & révoqua toutes les Exemptions, Franchises, Immunitez & Privileges de Noblesse à eux attribuez pendant & depuis ladite année mil six cens quarante-quatre; ainsi aux termes de cet Edit, les Présidens & Conseillers Maistres furent restraints au Privilege, pour leurs personnes seules, & non pour leurs veuves, de joüir de l'Exemption des Droits Seigneuriaux , ainſi qu'ils en avoient joüi en vertu de l'Edit du mois de Septembre mil cinq cens ſoixante-dix , & les Conſeillers Correcteurs & Auditeurs privez de l'Exemption portée par l'Edit du mois de Janvier mil ſix cens quarante-cinq ; mais par celui du mois d'Avril mil ſept cens quatre , portant création de differens Offices en la Chambre des Comptes de Paris , les Privileges des uns & des autres furent rétablis dans leur entier , cet Edit portant en termes exprès , que Sa Majeſté confirmoit les Officiers de cette Chambre , en tant que beſoin eſtoit , dans tous les Privileges accordez par Elle & par les Rois ſes prédeceſſeurs , nonobſtant tous Edits , Déclarations & Arreſts de ſon Conſeil , & en outre veut que ſes Avocats & Procureurs Generaux joüiſſent , comme tous les autres Officiers de ladite Chambre , de tous leſdits Privileges , nommément de l'exemption de tous Droits Seigneuriaux des biens mouvans ou tenus de Sa Majeſté en cenſive à cauſe de ſes Domaines, dont leurs veuves joüiroient, ainſi que celles des Préſidens & Maiſtres de ladite Chambre. Ce dernier article de l'Edit, loin d'alterer aucunement le Privilege perſonnel des Supplians , le fortifie & le confirme, & tout ce qu'on pourroit leur objecter , ſeroit de dire que le feu Roy ayant par un article ſéparé accordé aux veuves des Avocat & Procureur Generaux la même exemption qu'aux veuves des Préſidens & Conſeillers Maiſtres ; Sa Majeſté ne ſe ſeroit pas auſſi clairement expliqué ſur le Privilege des veuves des Conſeillers Correcteurs & Auditeurs, que ſur celui des veuves des Préſidens , Conſeillers Maiſtres , Avocat & Procureur Generaux ; mais il eſt à préſumer que ce n'a eſté qu'une omiſſion de dénomination des Conſeillers Correcteurs & Auditeurs , puiſque par le même Edit les quatre Ordres compris naturellement ſous cette expreſſion generale , *Tous les Officiers de la Chambre* , ont eſté confirmez dans tous les Privileges qui leur avoient eſté attribuez par Sa Majeſté & par les Rois ſes prédeceſſeurs , nonobſtant tous Edits contraires ; & cette préſomption eſt d'autant mieux fondée , que la même exemption des Droits Seigneuriaux a eſté accordée nommément aux Préſidens & Conſeillers Maîtres, Correcteurs & Auditeurs, & autres Officiers des Chambres des Comptes de Roüen , Nantes , Pau , Grenoble , Aix , Dole & Blois , par l'Edit de leur création faite à l'inſtar de celle de

Paris, au même mois d'Avril 1704. Les Provisions entr'autres de Guillaume-Charles Jourdain Conseiller Auditeur des Comptes à Roüen du 28 Novembre 1710. font foi de l'execution conséquente de cet Edit, puisqu'elles portent expressément qu'il joüira de l'exemption du Droit de Treiziéme, & autres Droits Seigneuriaux pour les Terres & les Heritages qu'il acquerera dans la mouvance du Roy, elles ont esté regiftrées avec cette clause sans aucune opposition. Les Subftituts du Procureur General du Parlement créez & établis du Corps de cette Cour, ont obtenu à ce titre une pareille exemption pour eux & pour leurs veuves, par une Déclaration du 29 de Juin de l'an 1704. & les Officiers de lâ Cour des Aydes, même les Subftituts du Procureur General de cette Compagnie, ont esté confirmez par l'Edit du mois de Novembre 1709. dans une semblable exemption qui leur avoit esté attribuée, à eux & à leurs veuves, par l'Edit du mois de Mars 1691. de forte que si ces Officiers Subftituts joüiffent de cette exemption, comme eftant les uns du Corps du Parlement, les autres du Corps de la Cour des Aydes, à plus jufte titre les Supplians en joüiffent-ils, puifqu'ils ne compofent qu'un feul & même Corps avec les Préfidens & Confeillers Maiftres, & que d'ailleurs l'intention du feu Roy Loüis XIV. des Rois fes prédeceffeurs, & de Sa Majefté même, n'a jamais efté d'accorder aux Officiers des autres Chambres des Comptes du Royaume, des Privileges plus étendus & plus honorables que ceux dont joüiffent tous les Officiers de la Chambre des Comptes de Paris, dont les autres ne font qu'un démembrement. Néantmoins fous prétexte que les Confeillers Correcteurs & Auditeurs de la Chambre des Comptes de Paris ne font pas défignez nommément dans l'Edit particulier du mois d'Aouft 1704. ainfi que le font par un article feparé les Avocats & Procureurs Generaux, le Receveur general des Domaines de la Generalité de Paris a refufé d'enfaifiner le Contrat paffé pardevant Caillet & Linaffier Notaires au Chaftelet de Paris le fixiéme Mars 1719. par lequel la Dame Catherine le Moine, veuve de Jacques Biget Maiftre Menuifier, a vendu au fieur René-Felix du Quefnay, Seigneur de Boifguibert, Auditeur en la Chambre des Comptes, une Maifon fife grande ruë du Fauxbourg Saint Antoine, eftant dans la cenfive de Sa Ma-

jefté , à moins de lui payer les Droits de lots & vente qu'il prétendoit eftre dûs pour ladite Maifon ; ce qui avoit obligé ledit
fieur du Quefnay de faire fommer le fieur Biberon de Cormery
Receveur general defdits Domaines , par exploit du feptiéme
Juin 1723. d'enfaifiner ledit Contrat de vente , avec déclaration
qu'il ne devoit aucuns Droits Seigneuriaux de lots & vente , ni
autres Droits pour cette acquifition , attendu qu'il en eftoit
exempt par fa qualité d'Auditeur en la Chambre des Comptes
de Paris, fuivant les Edits & Déclarations de Sa Majefté , &
notamment par celuy du mois d'Avril 1704. & comme ledit
fieur Biberon de Cormery a toujours perfifté dans fon refus de
faire ledit enfaifinement, à moins de payer lefdits Droits de lots
& vente, les Supplians font obligez d'avoir recours à Sa Majefté , pour qu'il lui plaife interpofer fon autorité Royale contre
l'atteinte faite aûx Privileges des Supplians, lefquels faifant un
feul & même Corps avec les Préfidens & Confeillers Maiftres ,
font compris dans l'extention du terme , *Comme tous les Officiers
de la Chambre*, porté par l'Edit.du mois d'Avril 1704. Toutes
les raifons que les Supplians ont l'honneur d'expofer à Sa Majefté , jointes au zele avec lequel ils ont exercé les fonctions
laborieufes de leurs Offices , & dont Sa Majefté & les Rois fes
prédeceffeurs , ont marqué leur contentement dans toutes les
occafions , leur font efperer que Sa Majefté voudra bien agréer
leurs très humbles remontrances , & les mettre en eftat de n'ê-
tre plus expofez aux interprétations arbitraires que les Receveurs
generaux de fes Domaines prétendent faire de tant d'Edits &
de Déclarations qui établiffent fi évidemment un Privilege
qu'ils tiennent de la liberalité de Sa Majefté & des Rois fes prédeceffeurs. Veu ladite Requefte, enfemble l'Edit ou Lettres
Patentes du Roy Charles IX. du mois de Septembre 1570. autre
Edit ou Déclaration du huitiéme Juin 1644. autre Edit en forme de Lettres Patentes du mois de Janvier 1645. tous concernant les Privileges & Exemptions attribuez aux Officiers de la
Chambre des Comptes , autre Edit du mois de Juillet 1669. portant Reglement general pour les Offices de Judicature du Royaume , autre Edit du mois d'Avril 1704. portant création de nouveaux Offices dans les Chambres des Comptes du Royaume ,
copies des Provifions d'un Office d'Auditeur en la Chambre des

Comptes de Roüen, expediées le vingt-neuviéme Novembre
1710. au profit de Guillaume-Charles Jourdain, lefdites pieces
énoncées dans ladite Requefte ; Veu auffi le dire du fieur de
Poilly l'un des Infpecteurs generaux du Domaine, auquel le
tout a efté communiqué : Oüy le Rapport du Sieur Dodun,
Confeiller ordinaire au Confeil Royal, Controlleur General
des Finances, LE ROY EN SON CONSEIL, ayant égard à ladite
Requefte, a déclaré avoir entendu comprendre dans l'Edit du
mois d'Avril 1704. les Confeillers Correcteurs & Auditeurs de
la Chambre des Comptes de Paris,& leurs veuves. Veut en confequence Sa Majefté qu'ils foient exempts des Droits Seigneuriaux pour les Heritages qu'ils ont acquis ou qu'ils pourront acquerir dans la mouvance de Sa Majefté : Ce faifant ordonne que
le Receveur general des Domaines de la Generalité de Paris,
fera tenu d'enfaifiner le Contrat d'acquifition du fixiéme Mars
1719. fait par ledit fieur du Quefnay Auditeur en la Chambre
des Comptes, de Catherine le Moine, veuve de Jacques Biget,
d'une Maifon fife grande ruë du Fauxbourg Saint Antoine, en
payant par ledit fieur du Quefnay les Droits portez par l'Edit
du mois de Decembre 1701. Et feront pour l'execution du prefent Arreft toutes Lettres expediées, fi befoin eft. FAIT au Confeil d'Eftat du Roy, tenu à Verfailles le onziéme jour d'Octobre mil fept cens vingt-trois. Signé par collation, DE LAISTRE.
Et au dos eft écrit : Enregiftré au Controlle general des Finances, par Nous Confeiller ordinaire au Confeil Royal, Controlleur General des Finances, à Verfailles le vingt-feptiéme
jour d'Octobre mil fept cens vingt-trois. Signé, DODUN.

LOUIS par la grace de Dieu Roy de France & de Navarre,
à tous ceux qui ces prefentes Lettres verront, SALUT.
Nos Confeillers Correcteurs & Auditeurs de noftre Chambre
des Comptes de Paris, Nous ont fait reprefenter que le feu
Roy noftre très-honoré Seigneur & Bifayeul, avoit par fon Edit
du mois de Janvier 1645. confirmé la conceffion faite au mois
de Septembre 1570. par le Roy Charles IX. aux Préfidens,
Confeillers Maiftres de la même Chambre, de l'exemption des
Droits Seigneuriaux, Devoirs & Profits feodaux qui Nous appartiennent à caufe des Terres mouvantes de Nous & de noftre

Domaine ; que par le même Édit de 1645. cette exemption
avoit esté accordée à nos Conseillers Correcteurs, Auditeurs,
à nos Avocat & Procureur Generaux, aux Greffiers en la même Chambre & à leurs veuves. Cette concession faite par l'Edit
du mois de Janvier 1645. aux Officiers qui n'estoient pas
compris dans celuy du mois de Septembre 1570. ne pouvoit
estre regardée comme une nouvelle concession ; ce n'estoit
qu'une confirmation de l'exemption accordée par l'Edit du
mois de Septembre 1570. ce qu'avoit déclaré le feu Roy sur la
representation des Conseillers Correcteurs & Auditeurs en la
Chambre des Comptes de Roüen ; ces Officiers luy avoient remontré, que ne faisant qu'un même Corps avec les Présidens
& les Maîtres, ils estoient compris dans l'Edit du mois de
Septembre 1570. Nous leur avions rendu l'exemption des
Droits Seigneuriaux dont joüissoient les Présidens & les Maîtres ; Que par l'Edit du mois d'Avril 1704. les Privileges &
concessions révoquées par l'Edit du mois de Juillet 1669.
avoient esté rendus aux Officiers de nostre Chambre des Comptes de Paris, & specialement l'exemption des Droits Seigneuriaux ; Que nos Conseillers Correcteurs, Auditeurs & leurs
veuves n'avoient pas esté nommez dans cet Edit, qu'ils y estoient
néantmoins compris, les Privileges estant communs entre les
quatre Ordres qui composent nostre Chambre des Comptes ; ce
qui estoit d'autant moins douteux, que par Edit de la même
année 1704. la même exemption des Droits Seigneuriaux avoit
esté accordée aux Conseillers Correcteurs, Auditeurs & autres
Officiers conjointement & nommément avec les Présidens &
Maîtres des Chambres des Comptes de Roüen, Nantes, Pau, Grenoble, Aix, Dole & Blois. Cet Édit avoit esté rendu à l'instar de
celuy du mois d'Avril 1704. L'intention des Rois nos prédecesseurs n'avoit pas esté d'accorder aux Officiers des autres Chambres des Comptes de nostre Royaume, qui ne font que des dé-
membremens de celle de nostre bonne Ville de Paris, des Privileges plus étendus & plus honorables que ceux dont joüissent
tous les Officiers de la Chambre des Comptes de cette Ville ;
néantmoins le Receveur des Domaines de la Generalité de
Paris refusoit d'ensaisiner le Contrat passé pardevant Caillet &
Linassier Notaires à Paris, le sixiéme Mars 1719. par lequel

Catherine le Moine veuve de Jacques Biget Maiſtre Menuiſier,
a vendu au ſieur René-Felix du Queſnay, Auditeur en la même Chambre des Comptes, une Maiſon ſiſe grande ruë du
Fauxbourg Saint Antoine, laquelle eſt de noſtre cenſive; il
prétend l'obliger à luy payer les Droits de lots & ventes dûs
pour cette acquiſition. Il fonde ſa prétention ſur le prétexte
que les Conſeillers Correcteurs & Auditeurs n'eſtoient pas
nommément déſignez dans l'Edit du mois d'Avril 1704. Voulant faire ceſſer ces troubles, & donner à noſdits Correcteurs
& Auditeurs, des marques de la ſatisfaction que Nous avons du
zele, de la capacité & aſſiduité avec leſquels ils exercent les
fonctions laborieuſes de leurs Offices; & conſiderant qu'ils ne
font qu'un ſeul & même Corps avec nos Préſidens & Conſeillers Maiſtres, que les Rois nos prédeceſſeurs & Nous les avons
toujours compris ſans aucune diſtinction dans les Privileges
accordez aux Officiers de noſtre Chambre des Comptes de
Paris, Nous avons par Arreſt de noſtre Conſeil du onze Octobre de la preſente année, déclaré avoir entendu comprendre
dans l'Edit du mois d'Avril 1704. nos Conſeillers Correcteurs
& Auditeurs de noſtre Chambre des Comptes de Paris, &
leurs veuves, les avons déclarez exempts de tous Droits Seigneuriaux, pour les heritages qu'ils ont acquis ou qu'ils pourront acquerir dans noſtre mouvance, avons ordonné que le
Receveur general des Domaines de la Generalité de Paris ſera
tenu d'enſaiſiner le Contrat d'acquiſition fait le ſixiéme Mars
1719. par le ſieur du Queſnay Auditeur en noſtredite Chambre des Comptes, de Catherine le Moine, veuve de Jacques
Biget, Maiſtre Menuiſier, d'une Maiſon ſiſe à Paris grande ruë
du Fauxbourg Saint Antoine, en payant par le ſieur du Queſnay
les Droits portez par l'Edit du mois de Decembre 1701. & que
pour l'execution de cet Arreſt toutes Lettres neceſſaires ſeront
expediées. A CES CAUSES, de l'avis de noſtre Conſeil, qui a vû
ledit Arreſt, dont copie collationnée eſt cy-attachée ſous notre Contre-ſcel, de noſtre certaine ſcience, pleine puiſſance
& autorité Royale, Nous avons, conformément audit Arreſt,
déclaré, & par ces Preſentes ſignées de noſtre main, déclarons
avoir entendu comprendre dans l'Edit du mois d'Avril 1704.
les Conſeillers Correcteurs & Auditeurs de noſtre Chambre

des

des Comptes de Paris, & leurs veuves. Voulons & Nous plaift qu'ils foient exempts des Droits Seigneuriaux pour les herita-ges qu'ils ont acquis ou qu'ils pourront acquerir dans noftre mouvance : Ordonnons que le Receveur general des Domaines de la Generalité de Paris fera tenu d'enfaifiner le Contrat d'ac-quifition du fixiéme Mars 1719. fait par le fieur du Quefnay Au-diteur en noftredite Chambre des Comptes, de Catherine le Moine, veuve de Jacques Biget, d'une Maifon fife grande ruë du Fauxbourg Saint Antoine, en payant par le fieur du Quef-nay les Droits portez par l'Edit du mois de Decembre 1701. SI DONNONS EN MANDEMENT à nos amez & feaux Con-feillers les Gens tenans noftre Cour de Parlement, Chambre des Comptes, Cour des Aydes, & les Préfidens Tréforiers de France Generaux des Finances de Paris, que ces Prefentes ils ayent à faire lire, publier & regiftrer, même en temps de vacations, & le contenu en icelles garder & obferver, & en faire joüir & ufer les Expofans pleinement, paifiblement & perpetuellement, ceffans & faifant ceffer tous troubles & em-pêchemens contraires ; CAR tel eft notre plaifir. En témoin de quoy Nous avons fait mettre noftre Scel à cefdites Prefentes. DONNE' à Verfailles le feiziéme jour de Novembre, l'an de grace mil fept cens vingt-trois, & de noftre Regne le neu-viéme. Signé, LOUIS ; & fur le reply, par le Roy, PHE-LYPEAUX. Et fcellées du grand Sceau de cire jaune.

Regiftrées, oüy le Procureur General du Roy, pour joüir par les Impetrans Correcteurs & Auditeurs de la Chambre des Comptes de cette Ville de Paris, & leurs Veuves, de leur effet y contenu, & eftre executées felon leur forme & teneur, fuivant l'Arreft de ce jour. A Paris en Parlement le quatriéme Decembre mil fept cens vingt-trois, YSABEAU.

Regiftrées en la Chambre des Comptes, oüy le Procureur General du Roy, pour eftre executées, & joüir par les Impetrans & leurs Veuves, de l'effet y contenu, felon leur forme & teneur, fuivant l'Arreft de ce jour. A Paris en ladite Chambre des Comptes ce treiziéme Decembre mil fept cens vingt-trois, NOBLET.

Regiſtrées en la Cour des Aydes , oüy le Procureur General du Roy, pour eſtre executées , & joüir par les Impetrans & leurs Veuves , de l'effet y contenu , ſelon leur forme & teneur. A Paris en ladite Cour des Aydes le ſeiziéme Decembre mil ſept cens vingt-trois , Robert.

Regiſtrées au Greffe de la Chambre du Domaine & Tréſor du Palais à Paris , oüy & ce requerant le Procureur du Roy , pour eſtre executées ſelon leur forme & teneur , ſuivant la Sentence de ce jour vingt-ſixiéme Juillet mil ſept cens vingt-quatre , Charle.

ARREST
DU CONSEIL D'ESTAT,
ET
LETTRES PATENTES SUR ICELUY,

Qui déclarent les Conſeillers Correcteurs & Auditeurs de la Chambre des Comptes de Paris , enſemble leurs Veuves demeurantes en viduité , exempts des Droits de ſix ſols pour livre , attribuez aux Receveurs & Controlleurs generaux & autres Officiers des Domaines & Bois , ſur les Droits Seigneuriaux dûs à Sa Majeſté, attendu que leſdits Conſeillers Correcteurs & Auditeurs & leurs Veuves ſont exempts du principal dudit Droit.

Des cinq Juin & dix-huit Juillet 1725.

Louis XV. 	VEU au Conſeil d'Eſtat du Roy les Memoires reſpective-ment preſentez par les Correcteurs & Auditeurs en la Chambre des Comptes de Paris, d'une part, & par le ſieur

Huby, Receveur general des Domaines & Bois de la Generalité de Paris, d'autre ; Celui des Correcteurs & Auditeurs, Contenant que par Arrest du Conseil du onziéme Octobre 1723. Sa Majesté les a confirmez & leurs Veuves dans l'exemption des Droits Seigneuriaux pour les heritages qu'ils ont acquits, & qu'ils pourroient acquerir dans la mouvance de Sa Majesté : Il a en outre esté ordonné que le Receveur general des Domaines sera tenu d'ensaisiner le Contrat d'acquisition fait par le sieur du Quesnay, l'un desdits Auditeurs, d'une Maison sise Fauxbourg Saint Antoine, relevant de Sa Majesté, en payant par luy les Droits portez par l'Edit du mois de Decembre 1701. sur lequel Arrest il a esté expedié des Lettres Patentes, qui ont esté bien & dûëment registrées ; Que le sieur du Quesnay s'estant presenté pour faire ensaisiner son Contrat d'acquisition, & offert de payer le Droit d'ensaisinement porté par l'article V. de l'Edit du mois de Decembre 1701. & ausquels Droits les Privilegiez sont assujettis par ledit article, le Receveur general du Domaine en a fait refus, prétendant qu'outre ledit Droit d'ensaisinement, le sieur du Quesnay devoit encore payer cinq sols pour livre de la somme à laquelle montoient les Droits de lots & vente, dont les Correcteurs & Auditeurs estoient exempts ; Que cette prétention du Receveur general estoit évidemment mal fondée, attendu que l'attribution des cinq sols pour livre accordée par l'Edit du mois de Decembre 1701. au Receveur & Controlleur du Domaine, ne tomboit que sur le produit des Droits de lots & vente dûs & payez au Roy, mais non sur les Droits de lots & vente dont un Privilegié estoit exempt ; Qu'il n'en estoit pas des Droits de cinq sols pour livre comme de ceux d'ensaisinement, parce qu'à l'égard de ces Droits de cinq sols pour livre, ils n'estoient dûs que quand il estoit dû des Droits de lots & vente, & que l'acquereur n'en estoit pas exempt ; Qu'à l'égard des Droits d'ensaisinement, comme les Privilegiez y estoient assujettis par l'Edit du mois de Decembre 1701. ledit sieur du Quesnay Auditeur des Comptes, avoit offert de le payer, en sorte que les Correcteurs & Auditeurs soutenoient que la prétention du Receveur general du Domaine pour le payement des Droits des cinq sols pour livre desdits Droits de

B ij

lots & vente, à cause de l'acquisition faite par ledit sieur du Quesnay Auditeur en la Chambre des Comptes, estoit mal fondée, & qu'il en devoit estre débouté ; Le Memoire du sieur Huby Receveur general des Domaines & Bois de la Generalité de Paris, servant de réponse à celui des Correcteurs & Auditeurs en la Chambre des Comptes, contenant que les Droits de cinq sols pour livre qui se payent aux Officiers du Domaine sur tous les Droits de lots & vente, & autres Droits casuels par les Privilegiez, sont attribuez ausdits Officiers en consequence des Finances par eux payées au Roy, & font partie des émolumens de leurs Charges ; que cette attribution consiste, sçavoir, par Edit de création des Offices de Receveurs generaux des Domaines & Bois, du mois d'Avril mil six cens quatre-vingt-cinq, Sa Majesté, outre les gages, a attribué ausdits Receveurs un sol pour livre de tous les Droits de lots & vente, Quints, Requints & autres Droits casuels ; par l'Edit du mois de Janvier mil six cens quatre-vingt-dix, de création de deux Controlleurs generaux des Domaines & Bois de la Generalité de Paris, le Roy leur a attribué un sol pour livre de tous lesdits Droits casuels, outre le sol pour livre attribué ausdits Receveurs generaux par ces Edits ; le Roy ayant accordé à aucuns Officiers des Compagnies l'exemption des Droits de lots & vente ; par Arrest du Conseil du dix-huitiéme Septembre mil six cens quatre-vingt-seize, il a esté ordonné que les Droits attribuez ausdits Receveurs & Controlleurs, leur seroient payez, nonobstant tous privileges & exemptions accordez depuis lesdits Edits ; que par l'Edit du mois de Decembre mil sept cens un, portant création des Offices de Receveurs generaux & alternatifs des Domaines & Bois dans toutes les Generalitez, le Roy a attribué à tous les Receveurs generaux & Controlleurs, cinq sols pour livre de tous les Droits casuels, compris dans les cinq sols les deux sols à eux ci-devant attribuez, & outre ce, les Droits d'ensaisinement & de Controlle, lesquels Sa Majesté a ordonné estre payez par tous les acquereurs, même par les Privilegiez ; qu'outre les cinq sols pour livre Sa Majesté a attribué aux Procureurs du Roy de la Chambre du Domaine un sol pour livre de tous lesdits Droits casuels ; que ce sol, avec les cinq sols, est ce qui compose les six fols pour livre que les Officiers du Domaine ont droit de recevoir de tous les cafuels, le Roy ayant feulement quatorze fols pour livre de tous lefdits Droits, dont il peut accorder une exemption, & non des fix fols, parce qu'il les a alienez aux Officiers du Domaine; que tous ceux qui ont obtenu des exemptions de lots & vente depuis mil fix cens quatre-vingt-cinq, jufqu'en mil fept cens un, ont payé deux fols pour livre, nonobftant leurs privileges, & que ceux qui n'ont eu de privileges que depuis mil fept cens un, ont payé fix fols pour livre de ce à quoi ont monté les Droits de lots & vente, & outre ce les Droits d'enfaifinement & de Controlle, ainfi qu'ils font reglez par l'Edit de Decembre mil fept cens un ; que l'exemption des Correcteurs & Auditeurs de la Chambre des Comptes de Paris ne leur a efté accordée qu'à cette condition, que quelques exemptions que le Roy ait accordées depuis mil fix cens quatre-vingt-cinq, Sa Majefté ne peut exempter que des quatorze fols pour livre qui lui appartiennent, & non des fix fols pour livre attribuez aux Officiers du Domaine pour raifon des finances par eux payées ; que la citation faite par lefdits fieurs Correcteurs & Auditeurs du fieur Fort Maiftre en la Chambre des Comptes de Paris, n'a pas d'application, parce que le privilege des Maiftres des Comptes eft anterieur aux Droits qui attribuent aux Officiers du Domaine fix fols pour livre : Memoire des Correcteurs & Auditeurs en la Chambre des Comptes de Paris, fervant de repliques au fieur Huby Receveur des Domaines & Bois, contenant que par Edit du mois de Septembre mil cinq cens foixante-dix, le Roy Charles IX. accordant aux Préfidens & Maiftres de la Chambre des Comptes de Paris l'exemption des Droits Seigneuriaux, lots & vente, à caufe des Terres & Seigneuries mouvantes de Sa Majefté; qu'en confequence de cet Edit, les Officiers de la Chambre des Comptes ont toujours joüi de cette exemption. Sur ce que la Chambre des Comptes de Roüen fut créée à l'inftar de celle de Paris, par Edit du mois de May mil fix cens quarante-quatre, le feu Roy accorda aux Auditeurs la même exemption dont joüiffoient les Préfidens & Maiftres, avec lefquels ils ne compofoient qu'un feul & même Corps, tout ainfi que s'ils eftoient compris dans l'Edit de mil cinq cens foixante-dix, nonobftant

que par inadvertance ou autrement, ils n'y fuſſent emploïez,
ce que Sa Majeſté déclara ne vouloir leur nuire ni préjudicier;
Que par autre Edit du mois de Janvier mil ſix cens quarante-
cinq, le feu Roy, rélativement à l'Edit de mil cinq cens ſoixante-dix, accorda le même privilege aux Correcteurs & Auditeurs de la Chambre des Comptes de Paris ; que ce même privilege avoit eſté accordé aux Gardes des Livres deſdites Chambres des Comptes de Paris & de Roüen, par Déclarations
des mois de Mars mil ſix cens vingt-un & mil ſix cens vingt-
deux, qu'il avoit eſté pareillement accordé au premier Huiſſier;
à plus forte raiſon les Correcteurs & Auditeurs avoient droit
d'en joüir, comme eſtant de plus grande conſideration par les
ſervices plus grands qu'ils rendoient au Roy, que les Gardes
des Livres, ainſi que le feu Roy s'en eſtoit expliqué par l'Edit
de mil ſix cens quarante-quatre ; que l'Edit du mois de Juillet
mil ſix cens ſoixante-neuf portant révocation des privileges de
Nobleſſe au premier degré, accordez pendant & depuis l'année
mil ſix cens quarante-quatre, ne contenoit aucune révocation
du privilege d'exemption des Droits de lots & vente, dont les
Préſidens & Maiſtres, Correcteurs & Auditeurs de la Chambre des Comptes de Paris, avoient toujours continué de joüir
en conſequence de l'Edit de mil cinq cens ſoixante-dix ; Qu'en
mil ſept cens quatre il a plû au feu Roy de rendre la Nobleſſe
au premier degré aux Officiers de la Chambre des Comptes de
Paris, & que par ce même Edit Sa Majeſté les a confirmez
dans tous les privileges à eux ci-devant accordez , nonobſtant
tous Edits & Déclarations à ce contraires ; Sa Majeſté voulant
que les Avocats & Procureurs Generaux de ladite Chambre
joüiſſent de tous leſdits privileges, & nommément de l'exemption des Droits Seigneuriaux ; que cette confirmation de
l'exemption des Droits Seigneuriaux n'eſt point une conceſſion
nouvelle, mais qu'elle a ſa rélation toute entiere à l'Edit de
mil cinq cens ſoixante-dix ; que ſous le nom des Préſidens &
Maiſtres , Sa Majeſté a par Arreſt de ſon Conſeil du vingt-
ſeptiéme Octobre mil ſept cens vingt-trois, déclaré avoir entendu comprendre les Correcteurs & Auditeurs dans l'Edit
dudit mois d'Avril mil ſept cens quatre, qui confirme cette
exemption rélativement au titre primitif de mil cinq cens ſoi-

foixante-dix ; que fi par ce même Arreft Sa Majefté a jugé que les Privilegiez eftoient tenus de payer les Droits d'enfaifinement & de Controlle de leurs Contrats d'acquifition, ce n'a efté que parce que ces Privilegiez font nommément affujettis au payement de ces Droits ; mais qu'il n'en eft pas de même des Droits de fols pour livre prétendus par le Receveur general, qui ne font point & ne peuvent jamais eftre dûs par des Vaffaux ou Cenfitaires, qui font exempts des Droits cafuels à titre de privileges ; qu'il eft vrai que les Officiers du Domaine ont à raifon de leurs fonctions, droit de prélever fur ce qui eft dû & payé au Roy pour caufe des Droits Seigneuriaux & cafuels, fix fols pour livre ; mais que les fix fols pour livre ne devant fe prélever, aux termes de l'Edit du mois de Decembre mil fept cens un, que fur ce qui eft dû & fur ce qui eft réellement payé au Roy pour Droits Seigneuriaux, dès que le Receveur general ne peut pas exiger de payement des Droits Seigneuriaux fur les acquifitions faites par des Privilegiez, attendu qu'ils en font exempts, & qu'il n'en peut faire & n'en fait aucune recette effective au profit du Roy, il n'eft pas en droit d'exiger fix fols pour livre des Vaffaux & Cenfitaires exempts de tous Droits, parce que ces fix fols pour livre font une dette du Roy rélative à ce qui forme une recette effective à fon profit, & non des Vaffaux & Cenfitaires exempts & privilegiez, joint à cela que l'attribution de ces fix fols pour livre aux Officiers du Domaine, n'eft point en foi une alienation ni un engagement de Domaine, mais une fimple attribution accordée par Sa Majefté fur le produit de fes Droits cafuels à ces Officiers, à raifon de leurs fonctions ; pourquoi requeroient lefdits Correcteurs & Auditeurs en ladite Chambre des Comptes de Paris, qu'il pluft à Sa Majefté, fans s'arrefter à la prétention du fieur Huby Receveur general du Domaine, pour faire payer aux Correcteurs & Auditeurs en la Chambre des Comptes de Paris, fix fols pour livre des Droits Seigneuriaux cafuels dont ils font exempts pour raifon des acquifitions qu'ils font dans l'étenduë des mouvances de Sa Majefté, maintenir & garder lefdits Correcteurs & Auditeurs en ladite Chambre des Comptes de Paris, en la plénitude de leurs privileges & exemptions, ainfi & en la maniere qu'en joüiffent les Préfidens & Maiftres de ladite

Chambre avec lefquels ils ne font qu'un feul & même Corps.
Veu auffi copies collationnées de l'Edit du mois de Septembre
mil cinq cens foixante-dix, portant que les Préfidens & Maîtres en la Chambre des Comptes de Paris, feront exempts eux
& leurs fucceffeurs en leurs eftats, droits & devoirs, profits
féodaux & Seigneuriaux appartenans à Sa Majefté, comme
droits de Reliefs, Rachapts, Quints, Requints, Deniers,
Treiziémes, Lots & Ventes, & autres droits & devoirs quelconques, à caufe des Droits & Seigneuries tenuës & mouvantes
de Sa Majefté, & d'aucun des membres du Domaine, ainfi que
les Secretaires du Roy. Copie collationnée d'autre Edit du
mois de May mil fix cens quarante-quatre, par lequel Sa Majefté a accordé aux Auditeurs en la Chambre des Comptes de
Normandie, l'exemption de tous les droits de Reliefs, Treiziéme, Rachapts, Quints & Requints & autres Droits Seigneuriaux & féodaux appartenans à Sa Majefté, dont joüiffent les
Préfidens & Maiftres, avec lefquels ils ne compofent qu'un
feul & même Corps, tout ainfi que s'ils eftoient compris dans
l'Edit du mois de Septembre mil cinq cens foixante-dix, &
nonobftant que par inadvertance, omiffion ou autrement ils
n'y foient employez ; ce que Sa Majefté veut ne leur nuire ni
préjudicier. Copie collationnée d'autre Edit du mois de Janvier mil fix cens quarante-cinq, portant que les Correcteurs &
Auditeurs en la Chambre des Comptes de Paris, joüiront &
leurs veuves de la même exemption. Imprimé de l'Edit du mois
de Juillet mil fix cens foixante-neuf. Autre Imprimé de l'Edit
du mois d'Avril mil fix cens quatre-vingt-quatorze, portant attribution au Procureur de Sa Majefté dans les Bureaux & Chambre du Domaine & Finances, de douze deniers pour livre de
tous droits Seigneuriaux & féodaux, de Lots & Vente, Quints
& Requints, Rachapts dûs à Sa Majefté, pour les rendre plus
diligens à en faire la recherche & pourfuite, chacun dans fa
qualité, & pour leurs peines & vacations. Autre Imprimé de
l'Edit du mois de Decembre mil fept cens-un, portant création
d'Offices de Receveurs alternatifs & Controlleurs generaux
des Domaines & Bois de Sa Majefté, contenant que les Receveurs generaux anciens & alternatifs recevront chacun dans
l'année de leur exercice, les revenus des Domaines de Sa Majefté

jefté, & entr'autres tous les droits de Quints, Requints, Rachapts, fous-Rachapts, Treiziémes, & Lots & Ventes appartenans à Sa Majefté, & que lefdits Receveurs generaux des Domaines délivreront aux Fermiers des Domaines la part qui leur
appartiendra dans ce qu'ils auront reçû, & le furplus fera par
eux porté au Tréfor Royal; le tout à la déduction des droits de
fols pour livre attribuez tant au Procureur du Roy dans les Bureaux des Finances, qu'aux Receveurs & Controlleurs generaux des Domaines; & pour d'autant plus engager lefdits Controlleurs & Receveurs generaux des Domaines à veiller, comme le devoir de leurs Charges les y oblige, à la confervation
des mouvances & directes de Sa Majefté, il leur eft attribué
cinq fols pour livre du produit de tous lefdits Droits cafuels
en entier, y compris les deux fols pour livre dont ils avoient
précedemment joüi; Ledit Edit du mois de Decembre mil fept
cens un, portant en outre que tous Contrats de vente, échanges, adjudications par decrets, licitations & autres actes tranflatifs de proprieté des Terres & Heritages tenus en Fiefs ou en
Roture, feront enfaifinez par lefdits Receveurs generaux, &
controllez par lefdits Controlleurs generaux des Domaines,
avec attributions de droits pour les enfaifinemens & controlle
defdits actes tranflatifs de proprieté, qui feront payez par les
Vaffaux & Cenfitaires de Sa Majefté, même par les Privilegiez.
Imprimé de l'Edit du mois d'Avril mil fept cens quatre, portant
création de nouveaux Offices dans les Chambres des Comptes,
& en outre portant confirmation aux Officiers defdites Chambres des Comptes dans tous les privileges à eux accordez par
les Rois prédeceffeurs & par Sa Majefté, nommément dans
l'exemption defdits Droits Seigneuriaux des biens mouvans
de Sa Majefté, ou tenus d'Elle en cenfives à caufe de fes Domaines, pour en joüir conformément aux Edits portant attribution defdits privileges. Imprimé d'Arreft du Confeil du
vingt-huitiéme Octobre mil fept cens dix, au fujet des acquifitions faites ou qui pourroient eftre faites par les Officiers du
Parlement & Chambre des Comptes de Bretagne. Imprimé
d'Arreft du Confeil & Lettres Patentes enregiftrees, des onze
Octobre & feize Novembre mil fept cens vingt-trois, par lefquels Sa Majefté a déclaré avoir entendu comprendre les Cor-

C

recteurs & Auditeurs de la Chambre des Comptes de Paris &
leurs veuves, dans l'Edit du mois d'Avril 1704. voulant en confequence Sa Majefté qu'ils foient exempts des Droits Seigneuriaux pour les héritages qu'ils ont acquis & qu'ils pourront acquerir dans la mouvance de Sa Majefté ; Ce faifant, que le Receveur general des Domaines de la Generalité de Paris feroit
tenu d'enfaifiner le Contrat d'acquifition du fixiéme Mars mil
fept cens dix-neuf, fait par le fieur du Quefnay Auditeur en ladite Chambre des Comptes, d'une Maifon fife grande ruë du
Fauxbourg Saint Antoine, en payant par le fieur du Quefnay
les Droits portez par l'Edit du mois de Decembre mil fept
cens un, & autres Memoires & Pieces remis par les Parties.
Oüy le Rapport du fieur Dodun Confeiller ordinaire au Confeil Royal, Controlleur General des Finances, LE ROY EN
SON CONSEIL, fans s'arrefter à la demande du fieur Huby Receveur general des Domaines & Bois de la Generalité de Paris,
a déclaré & déclare les Correcteurs & Auditeurs de la Chambre des Comptes de Paris, enfemble leurs veuves demeurantes
en viduité, exempts des Droits de fix fols pour livre attribuez
aux Receveurs & Controlleurs generaux dudit Domaine &
Bois, & autres Officiers, fur les Droits Seigneuriaux dûs à Sa
Majefté, de même & ainfi que lefdits Correcteurs & Auditeurs
font exempts du principal defdits Droits. FAIT au Confeil d'E-
tat du Roy, tenu à Verfailles le cinquiéme jour de Juin mil
fept cens vingt-cinq, DE VOUGNY.

LOUIS par la grace de Dieu Roy de France & de Navarre, à nos amez & feaux Confeillers les Gens tenans noftre
Cour de Parlement, Chambre des Comptes & Cour des Aydes
à Paris, SALUT. Nos amez & feaux Confeillers Correcteurs &
Auditeurs en la Chambre des Comptes, Nous ont fait remontrer que par Arreft de noftre Confeil d'Eftat du cinquiéme
jour de Juin de la prefente année mil fept cens vingt-cinq, rendu entr'eux & le fieur Huby Receveur general des Domaines &
Bois de la Generalité de Paris, & pour les caufes y contenuës,
fans s'arrefter à la demande dudit fieur Huby, les Expofans,
enfemble leur veuves demeurantes en viduité, ont efté déclarez
exemts des Droits de fix fols pour livre attribuez aux Receveurs

& Controlleurs generaux defdits Domaines & Bois, & autres Officiers fur les Droits Seigneuriaux qui Nous font dûs, de même & ainfi que lefdits Expofans font exempts du principal defdits Droits, fur lequel Arreft les Expofans Nous ont très-humblement fait fupplier de leur vouloir accorder nos LettresPatentes fur ce neceffaires. A CES CAUSES, conformément audit Arreft de noftre Confeil d'Eftat dudit jour cinquiéme Juin de la prefente année, cy-attaché fous le Contre-fcel de noftre Chancellerie, Nous avons par ces Prefentes fignées de noftre main, fans s'arrefter à la demande du fieur Huby Receveur general des Domaines & Bois de la Generalité de Paris, déclaré & déclarons les Correcteurs & Auditeurs de noftre Chambre des Comptes de Paris, enfemble leurs veuves demeurantes en viduité, exempts des Droits de fix fols pour livre attribuez aux Receveurs & Controlleurs generaux defdits Domaines & Bois & autres Officiers, fur les Droits Seigneuriaux qui Nous font dûs, de même & ainfi que lefdits Correcteurs & Auditeurs font exempts du principal defdits Droits. SI VOUS MANDONS que vous ayez à regiftrer ces Prefentes, & de leur contenu, & dudit Arreft faire joüir & ufer les Expofans pleinement & paifiblement, ceffans & faifant ceffer tous troubles & empêchemens contraires; CAR tel eft noftre plaifir. DONNE' à Chantilly le dix-huitiéme jour de Juillet, l'an de grace mil fept cens vingt-cinq; & de noftre Regne le dixiéme. Signé, LOUIS, & plus bas, par le Roy, PHELYPEAUX. Et fcellées fur fimple queuë du grand Sceau de cire jaune. Et au dos defdites Lettres eft écrit: Enregiftrées au Controlle general des Finances, par Nous Confeiller ordinaire au Confeil Royal, Controlleur General des Finances. A Chantilly le vingt-cinquiéme jour de Juillet mil fept cens vingt-cinq, DODUN.

Lûës, publiées & regiftrées, oüy le Procureur General du Roy, pour joüir par les Impetrans & leurs Veuves pendant leur viduité, de l'effet contenu en icelles, & être executées felon leur forme & teneur, fuivant l'Arreft de ce jonr. A Paris en Parlement le quatorziéme Aouft mil fept cens vingt-cinq, YSABEAU.

Lûës, publiées & regiftrées en la Chambre des Comptes, oüy le

*Procureur General du Roy, pour eſtre executées ſelon leur forme
& teneur, & joüir par les Conſeillers Correɛteurs & Auditeurs,
enſemble leurs Veuves demeurantes en viduité, de l'effet contenu
en icelles. Et ſera retenu au Greffe de ladite Chambre autant de
l'Arreſt du Conſeil du cinquiéme Juin dernier, eſtant ſous le Contre-ſcel deſdites Lettres, pour y avoir recours en temps & lieu. Le
vingtiéme Aouſt mil ſept cens vingt-cinq. Et a eſté autant dudit
Arreſt retenu au Greffe de ladite Chambre, leſdits Jour & an,*
BEAUPIED.

*Lûës, publiées & regiſtrées en la Cour des Aydes, oüy le Pro-
cureur General du Roy, pour joüir par les Impetrans & leurs
Veuves pendant leur viduité, de l'effet contenu en icelles, & eſtre
executées ſelon leur forme & teneur, ſuivant l'Arreſt de ce jour.
A Paris en ladite Cour des Aydes le vingt-troiſiéme jour d'Aouſt
mil ſept cens vingt-cinq,* ROBERT.

MODELE DU CERTIFICAT

*Que l'on délivre aux Officiers de la Chambre des Comptes,
lors du Ban & Arriere-Ban.*

Extrait des Regiſtres de la Chambre des Comptes.

JE Conſeiller-Secretaire du Roy, Maiſon, Couronne de France & de ſes Finances, & Greffier en Chef de la Chambre des Comptes de Paris, certifie à tous qu'il appartiendra, que . . . . eſt de preſent Officier actuellement ſervant en ladite Chambre. En témoin de quoi je lui ai délivré le preſent Certificat, ſuivant l'Arreſt de la Chambre de ce jour d'hui vingt-neuviéme Aouſt mil ſix cens ſoixante & quatorze, RICHER.

Extrait des Regiſtres de la Chambre des Comptes de Paris, Memorial X. fol. 49.

www.ingramcontent.com/pod-product-compliance
Lightning Source LLC
LaVergne TN
LVHW021218170726
843501LV00003B/571